学前儿童语言教育活动设计与指导

主　编◎王文乔　谢　鑫
副主编◎穆仁宇　谯锡琴　周洁方

清华大学出版社
北　京

内 容 简 介

本书基于作者多年来高校课堂教学经验、幼儿园实地实践观察、参考撰写而成。通过本章导读、学习目标、学习重点与难点、思维导图等环节，呈现核心内容；通过本章练习、真题再现、模拟测试、拓展阅读等环节着重培养学生学以致用的能力；通过正文中想一想、练一练、做一做、说一说等形式提升学生的思考能力。本书共分八个章节，具体内容包括学前儿童语言教育概述、学前儿童语言的学习、学前儿童谈话活动、学前儿童讲述活动、学前儿童听说游戏、学前儿童文学活动、学前儿童早期阅读活动、学前儿童语言教育评价。这些内容不仅涉及语言教育领域的理论知识，还通过案例分享、对点案例等把相关的理论与实践结合起来，从而提高学生多方面的素质和能力。

本书可作为学前教育专业本科、大中专、职业院校等学生的教材，也可作为从事学前教育事业工作者的参考用书，还可作为关心、关注、支持学前教育事业发展的爱好者的阅读资料。

图书在版编目（CIP）数据

学前儿童语言教育活动设计与指导 / 王文乔，谢鑫主编. —北京：清华大学出版社，2021.8
ISBN 978-7-302-58844-3

Ⅰ. ①学… Ⅱ. ①王… ②谢… Ⅲ. ①学前儿童—语言教学—教材 Ⅳ. ①G613.2

中国版本图书馆 CIP 数据核字（2021）第 164106 号

责任编辑：邓 艳
封面设计：刘 超
版式设计：文森时代
责任校对：马军令
责任印制：刘海龙

出版发行：清华大学出版社
网 址：http://www.tup.com.cn，http://www.wqbook.com
地 址：北京清华大学学研大厦 A 座 邮 编：100084
社 总 机：010-62770175 邮 购：010-62786544
投稿与读者服务：010-62776969，c-service@tup.tsinghua.edu.cn
质量反馈：010-62772015，zhiliang@tup.tsinghua.edu.cn
印 装 者：三河市铭诚印务有限公司
经 销：全国新华书店
开 本：185mm×260mm 印 张：14.25 字 数：351 千字
版 次：2021 年 9 月第 1 版 印 次：2021 年 9 月第 1 次印刷
定 价：49.00 元

产品编号：091234-01

前　　言

语言的重要性不言而喻，而学前期是语言发展的关键期，在此阶段对儿童进行良好的语言教育，将对儿童终身的发展受益。儿童早期语言能力的发展是其智力发展的重要标志。学前儿童语言教育能使儿童的认知能力得到锻炼，有助于提高其学习能力。儿童的思维与语言能力的发展是同步进行的，他们掌握语言的过程也是其抽象思维能力发展的过程。开展多种形式的语言教育，能促使儿童的思维活动向多向性、独特性和变通性方面发展。儿童通过早期语言教育能学会如何接收他人的信息，并正确表达自己的意图。这种良好的沟通能力有助于其人际关系的发展及自信心的建立。而通过设计科学的语言教育活动让孩子操作、参与、体验，可以培养儿童学习的兴趣，提高其学习的主动性，增加其学习的专注力和持续性，这些良好的学习习惯将对儿童人格的发展有着重要的影响。

本书有以下几个鲜明的特点。

1．形式多样，内容翔实

本教材每章内容之前都有本章导读、学习目标、学习重点与难点、思维导图等环节，以求尽快帮助学生明确本章的核心内容。情境导入环节可以给学生以形象化的描述来开启每章学习之旅。正文内容论述之后设有本章练习、真题再现、模拟测试、拓展阅读等诸多环节，以求强化和巩固学生所学的章节内容。

2．教学考一体，讲练训一体

本教材除运用文字、图片、表格等来论述内容之外，还尝试以真题再现、模拟测试的形式结合以往国家幼儿教师资格考试的真题来呈现，将教授、学习、考试相结合，将讲授、练习、实训一体化，让学生在获得知识、得到锻炼的同时，试图将理论与实践做到优质结合，把所学内容加以运用。

3．实践性强，注重实操

本教材从学习目标、学习重点与难点开始，到每个知识点之后的案例分享、练一练或做一做、想一想、拓展阅读等栏目，学生实践的机会大大增加，也大大增强了学生的实践能力。

4．立体教材，资源丰富

本教材的正文不仅有文字描述，还制作了二维码等，二维码的内容丰富多样，有视频，有 PPT，还有文档，等等。让学生在学习文化知识的同时，通过二维码或补充，或解释，或拓展相应的章节内容，以达到发展和提高学生综合素质的目的。另外，所有的试题答案与解析也以二维码的方式呈现。

本书由来自遵义师范学院教师教育学院副院长、副教授王文乔以及来自信阳师范学院的谢鑫老师主编，编写团队还包括遵义师范学院的穆仁宇老师、毕节幼儿师范高等专科学校的谯锡琴老师、贵州师范大学与遵义师范学院联合培养的研究生周洁方等。具体分工如下：第一章（王文乔）、第二章（周洁方）、第三章（谯锡琴）、第四章（周洁方、王文乔）、第五章（谢鑫）、第六章（穆仁宇）、第七章（穆仁宇、王文乔）、第八章（谢鑫），全书由王文乔主编统稿。

本书每章所提供的微资源具体分工为：第一章（王文乔）、第二章（周洁方）、第三章（王文乔）、第四章（周洁方）、第五章（谢鑫）、第六章（穆仁宇）、第七章（穆仁宇）、第八章（谢鑫），全部微资源由王文乔主编统稿。

本书在编写、出版的过程中，自始至终得到了编写团队的成员、编写人员所在单位及清华大学出版社的老师们的大力支持和热情帮助，在此一并表示最诚挚的谢意。尤其要感谢本书的策划编辑邓艳老师，她为本书的编写提出了许多中肯的意见，为出版做了大量的工作，付出了辛勤的劳动。本书在编写的过程中参考、引用、借鉴了许多国内外学者的研究成果，在此一并表示感谢。

虽然全体编写人员为了写好本书做了最大的努力，付出了艰辛的劳动，但因时间仓促，仍有疏漏和不当之处，恳请广大读者批评指正，以便不断修订完善。

编　者

目　录

第一章　学前儿童语言教育概述

【本章导读】

语言是人类与外界沟通的最直接、最主要的方式。《3～6 岁儿童学习与发展指南》(以下简称《指南》) 在语言部分旗帜鲜明地指出:“语言是交流和思维的工具。幼儿期是语言发展，特别是口语发展的重要时期。幼儿语言的发展贯穿于各个领域，也对其他领域的学习与发展有着重要的影响：幼儿在运用语言进行交流的同时，也在发展着人际交往能力、理解他人和判断交往情境的能力、组织自己思想的能力。”① 这段话非常清楚地说明了儿童语言学习与发展对儿童全面发展的作用。

本章首先围绕语言及学前儿童语言教育的相关概念进行论述，具体包括语言的本质及功能，学前儿童语言教育的研究对象、研究任务和发展趋势等内容，帮助学习者对学前儿童语言教育有基本的认识和了解。其次，较详细地探讨了学前儿童语言教育的目标、内容、方法和途径，以期加深学习者对学前儿童语言教育的整体把握；再次，阐述了语言和语言教育分别对学前儿童的发展有着重要意义。最后，较详细地对学前儿童语言教育活动设计进行了综述，从其内涵、基本原则和基本步骤出发，让学习者初步接触学前儿童语言教育活动设计的相关知识，为后面各类语言教育活动的设计与指导奠定基础。

【学习目标】

1．了解语言的本质与功能，理解学前儿童语言教育的研究任务和发展趋势。

2．知道学前儿童语言教育的研究对象，通过学习学前儿童语言教育的目标、内容等基本知识，学会灵活运用多种方法，在实践中多途径对学前儿童开展语言教育。

3．理解学前儿童语言教育活动设计的内涵和基本原则，掌握学前儿童语言教育活动设计的基本步骤。

【学习重点与难点】

学习重点：灵活运用多种方法，在实践中多途径对学前儿童开展语言教育。

学习难点：尝试把学前儿童语言教育活动设计的基本步骤运用到各类语言教育活动中。

---

① 中华人民共和国教育部．3～6 岁儿童学习与发展指南[M]．北京：首都师范大学出版社，2012：14.

【思维导图】

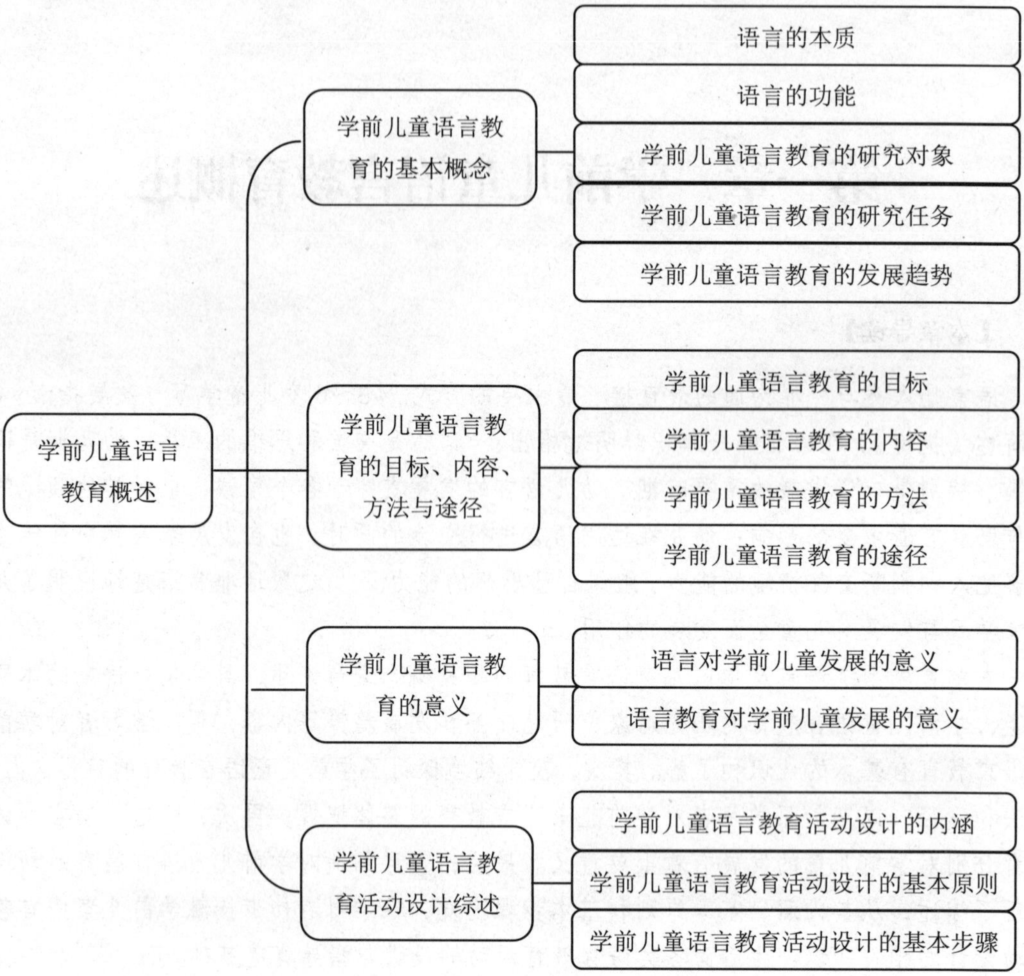

【情境导入】

在美国加利福尼亚州，曾有一个名叫基尼的小女孩儿，在她还是婴儿的时候，就被父亲完全隔离在一间屋子里。除了哥哥每天匆匆而又沉默地给她送一些食物外，她见不到任何人，也几乎没听过成人说话，更不用说有人教她说话了。直到13岁半被人解救出来时，她的智商只相当于 1 岁儿童，没有基本的语言能力。尽管被救出后，她受到了专门的教育，但她始终没有学会人类语言的语法规则，不能进行最基本的语言交流。由此可见，语言并不是与生俱来的，也不是随着年龄增加而自然生成的。那么，语言究竟是什么？它有哪些功能？怎样才能有效地发展学前儿童的语言呢？……让我们带着这些问题开启本章的学习吧！

第一节 学前儿童语言教育的基本概念

一、语言的本质

每天我们都会运用语言来问候别人，也会用语言和别人进行交流，更会用语言来表达自己的想法和主张。“语言的本质”即“语言是什么”的问题。正确认识和理解语言的本质，是进行学前儿童语言教育的基础，也是发展学前儿童语言能力的基础。

（一）语言

1. 语言的含义

语言是人类最重要的交际工具和思维工具，自从人类社会出现的第一天起，语言也就产生并为整个社会服务了。语言在社会生活中具有十分重要的作用，但语言也受时间和空间的限制。为了突破语言在时间、空间上的限制，人类经过长期不懈的努力，在口语的基础上创造了文字。有了文字，口语通过文字的记录而转化为书面语，从而语言产生了口语和书面语两种形式。截至现在，世界上大约有 5000 种语言，而有文字的语言超过 2000 种，并且各国语言的差异很大。

语言是以语音为物质外壳，由词汇和语法两部分组成的符号系统。人们运用它进行思维，交流思想，组织社会生产，开展社会斗争，推动历史前进。语言是社会约定俗成的音义结合的符号系统，人们用语言来传承文明，故语言具有社会性、人文性。语言随着社会的产生而产生，随着社会的发展而发展，是一种社会现象；又因语言只有民族性，没有阶级性，所以又是一种特殊的社会现象。

说一说

举例说明“语言只有民族性，没有阶级性”的含义。

2. 语言的本质

语言究竟是什么？人类的语言经过漫长的发展过程，对其本质属性的理解也达成了一定的共识，一般来说，有以下四个基本属性。

（1）符号性。符号是实在意义的一种标记或者代码，对意义起表征作用。语言具有一切符号所具有的特点。① 语言的符号性是指语言是群体共同约定俗成的符号系统。语言中的语素、词汇、短语和句子都是意义的代码，而语音是其物质形式。例如我们用“píng guǒ”这一声音来表示“苹果”这一类物体，得到公认后大家都需要遵守。不同民族的语言呈现不同的面貌与结构，每一种文化的语言都有各自的特征，人们借助语言符号来使思想得以表达、感情得以传达、知识得以交流。语言符号包括口头语和以书写符号文字形态出现的书面语；非语言符号包括图像、颜色、光亮、音乐和人的体语等。

（2）社会性。语言是一种特殊的社会现象。它随着人类社会的出现而产生，也随着人

---

① 赵寄石，楼必生. 学前儿童语言教育[M]. 北京：人民教育出版社，2003：21.

类社会的发展而变化，语言与人类社会是相互依存的关系。例如，解放时期的“打土豪，分田地”等词语，当代社会的“天眼”“5G”等词语，都反映了当时的政治、经济和社会的变化。语言是人类最重要的交际工具，它的价值在于运用。运用中的活语言是人类组成社会的条件之一，是社会成员之间最重要的联系纽带，因而它和社会的发展息息相关。社会由低级到高级、由简单到复杂、由落后到先进的发展都会推动语言的发展；社会的分化、统一、相互接触也会相应地引起语言的分化、统一和接触。随着社会的发展，新事物、新概念不断涌现，人们的思维愈来愈细致复杂，这些都会向语言提出新的要求，推动语言不断地丰富和发展。因此，社会性是语言的本质属性。

（3）系统性。所谓系统是指由若干要素按一定的结构方式相互联系和作用而组成的具有独立功能的有机整体。语言是由语音、语义、语法等子系统构成的用来交际的复杂系统，各子系统又由诸多要素构成，各要素之间互相联系、互相制约，构成了一个有机整体，以充分发挥语言的交际功能。其系统性主要体现在语言符号的层级体系、组合关系和聚合关系上。首先，语言的组合是有层次的，其层级体系分为两层。语言系统的底层是语音层，音素是最小的语音单位。音素经过不同的组合和替换，构成了音节。语言系统的上层是语义层，上层又分三级，第一是语素，第二是词，第三是句子。低一级的层次单位组成高一级的层次单位，最后组成语言这个复杂的系统。其次，这种组合不是随意的、杂乱无章的，而是按照特定方式进行的。语言符号系统内有两大基本的结构关系——组合关系和聚合关系，制约整个系统的运转。组合关系是指两个同一性质的结构单位（例如音位与音位、词与词等）按照线性的顺序组合起来的关系；在语言的组合结构的某一位置上能够互相替换的几个具有相同作用的符号之间的关系就是聚合关系。例如，“我吃饭”中“我”“吃”“饭”之间有组合关系，而每个成分又可以替换变成聚合关系，“我”可用“她”“小李”等词替换，“吃”可用“买”“送”等词替换，“饭”可用“菜”“馒头”等词替换，由此构成无限个新的组合。

（4）工具性。语言是人们思维的工具，是人们交际的工具，也是文化传承的工具，语言的工具性价值目前已得到人们的广泛认可与普遍使用。但语言又不同于一般的工具。一般的工具是与主体分离的。例如锄头，当你使用它进行锄地时，它才与你在一起，当锄完后便又作为工具而独立地存在。语言则不同，它既是形式，也是内容，主客体始终是在一起的。当人们的思维还在进行过程之中时，语言便与思维密不可分，互为前提，当思维的成果以语言的形式表达出来时，语言既是一种符号，同时，思维的内容也蕴含其中，让人理解和明白；从语言的使用范围看，一般的工具总有一个相对固定的使用对象或相对明确的使用时间，而语言的对象是全人类的每一个人，并且是作用在每一个人的生命的全过程中；它的作用范围之广、作用时间之长，是任何其他一种工具都无法与之比拟的。所以说，语言不仅是一种工具，还是一种宝贵的资源。采用不同的方式和途径充分挖掘学前儿童这个宝贵的资源，是学前教育工作者义不容辞的责任和义务。

（二）语言与言语

语言与言语（language and speech）是结构语言学的一对范畴。瑞士语言学家、作家索绪尔首先指出应把语言和言语区别开来，他认为语言是一代人传给另一代人的语言系统，包括语法、句法和词汇；而言语指人们具体使用的词句，或指说话者可能说出、可能理解的全部内容。[1]

1. 语言与言语的区别

（1）含义不同：语言是作为交际工具和思维工具的音义结合的符号系统；言语就是个人讲话（或写作）的行为和结果。

（2）性质不同：语言具有全民性，言语具有个人性。语言是存在于全体社会成员之中的相对完整的抽象符号系统，而言语则具有个人性，每个人说话都带有许多个人的特点，如地域、性别、年龄、文化素养、社会地位等，言语是个人对语言形式和规则的具体运用。

（3）特点不同：语言是抽象的，言语是具体的。语言是对同一集团所有人所说的话的抽象，它排除了一切个体差异，只有作为语言而存在的共性。而言语是运用语言的过程和结果。人们所说的话都是具体的，或通过听觉或通过视觉，言语常常带有具体的特点。因此，语言学家只能对大量的言语素材进行抽象概括，才会从中发现语言的各种单位和规则规律。

（4）动态不同：语言是相对静态的，言语则是动态的。语言在一定时期内处于静止状态，随着社会的变化，历史的发展，语言也会出现适应性变化。所以语言的静止是相对的，静中有动。言语活动总是在说话人和听话人之间展开，从说到听是一个动态的过程。

（5）数量不同：语言系统的各个结构成分是有限的，但我们每个人都可以用它们来说出无限多的句子。世界上没有两个人说话会完全一样，但是没有一个人能脱离共同的语言规则而达到交流。任何一种语言的句子是无限的，但是，就某一语言而言，所能资以辨别的语音是有限的，词的数量和构词规则是有限的，组词造句的规则也是有限的，在无限的句子中包含着有限的东西。

2. 语言与言语的联系

语言和言语不仅有区别，更有紧密的联系。总的来说，二者互为存在前提，密不可分。具体来说，一方面，言语离不开语言。言语是运用语言的行为和成果，从这个意义上说，语言是言语存在的前提，没有语言就没有言语。另一方面，语言也离不开言语。首先，语言的生命在于运用，一种语言如果不再被运用了，也就死亡了，可以说语言存在于言语之中，言语就是语言的存在形式；其次，儿童总是在言语中习得语言的，没有周围人的言语激发，再聪明的孩子也不可能发展出正常的语言能力；最后，语言不仅存在于言语之中，而且在言语中得以发展和演变。任何新语言要素的形成、发展、变化，包括任何旧语言要素的灭亡等，也是在言语中实现的。

从发生学的角度来看，语言和言语是交织在一起同时产生的。二者的关系犹如钢琴的键盘和演奏之间的关系，语言像键盘，数量有限，排列顺序固定，却可以演奏出无数的乐曲；言语像演奏钢琴，同一个人可以在同一架钢琴上弹奏出不同的乐曲，不同的人可以在同一架钢琴上演奏出同一首乐曲，也可以表现出不同的风格。

总之，语言和言语的关系就像“人”和“张三、李四”的关系一样。“人”是对“张三、李四”的抽象，我们说“人”有头、身躯、四肢，还有大脑、心脏，“人”能思考、有创造力等，这些都是对“张三、李四”的特点的抽象；我们能看到的只能是“张三、李四”等

---

① 朱立元. 美学大辞典[M]. 修订本. 上海：上海辞书出版社，2014：422.

一个个具体的人，谁也看不到抽象的“人”，语言和言语的关系也是这样，我们听到的只能是人们嘴里说出来的一句一句的话，看到的也只能是书面上写着的一个一个的字。口头上说的话和书面上写的字都是言语，语言存在于言语之中。

（三）第一语言、第二语言与外语

1.1 语言与言语的关系

1. 第一语言

第一语言（first language）是指一个人出生之后最先接触并获得的语言。如一个儿童出生之后首先接触并获得了汉语，那么汉语就成为他的第一语言。编者认为，母语是指父母乃至多代以前一直沿用下来的语言。母语具有继承性，它体现了人们世代的语言关系。一个人的第一语言通常是他的母语。本族语是指语言习得者自己的民族所使用的语言，也称民族语。一般来说，每个民族都有自己独立的语言。

想一想

第一语言与母语、本族语三者的关系是什么？

2. 第二语言

第二语言（second language）指人们在获得第一语言以后再学习和使用的另一种语言。第二语言经常作为辅助性语言以及通用语，此外，亦可与第一语言并列为个人母语。第二语言的学习往往可能是由于第一语言不再具有优势（社会变迁、政治目的等）。第一语言是我们从小学会的语言，简称“一语”。在掌握第一语言之后，人们还可以继续学习并在不同程度上掌握第二语言，简称“二语”，甚至还有第三语言、第四语言等。

3. 外语

外语（foreign language）也是一个常用术语，指的是外国语，即非本国人使用的语言。作为术语，外语是从国家角度定义的，第一语言、第二语言则是从个人角度定义的。例如，阿拉伯语在英国是外语，但对阿拉伯裔英国人来说，则可能是他们的第一语言。更多的时候，外语和第二语言相连。例如，英语在中国是外语，也是大部分中国人的第二语言。如果一个人学习了好几种外语，则可以有第一外语（一外）、第二外语（二外）等。这里的“一”和“二”也是从个人角度进行的区分。有时也可以看到“英语是中国的第一外语”这样的说法。这是说，在中国，把英语当成外语来学习的人是最多的。

4. 第一语言、第二语言与外语的关系

一般情况下，第一语言是个人身份的标志，总体水平也高于第二语言。第二语言可以在不同的环境中获得。以汉语为例，如果一个人是在课堂上学习，他的环境就是“课堂环境”，也称“正式环境”；如果他不参加正式的课堂学习，而是在工作或生活中，在与中国人的交往中学习汉语，他的环境就是“自然环境”。至于三者的关系，则比较复杂，需要具体情况具体对待。例如，一名中国儿童在美国出生长大，从小用英语说话，汉语也说得较熟练，则他的第一语言就是英语，母语则是汉语，也是第二语言。如果他后来又学会了德语，则德语对他来说就是第三语言，也是外国语言。

二、语言的功能

要正确而又深入地认识语言这种现象，不仅需要我们对语言的本质进行全面理解，还需要关注语言的各种功能。语言的功能是语言在实现人的具体目的中所起的作用。语言在表达和交流、记忆历史、承载文化等方面有着不可忽视的作用。

不同的学者对语言的功能有着不同的认识和理解，因此语言的功能多种多样。概括起来，语言的功能主要有两大方面，即社会方面的功能和心理方面的功能。

（一）语言的社会功能

1. 交际功能

语言是人类社会最重要的交际工具，交际功能是语言首要的、主导的社会功能，也是其他功能的基础。所谓交际指的是人与人之间的往来接触，包括互相传递和交换信息等。人是社会的动物，从存在的第一天起，人就必须共同地与自然力进行斗争，取得生活资料。人要迫使自然界服从于自己的目的，要支配和改造自然界。这样的任务显然不是任何单个人所能完成得了的。因此语言成了社会的一个不可或缺的因素，是人类与动物相区别的重要特征之一；语言是联系社会成员的桥梁和纽带，没有语言，人类无法交际，人与人之间的联系就会中断，社会就会崩溃；有了语言，生活在社会中的人才能传递和交换信息，从而共同生活，共同生产和斗争。

语言的交际功能还突出地表现在，它对于全体社会成员来说是统一的、共同的。语言同样地为社会一切阶级服务，它没有阶级性。任何阶级都得遵守社会的语言习性，谁都不能垄断。

2. 文化功能

文化是指人类所创造的一切物质产品和精神产品的总和。语言是一种特殊的文化现象，它本身就是人类所拥有的最重要的一种文化，而且它还是文化的记录者和传播者。其特殊性就在于语言具有文化镜像功能和文化传承功能。人类创造的各种文化会通过语言记录下来，语言就成为反映文化面貌的一面镜子。语言对文化的反映首先表现在言语作品的内容上；其次，语言系统本身也记录和反映着人类文化的面貌；最后，通过语言还可以揭示没有被言语作品所记录下来的文化。由此，异域的文化可以相互交流，前代的文化可以嗣继；并使文化在横向交流和纵向嗣继中得以发展。语言对文化的记录和传播，不仅是通过言语作品，而且也是通过语言本身。

（二）语言的心理功能

1. 思维功能

语言是一种社会现象，是人类社会的交际工具，同时也是一种心理现象，是人类思维的工具。思维功能是语言功能的另一个重要方面。语言与思维互相依存。一方面，思维需要语言。无论是思维的形式、思维的过程还是思维的生理机制都离不开语言。逻辑学把概念、判断和推理看作思维的基本形式。这些思维的基本形式都要依靠语言。概念表达要依托词语，判断和推理要在话语中实现。即使使用像数学符号那样的表达形式，也是以语言为基础的。思维是知识的认知、获取和运用的过程，是一个信息加工的过程。语言符号帮助人达成对外界的认知，储存认知的成果，并且发展人的认知能力。人的抽象思维不能摆脱语言。从思维的生理机制上看，大脑中有专门控制语言功能的区域，和人的抽象思维能力密切相关。另一方面，语言也需要思维。语言的形成和发展都依赖于思维，语言的交际过程同样需要思维的参与。否则，一个没有思维、没有灵魂的人是无法说出话语来的。

1.2　语言与思维的关系

说一说

语言和思维有何关系？谈谈你自己的理解。

2. 心理调节功能

语言不仅可以调节自己的心理，还可以调节他人的心理，语言与心理有着非常密切的关系。例如，小强不小心丢了 500 元钱，他在心理上可能会感到十分难过。首先小强自己就可能出现许多想法，例如，到派出所报案；到丢钱的地方再去找找；或者回想一下，是不是放错地方，根本没有带出来，等等。由于各人的性格等方面的不同，面对这件事实就可能有以下几种不同的态度或者心理倾向：（1）心里非常难过，甚至懊悔自己把钱带出来，并且责备自己太不小心；（2）责怪家人，为什么不提醒自己，结果把钱弄丢了，回到家里可能还会埋怨妻子或者子女等不提醒，怪罪他人，乱发脾气；（3）咒骂捡钱或者偷钱的人，为什么不去捡或者偷其他人的钱，偏偏是自己的钱；（4）埋怨自己运气怎么这么差，悲观失望，自怨自艾，从而心情烦躁，坐立不安；（5）冷静地用语言来调节自己的心情，例如：这是一次警告，提醒自己以后出门更要小心，以此为鉴，下次就不会再弄丢钱了；（6）进一步安慰自己："塞翁失马，焉知非福？"这样，慢慢的心情也就愉快了。如果小强能够进行如上（5）与（6）的自我心理调节，其心里就会舒服得多，也就不会太难过了。这里，可以说语言是调节心理的一种手段，语言重要的功能之一就是能够调节自己和别人的心理。所以说，语言既是一种极其复杂的社会现象，又是一种极其复杂的心理和生理现象。

三、学前儿童语言教育的研究对象

随着社会的进步，素质的提高，人们对学前儿童语言教育研究对象的认识也在不断地变化和发展中。要弄明白学前儿童语言教育的研究对象，首先要对学前儿童语言教育的含义有科学的认识。

（一）学前儿童语言教育的含义

语言与学前儿童的生活、发展息息相关。学前期是语言发展，尤其是口语发展的关键期，学前儿童学会了语言，便有了良好的发展条件。学前儿童语言教育是研究学前儿童语言发生、发展的现象、规律及对学前儿童进行语言训练和教育的一门学科，是高等师范院校培训学前教育工作者，尤其是一线幼儿教师的一门应用性科目。它与学前儿童科学教育、学前儿童健康教育、学前儿童社会教育和学前儿童艺术教育共同构成了学前教育专业五大领域的教学法课程。

（二）学前儿童语言教育的研究对象

以前由于认识的限制，人们往往认为学前儿童通常是指 3～6 岁的儿童，学前儿童语言教育研究的是 3～6 岁的儿童语言发生、发展的变化过程。随着社会的发展、认识的深入，人们逐渐对学前儿童语言教育的研究对象有了新的认识。编者认为，学前儿童语言教育是把 0～6 岁学前儿童所有语言的获得和学习现象、规律及其教育作为主要研究对象，具体来说，就是研究 0～6 岁学前儿童语言发生、发展的过程、特点与规律，并在此基础上探讨如何对 0～6 岁儿童的听、说、读、写等能力进行专门化的培养和训练，从而有效促进儿童语言发展的一门学科。“所有语言获得和学习”包括儿童对母语的学习和训练、第一语言和第二语言的学习和训练、语言治疗与康复等内容。由此可见，人们对学前儿童语言教育研究对象的认识更加全面和科学，关注领域也更加广泛。

四、学前儿童语言教育的研究任务

学前儿童语言教育的基本任务是提供普通话的语言环境，培养儿童正确说普通话；创造一个自由、宽松的语言交往环境，培养儿童语言交往的习惯，提高儿童语言交往的能力；发展儿童的语言理解能力和表达能力；积极引导与提高儿童倾听和欣赏儿童学作品的能力；引发儿童对阅读和书写的兴趣、习惯和能力；为儿童入小学后的继续学习做好准备。

学前儿童语言教育的研究任务主要包括以下两个方面。

（1）进一步探索学前儿童语言教育的功能和作用，促进学前儿童语言和行为的社会化进程；提高学前儿童的语言学习能力，促进其认知能力的发展；激发学前儿童语言学习兴趣的同时学好口语，提高其早期阅读能力，为其学业成就和未来成功打好基础。

（2）解释学前儿童语言发生、发展的过程及各种现象，揭示学前儿童语言发展的特点与教育规律，并运用规律来促进学前儿童的语言发展。

五、学前儿童语言教育的发展趋势

儿童语言方面的研究迄今为止已有二百多年的历史。当前我国的学前教育正处于一个飞速发展的时期，学前教育的“春天”已经来临。结合目前学前儿童语言教育的研究成果，我国学前儿童语言教育的未来发展趋势主要集中在以下几个方面。

（一）语言运用能力得到重视与发展

儿童的语言运用是指儿童在学习和获得语言的过程中不断操作和使用语言进行交流的现象。《幼儿园教育指导纲要（试行）》（以下简称《纲要》）中指出，“语言能力是在运用的过程中发展起来的，发展幼儿语言的关键是创设一个能使他们想说、敢说、喜欢说、有机会说并能得到积极应答的环境。”儿童的语言是在运用的过程中成长起来的，而儿童语言的运用又是在实际的语言交流中实现的。一方面，儿童的语言是在专门的语言教育活动中，让儿童学习在不同的语言情境里如何运用相应的语言交流方式来与人交往；另一方面，日常的语言交往是真正真实而丰富的语言教育环境，儿童可以有更多的机会与各种各样的人交往，操练、扩展自己的语言经验。21 世纪是人才竞争激烈的社会，语言运用能力和社会交往能力是一个现代人所必备的基本素质，故重视儿童语言运用能力已越来越成为儿童语言教育的一个发展趋势。

（二）重视学前儿童早期阅读能力的培养

在社会和经济发展迅速的今天，人的阅读能力被视为重要的具有很高价值的能力。因为阅读是学习的基础，人的阅读能力往往决定了他的学业成就，同时也是这个人未来成功从事各项工作的基本条件。一般来说，8 岁之前这个阶段，孩子的口头语言发展速度惊人，同时开始认识各种符号、声音与意义的关联性。只有成为自主阅读者，儿童语言才算真正具备了基本的将遇良才的能力，这是近年来儿童自主阅读在全世界都受到重视的根本原因。但是儿童不是天生就具备这样的能力的，所以在他们成长的过程中，需要父母、师长的正确引导与温暖陪伴。因此，目前人们普遍认为，儿童自主阅读能力的培养应当从出生开始，人的主要阅读能力是在 3～8 岁形成的。

（三）重视支持性语言教育环境的创设

近年来重视支持性语言教育环境的创设已经成为许多国家共同的关注趋向。大家一致认为，教育者的责任和义务在于激发儿童的学习倾向，提高儿童的学习感受能力，提倡在教育过程中成人负责而认真地对儿童的各种需求和行为做出反应。因为这将帮助儿童形成终身学习的进取心。于是，在语言教育方面，教师作为儿童语言发展的支持者的作用就得以凸显，由教师提供的支持性教育环境有利于儿童语言能力的迅速发展，从而得到了越来越多的关注和重视。要提供支持性的语言教育环境，必须丰富儿童的生活，在专门的语言教育活动中培养儿童的语言表达能力，给儿童创设敢说、想说、会说的语言环境，支持儿童开放而平等的语言学习，教儿童礼貌用语，以培养儿童良好的语言习惯。

第二节　学前儿童语言教育的目标、内容、方法与途径

目标是人们活动中想要达到的境地或者标准。教育活动是针对人的活动，其复杂性和长期性决定了所要达到的境地或者标准包含着多重内涵，具有一定的层级性和递阶性。在教育系统中，从教育目的到教育目标，再到课程目标、教育活动目标，构成了一个由宏观到微观、从概括到具体的有机复合整体。而学前儿童语言教育目标则属于课程目标的范畴，对语言教育活动设计、具体教学过程等都具有指导作用。

一、学前儿童语言教育的目标

学前儿童语言教育目标是学前时期实施语言教育的方向和准则，它指出了通过语言教育所要达到的预期效果。任何教育目标的确立都需要客观的依据，学前儿童语言教育也不例外。

（一）学前儿童语言教育目标制定的依据

1. 依据国家和社会发展的要求

学前儿童语言教育的目标首先应该反映我国当前社会发展的价值取向，其内容应当体现人的全面发展；经济、社会与自然的协调发展为取向的新型价值观①。其次，语言教育目标应当适应我国生产力发展水平对人才培养的基本要求。近年来，我国生产力和科技得到了飞速的发展，对教育所培养的人才提出了更高的要求。未来的人才不仅需要掌握现代科学文化知识，具有良好的品德和心理素质、强烈的事业心和责任感，还需要具备良好的交往能力和创新能力。而语言作为交际的工具、思维的工具和学习的工具，其能力也成为未来人才培养所不可缺少的基本能力。最后，语言教育目标还应该符合我国学前教育相关政策的要求。2001 年教育部颁发的《纲要》和 2012 年教育部颁发的《指南》都对语言领域的目标做出了相关要求，因此，学前儿童语言教育目标的制定也应符合国家政策的需求。

2. 依据学前儿童身心发展的规律和语言学习的特点

首先，儿童的发展是整体发展的过程，包括身体的、社会的、情感的、认知的、品德的等多个方面，故此，语言教育的目标也应该是全面的、综合的，包括情感态度、认知经验、能力技能等多方面的教育要求。其次，儿童的发展具有明显的年龄特点和个体差异。不同年龄阶段的儿童具有不同的语言发展特点，同一年龄阶段的儿童，由于其遗传、社会生活环境、早期学习经验等不同，在语言发展水平、语言学习风格等方面也都存在或大或小的差异。最后，不同的儿童其语言学习的特点也各有不同。儿童的语言习得过程是一个主动建构的过程，儿童的语言表达也具有明显的个性化特征。不同的儿童在语言学习中有着不同的兴趣与爱好，在语言学习的速度、效果、运用语言进行交际的积极性等方面也有不同的特点。因此，教育者要针对不同年龄、不同个性的儿童提出不同的语言教育目标，因材施教。

3. 依据学前儿童语言学科自身的发展规律和性质

语言既是儿童学习的对象又是儿童学习其他内容的工具，人类语言是在个体与环境的相互作用中，尤其是在语言的运用与交流中获得和发展的。学前儿童语言教育作为一门独立的学科，有其自身独特的学科特性和逻辑结构。一方面，语言教育作为五大领域之一的教育活动，在学前期不以掌握多少语言学科知识和技能为主要目标，注重的是提高儿童对语言的兴趣，关注儿童语言运用能力的发展；另一方面，语言承载着一定的思想和文化，学前儿童的年龄特点和身心发展水平决定着学前儿童语言教育基本上是一种“前学科”课程，注重的是语言教育要符合儿童的认知规律，建构起能为儿童所理解的、对其终身发展起奠基作用的知识体系。因此，学前儿童语言教育的目标要充分考虑其自身特性和发展规律，才能制定出既科学又合理的语言教育目标。

（二）学前儿童语言教育目标的结构

教育目标总是具有一定的结构。从纵向的角度来看，学前儿童语言教育目标具有与其他学科一样的层次结构；从横向的角度来看，学前儿童语言教育目标则具有独特的分类结构。

---

① 刘明松. 当前我国社会建设目标基本价值取向初探[J]. 学校党建与思想教育，2013（1）：87-88.

1. 学前儿童语言教育目标的层次结构

学前儿童语言教育目标的层次结构可以分解为总目标、年龄阶段目标和具体活动目标三个层次。总目标是学前儿童语言教育总的任务要求；年龄阶段目标是学前儿童某一年龄段（班）的教育目标，是总目标在各年龄阶段上的具体体现；具体活动目标一般是由老师在开展具体语言教育活动时自己制定的目标，是为语言教育总目标和语言教育年龄阶段目标服务的，是总目标和年龄阶段目标的最终分解和具体化。其三者的关系如图 1-1 所示。

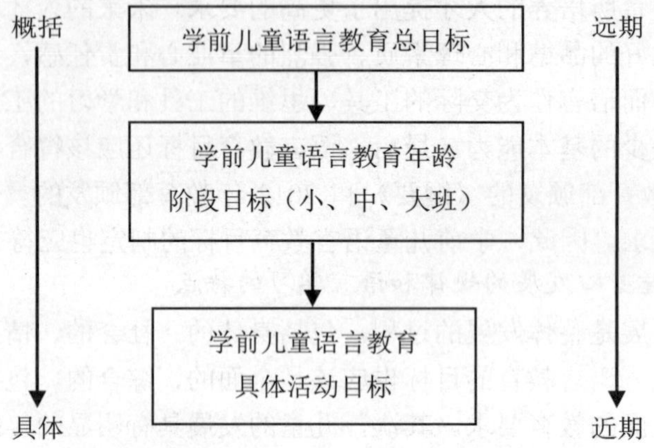

图 1-1　学前儿童语言教育目标的层次结构

1）学前儿童语言教育总目标

目前，学前儿童语言教育总目标主要以《纲要》和《指南》中的目标要求为内容。《纲要》对语言领域的教育目标表述如下。

- 乐意与人交谈，讲话礼貌。
- 注意倾听对方讲话，能理解日常用语。
- 能清楚地说出自己想说的事。
- 喜欢听故事、看图书。
- 能听懂和会说普通话。

《指南》中语言领域的学习目标表述如下。

- 倾听与表达

目标 1：认真听并能听懂常用语言。

目标 2：愿意讲话并能清楚地表达。

目标 3：具有文明的语言习惯。

- 阅读与书写准备

目标 1：喜欢听故事、看图书。

目标 2：具有初步的阅读理解能力。

目标 3：具有书面表达的愿望和初步技能。

2）学前儿童语言教育年龄阶段目标

第二个层次的语言教育目标是年龄阶段目标，即儿童某一年龄的教育目标。其特点有两个方面：一方面，将语言教育目标分化为不同的要求，形成对每一年龄阶段儿童逐步提高要求的具体目标。例如，儿童倾听行为的培养，教育者需要建立以下三种倾听技能：有意识倾听，能够集中注意力地倾听；辨析性倾听，能够分辨听到的不同内容；理解性倾听，能够连接上下文的意思掌握听到的主要内容。在不同的年龄段，其具体目标的要求是有一定差异的。有意识倾听是对小班幼儿的要求，辨析性倾听主要针对中班幼儿的培养，而理解性倾听则是针对大班幼儿所提出的要求。另一方面，年龄阶段目标是儿童语言发展指标和学科知识的融合。这就促使我们将语言教育目标贯彻到儿童所学的学科知识中，换言之，语言教育目标为儿童语言方面的发展规定了具体的发展方向，在每一年龄阶段的目标中，对儿童掌握知识、获得能力提出了一定要求，期望通过这个阶段的学习，使他们在语言方面在原有水平的基础上再提升到一个新的高度。

3）学前儿童语言教育具体活动目标

学前儿童语言教育具体活动目标属于第三个层次的目标，具有更强的可操作性。它是指某一具体的教育活动中所要达成的目标，一般由教师自己制定。例如，大班语言教育活动“会动的房子”，其具体活动目标为：① 理解作品《会动的房子》的故事情节，学习新词“呼呼呼”“哗哗哗”“哒哒哒”，学会用语言正确描述出声响；② 感受作品的诙谐美，体会作品中对大自然美的描述，激发对大自然的热爱；③ 开动脑筋续编故事，发展想象力。

2. 学前儿童语言教育目标的分类结构

学前儿童语言教育目标的分类结构，是指教育目标的组合构成。根据语言教育的作用和本身构成，可以把语言教育目标分为倾听、表述、欣赏文学作品和早期阅读四个主要部分。

1）倾听行为的培养

倾听是儿童感知和理解语言的行为表现。学前阶段的儿童倾听行为的培养，着重是对汉语语音语调的感知和对语义内容的理解上。从孩子出生起到入小学前的这段时间，通过教育逐步帮助儿童建立起几种倾听技能，包括有意识倾听、辨析性倾听和理解性倾听。教师在培养孩子倾听技能时，需要多鼓励儿童，孩子不注意倾听时，也不要一味地责怪和批评，要知道，让孩子喜欢听、乐意听才是最主要的。

2）表述行为的培养

表述是以一定的语言内容、语言形式以及语言运用方式表达和交流个人观点的行为。学前教育阶段，儿童表述能力发展的重点主要在于学习正确恰当地进行口语表达。从语音、语法到语义、语用四个方面由简到繁、由短到长地提高儿童表述水平。与此同时，儿童的表述行为也从个人独白到集体讲述，再到对话交谈，各种表现方式交替出现，得以发展。

3）欣赏文学作品行为的培养

文学作品是一种通过语言塑造形象、表现生活的艺术形式。欣赏文学作品是感知、理解文学作品并尝试操作艺术语言方式的行为。学前儿童欣赏文学作品行为的培养主要在于培养儿童综合的语言能力，增强儿童对语言核心操作行为的敏感性，即对语词排列、不同情境中语言运用的敏感性。喜欢欣赏文学作品，能够较好地理解和学习文学作品，初步感知不同类型文学作品的特点和构成，是学前儿童语言学习的重要方面，也是学前儿童语言教育的目标之一。

4）早期阅读行为的培养

目前，早期阅读行为越来越得到家长和社会的关注。早期阅读行为是学前儿童从口头语言向书面语言过渡的前期阅读和前期书写准备。早期阅读行为的培养重点在于让儿童在学前阶段知道图书和文字的重要性，愿意阅读图书和辨认汉字，掌握一定的阅读和书写的准备技能，激发其阅读的兴趣，从而养成良好的阅读习惯。

（三）学前儿童语言教育目标的具体内容

学前儿童语言教育目标的内容一般应包括认知领域、态度与情感领域和技能与能力领域三个方面，如图 1-2 所示。其具体内容可以从纵向的总目标、年龄阶段目标和具体活动目标三个层次，横向的倾听、表述、欣赏文学作品和早期阅读四个方面来具体阐述。

年龄阶段目标	倾听			表述			欣赏文学作品			早期阅读		
	认知	态度与情感	技能与能力	认知	态度与情感	技能与能力	认知	态度与情感	技能与能力	认知	态度与情感	技能与能力

图 1-2　学前儿童语言教育目标的一般内容

1. 学前儿童语言教育总目标的具体内容[①]

1）倾听部分

（1）认知目标：懂得别人对自己说话时要注意倾听。

（2）态度与情感目标：喜欢听，并积极有礼貌地听别人对自己说话。

（3）技能与能力目标：能集中注意力，有礼貌、安静地倾听；能听懂普通话，能分辨不同的声音和语调；能理解并执行别人的指令。

2）表述部分

（1）认知目标：懂得用恰当的音量说话，有积极的表述愿望。

（2）态度与情感目标：喜欢与他人交谈，在适宜的场合积极、主动、有礼貌地与人交谈。

（3）技能与能力目标：会说普通话，发音清楚，语调准确，能运用恰当的语句和语调表述意见和回答问题，能用完整、连贯的语句讲述图片和事件。

3）欣赏文学作品部分

（1）认知目标：懂得文学作品中运用的是既规范又成熟的语言；通过阅读和聆听文学作品增长知识，明白事理，并能感受到语言艺术的美。

（2）态度与情感目标：乐意聆听和阅读文学作品，积极参与文学作品学习活动。

（3）技能与能力目标：理解文学作品的内容，体会文学语言的美，积累文学语言；初步了解文学常识，会区别不同类型的文学作品及其构成要素；能用动作、语言、美术、音乐等不同表现方式，积极反映对文学作品的理解；学会编构故事、表演故事以及欣赏和仿编诗歌与散文等。

4）早期阅读部分

（1）认知目标：懂得口语与文字和图书的对应与转换关系。

（2）态度与情感目标：对图书和文字产生兴趣；喜欢认读常见的简单的独体汉字。

（3）技能与能力目标：掌握阅读图书的基本方法；能集中注意力地阅读图书，倾听、理解图书内容，学会制作图书并配以文字说明；了解汉字的书写风格，主动积极地认读常用字；能按规范笔顺书写自己的姓名和一些常见的独体汉字。

① 田金长，马晓琴，赵燕．学前儿童语言教育[M]．上海：华东师范大学出版社，2018：64.

2. 学前儿童语言教育年龄阶段目标的具体内容[①]

1）0～1.5 岁

（1）喜欢听别人说话、唱歌、念儿歌，喜欢听音乐、鸟叫等好听的声音。

（2）听到别人对自己说话，能用声音、手势、表情、单词等做出反应。

（3）能说出常见物品的名称。

（4）能辨认并说出身体的某些部分以及图片上常见物体的名称。

（5）能理解常用的简短语句，能执行简单的命令。

（6）能用单词、手势、表情等向成人表达自己的要求。

（7）喜欢听成人讲述图书的故事、儿歌等，对早期阅读具有初步的兴趣。

2）1.5～2 岁

（1）喜欢听和谐、悦耳的声音，乐于听别人说话。

（2）喜欢听成人指认玩具、其他实物以及图片上的物体。

（3）能安静地听成人念儿歌、讲简短的故事。

（4）喜欢翻阅感兴趣的图书。

（5）能说出自己的名字。

（6）能用“是”或者“不”回答别人的问题。

（7）对本民族语言或者方言的发音比较清晰，能使别人听懂。

（8）能积极地尝试运用日常听到的词和句子。

（9）能听懂并执行生活常规方面的某些指令。

3）2～3 岁

（1）喜欢听和谐、悦耳的声音，乐于听别人说话并参与其中。

（2）能与成人就自己感兴趣的人或者动物的动作以及图片上的物体等进行交谈。

（3）能安静地倾听并参与成人念儿歌、讲简短的故事。

（4）能听成人讲述或者独立阅读图画书上的故事。

（5）能说出自己的姓名和年龄，能用简短的语句回答别人的问题。

（6）对本民族语言或者方言的发音基本清楚。

（7）能积极地运用简短的语句与别人交谈，在游戏中喜欢与同伴交谈。

（8）能听懂并执行生活常规的指令。

（9）能主动、积极地学习新词和新句型。

4）3～4 岁

（1）倾听部分。

① 乐意听老师和同伴讲话。

② 能听懂普通话。

③ 倾听时能注意说话人的口型，辨别语音。

④ 听别人说话时，能保持安静，不打断别人讲话。

⑤ 能理解简单的日常生活指令。

---

① 田金长，马晓琴，赵燕. 学前儿童语言教育[M]. 上海：华东师范大学出版社，2018：65.

（2）表述部分。

① 乐意学说普通话，喜欢与教师、同伴或其他成人交谈。

② 知道在集体面前发言时声音要大，在个别交谈时声音要小。

③ 别人说话时不随便插嘴，会用简单的语言回答问题。

④ 能用简短的话语表达自己的请求、愿望、感情或者需要等。

⑤ 能独立地讲述图片和自己感兴趣的事情。

（3）欣赏文学作品部分。

① 乐意欣赏并初步感受和理解不同体裁的儿童文学作品。

② 能独立地念儿歌，讲述简短的句子。

③ 会仿编简单的儿歌、散文和故事等。

（4）早期阅读部分。

① 知道可以用一段话来讲述一幅图的含义。

② 知道每个字的发音不同，所代表的意思也不同。

③ 喜欢听成人讲述图书的内容，并尝试自己阅读图书。

④ 学习正确的阅读方法，会按顺序翻阅图书，发现图书画面内容的变化。

⑤ 对文字感兴趣，能学认常见的简单汉字。

5）4～5 岁

（1）倾听部分。

① 能有礼貌地、集中注意力地倾听他人说话。

② 能区分普通话和方言的发音。

③ 能理解多重指令。

（2）表述部分。

① 积极学说普通话，发音清楚。

② 积极而有礼貌地参与交谈，不随便插话和打断别人的谈话。

③ 说话声音的音量和语素适当。

④ 能用完整句较连贯地讲述个人经历以及图片内容。

⑤ 能大胆、清楚地表达自己的请求、愿望、情感和需要等。

（3）欣赏文学作品部分。

① 初步了解儿童文学作品的不同体裁及其构成要素。

② 在理解作品内容的基础上，会初步归纳作品的主题。

③ 能绘声绘色地朗诵诗歌、散文和讲述故事等。

④ 能根据作品提供的线索进行文学想象和创造，仿编诗歌和散文等。

（4）早期阅读部分。

① 知道口头语言和文字的对应转换关系。

② 能集中注意力倾听成人讲述图画中的文字说明，理解书面语言。

③ 能独立阅读图书，理解画面内容。

④ 对画面的文字感兴趣，能主动学认常见的汉字。

6）5～6 岁

（1）倾听部分。

① 别人说话时，能认真、耐心地倾听。

② 能辨别普通话声调、语调和语气的变化。

③ 能理解并执行复杂的多重指令。

（2）表述部分。

① 坚持说普通话，发音清楚、准确。

② 在不同的场合，会用恰当的音量、语速说话。

③ 能主动、热情、有礼貌地与他人交谈。

④ 能主动、大胆地使用适当的词、句、语段来表达自己的意思。

⑤ 乐于参加讨论和辩论，敢于发表不同的意见。

⑥ 能连贯地讲述故事事件以及对图片和物品的认识。

（3）欣赏文学作品部分。

① 理解儿童文学作品的不同体裁及其构成要素。

② 在教师的帮助下，能分析作品中的特殊表现手法，体会作品的思想感情脉络。

③ 能有感情地表演故事、童话、诗歌和散文。

④ 能独立仿编或与同伴共同创编故事、诗歌和散文。

（4）早期阅读部分。

① 对学习与阅读文字感兴趣，能积极学认常见的汉字。

② 能理解画面的内容，并用恰当的扩句和缩句来合理表达画面的内容。

③ 会保护和修补图书，会通过绘画的方式自制图书。

④ 初步认识汉字的间架结构和书写风格，会按正确笔顺书写自己的姓名以及常见的、简单的独体字。

（四）学前儿童语言教育活动目标表述的要求

在学前儿童语言教育具体活动中，其目标是完成教育任务和总目标、阶段目标的基础。因此，准确而又科学地表述语言教育活动目标，是实现语言教育的基本保证。语言教育目标的表述需要做到以下要求。

1. 目标的表述必须明确具体，具有可操作性

语言教育活动目标的表述一定要明确具体，有针对性，防止过于宽泛，切忌大而空的话。诸如“培养幼儿的动手能力”“发展幼儿的想象力”等都比较笼统，而“会用剪刀剪纸条”“能跟着节拍准确地做操”等都比较具体，可操作性强。教师在制定目标时，可反复推敲，以此目标只适合这个活动为评价标准，提高自己制定活动目标的水平。

2. 目标的表述统一使用幼儿或教师作为行为主体，一般提倡以幼儿为主体

语言活动目标的表述角度可以从教师角度，也可以从幼儿角度。不管是教师角度，还是幼儿角度，同一个目标中只能使用一种角度来表述，不同的目标中可以使用多种角度来表述。陈述时主语可以不出现，一般提倡以幼儿为主体来表述。常用的以幼儿为行为主体的动词有喜欢、乐意、了解、知道、懂得、学会、能够等；以教师为行为主体的动词一般有培养、引导、启发、帮助、使、让、激发等。

1.3　“小兔子找太阳”目标设计参考

练一练

尝试为故事《小兔找太阳》(小班)写出相应的活动目标。

附故事内容

小兔找太阳

有一只可爱的小兔子,听说太阳是红红的、圆圆的,便要去找太阳。

它来到屋子里,提着两盏红红的、圆圆的灯笼,问妈妈:"妈妈,这是太阳吗?"妈妈说:"不,这是两盏红灯笼,太阳在屋子外面呢!"小兔子来到菜园子里,看见三个红红的、圆圆的萝卜,问妈妈:"妈妈,这是太阳吗?" 妈妈说:"不,这是三个红萝卜,太阳在天上呢!"小兔子抬起头,看见天上飘着红红的、圆圆的气球,问妈妈:"妈妈,这是太阳吗?"妈妈说:"不,这是红气球……" 小兔子焦急地喊:"真急人,太阳到底在哪儿呢?"妈妈说:"瞧,太阳只有一个,还会发光呢!"小兔子顺着妈妈手指的方向,仰起头,大声叫:"妈妈,我找到了,太阳红红的、圆圆的、亮亮的,照在身上暖洋洋的。"

二、学前儿童语言教育的内容

学前儿童语言教育的内容是指成人传授给儿童的语言形式、语言内容和语言运用的总和,通常是依照语言教育目标选定的通过一定的形式表现和组织的基本知识、基本态度和基本行为。学前儿童语言教育的内容是落实教育目标的载体,是实现语言教育活动目标的手段,是教给儿童一套特定的语言符号系统,并指导他们学习、运用这套语言符号系统进行交际的过程。

(一)确定学前儿童语言教育内容的依据

1. 依据学前儿童语言教育目标

如前所述,学前儿童语言教育的内容是依据目标来选择与组织的,故必须为实现目标服务。根据语言教育目标来确定教育内容,是把语言教育目标中的各部分、各方面的要求转换为儿童学习语言的内容,通过多种多样的学习途径和方法使得儿童获得各种语言经验。在此过程中,语言形式、语言内容和语言运用交互在一起逐渐发挥着作用,使得儿童对语言的理解能力和表达能力随之得以提高。当然,并不是每一次文学作品的学习都必须包含这三个要素。

另外,因学前儿童语言教育目标分为倾听、表述、欣赏文学作品、早期阅读等四大部分,每一部分还包括认知、态度与情感、技能与能力三个方面,故在确定语言教育内容时,也需根据四大部分、三个方面来加以选择,充分挖掘其蕴含的语言因素加以科学地利用。

2. 依据学前儿童语言发展的特点

一般来说,学前儿童语言的发展都是从非言语交际向口语交际转换,从口语交际再向书面语言学习转换的过程。在此过程中,儿童不仅需要学习听、说及其轮换,及时反馈对语词的感知、理解和运用,构词成句、表达意思等内容,还需要理解说出的话语与写出的字之间的关系,对不同字形的辨认以及对字形结构的分析与书写等内容。这些内容的学习可以通过谈话、讲述、听说游戏、文学作品的学习和早期阅读等语言教育活动的开展来达成，也可以通过幼儿在园的一日生活、游戏、交往活动、家庭教育活动获得。

3. 依据不同活动领域的特点

学前儿童语言的获得既可以在专门开展的语言教育活动中实现，也可以有机地融合在科学、社会、健康、艺术等领域中。不同的领域活动各有其不同的特点，其语言学习的内容也有所不同，儿童获得的语言经验有相同之处，但也各具特性。例如，在科学领域活动中，需要教师用语言来指导儿童进行观察，儿童需要听懂教师的指导语，有序地观察；同时儿童还要会用语言来表达观察的情况和结果。但由于观察的对象不同，表达方式有一定的个体差异，儿童所获得的语言经验也会有所不同。

4. 依据儿童心理发展的特点

（1）儿童心理发展的突出特点是情绪性，凡是他们感兴趣、觉得稀奇的事物，都能留下深刻印象，并且在活动中也会注意力集中。这就要求我们在选择教育内容时，应该注意趣味性、新颖性，以提高儿童的学习兴趣和学习效果。

（2）善于模仿是儿童心理发展的另一个特点，成人的语言、动作、情绪、态度、习惯等，无一不成为儿童模仿的对象，因此，教师在设计组织教育活动时，要通过直接或者间接的语言示范，给孩子提供大量的、规范的语言，让其在不知不觉的模仿中习得有关的语言，获得语境与语用之间关系的领悟力。

（3）具有丰富的想象力更是幼儿心理发展的显著特点。为此，教师在选择语言教育活动内容时，要尽可能地为他们提供充分想象、自由创造的机会。例如，在文学作品学习活动中，教师可让他们进行仿编或者创编不同的故事结尾等，以此来发展儿童的想象力。

（二）学前儿童语言教育内容的结构

1. 专门的语言教育内容

专门的语言教育内容是根据既定的语言教育目标，通过有目的、有计划地安排和组织学前儿童系统学习语言的专门语言教育活动来实现的，是为儿童提供用语言进行充分互动的环境，使他们有机会对在日常生活中获得的零碎语言经验进行提炼和深化，以达到对语言规则的理解和有意识地运用的目的。

专门的语言教育内容主要包括谈话活动、讲述活动、听说游戏、文学作品的学习活动和早期阅读活动等类型，这也是我国目前学前儿童语言教育中最常用、最基本的教育内容。因本书第三章至第七章具体阐述了谈话活动、讲述活动、听说游戏、文学活动和早期阅读活动的特征、类型、设计与指导等内容，故这里就不再赘述了。

2. 渗透的语言教育内容

这类结构主要就是利用学前儿童各种生活和学习经验，在真实的生活情景中为儿童提供充分而又广泛的、多种多样的学习和运用语言的机会。渗透的语言教育内容属于随机教育的范畴，强调为儿童提供一个宽松的语言学习环境，较多关注儿童语言学习的过程，而较少强调语言学习的结果。在渗透的语言教育中，儿童使用语言的自由度较大，故更能体现语言教育的个别化对儿童语言发展的特殊价值。

渗透的语言教育内容主要包括日常生活中的语言交往、游戏活动中的语言交往、其他活动中的语言交往等。

1）日常生活中的语言教育内容

（1）在集体活动和个别化活动中，能认真倾听并理解教师关于遵守行为规则的要求，以此指导和约束自己与他人的行为。

（2）在各项活动中理解并执行教师的指令，并能在掌握行为规则的基础上，学习用语言评价自己和同伴做活动中的行为。

（3）在他人面前大胆地讲述自己的见闻。

2）游戏活动中的语言教育内容

（1）能与同伴随意进行交流，能结合游戏情节自言自语或进行恰当的人物对话。

（2）会用语言与同伴协商、讨论与合作，共同开展游戏活动。

（3）能用连贯性语言评价游戏规则的执行情况与游戏开展情况，评价游戏活动中同伴和自己的表现，以及表达对游戏活动的感受。

3）其他活动中的语言教育内容

（1）正确使用礼貌用语。

（2）能用语言向他人提出请求，表达愿望或者对他人提出的要求做出恰当的反应。

（3）用恰当的词、句或语气、语调与同伴展开讨论或者辩论，协商与调节同伴之间的冲突或者纠纷等。

渗透的语言教育内容与专门的语言教育内容应互相补充、彼此配合和相互支持，形成语言教育的合力，才能更好地发挥作用。

三、学前儿童语言教育的方法

学前儿童语言教育的方法，实质上是成人为了发展学前儿童的语言能力，创设各种条件和提供机会，让儿童在各种丰富多彩的活动中，在与人、物、环境、材料等交互作用中，学习语言、发展语言。学前儿童语言教育经过多年来的实践经验总结和归纳，形成了多种多样的方法，常见的语言教育方法主要有以下几种。

（一）示范模仿法

示范模仿法是指教师通过自身的规范化语言，为学前儿童提供语言学习模仿的榜样，让儿童始终在良好的语言环境中自然地模仿学习，习得规范的语言，提高其语言能力的一种方法。示范可以由教师亲自进行，也可以采用录音的方式，还可以让语言发展较好的大龄儿童来做示范。在具体运用中要注意以下几点。

1. 教师的示范言语一定要规范到位

在学前教育机构，教师的语言是儿童模仿的主要对象，教师的一言一行、一举一动，儿童都会听在耳里、记在心中。教师用什么言辞来说出自己的感受，说话时的神态、表情、动作，对别人说话的语调、语气、反应等，都对儿童起着示范作用。因此，幼儿教师在平时说话时，除了需要咬字清晰、发音准确响亮、表情自然外，还需要注意语言的表达力，包括运用适当的音量、语调、速度等。此外，幼儿教师还需要注意使用具体易懂的句式，如果是用来对儿童发出指令的语言，更要简单明确、规范。最后，教师的规范言语需要随时随地运用，以身作则，才能成为儿童模仿学习的典范。

2. 教师要把握好示范的时机和力度

一般来说，教师的言语示范发生在儿童进行语言教育活动之前进行。语言教育中涉及新的、儿童不易掌握的语言学习内容，教师需反复地重点示范，难发准确的音、新词句的学习、连贯的讲述、人物关系的对话等，都需要儿童以教师为榜样，进行模仿学习。

3. 教师要恰当地运用显性示范和隐性示范的手段

在语言教育中，教师要恰当地处理好显性示范和隐性示范两种手段的运用。一般来说，对于重点和难点内容，教师可采取显性示范的方式，明确提出让儿童模仿的要求；对于一般的语言内容，教师可采用隐性示范的方式，让儿童在不知不觉中进行模仿。具体采用哪种手段，需要教师依据儿童语言发展的水平和特点恰当地选用不同的示范方法。

4. 教师要积极观察儿童的语言表现，妥善运用强化原则

在语言教育活动中，教师要积极观察每个儿童的语言表现，善于发现儿童语言发展的差异，从而做到因材施教。对于儿童正确的语言行为和习惯，教师要随时予以鼓励和表扬，并结合生活等予以强化巩固；同时也要及时纠正儿童中出现不当或者错误的言语，避免重复出现。但也要避免过于挑剔儿童讲述过程中的言语错误，导致降低儿童学习的积极性。

（二）视、听、讲、做结合法

视、听、讲、做结合法是指在语言教育中，教师同时采用视、听、讲、做结合的方法。它是依据直观法和观察法以及结合当前儿童语言学习的特殊性而提出的方法。视是指教师提供具体形象的讲述对象，让儿童充分地观察；听是指教师用语言描述、启发、引导、暗示、示范等，让儿童充分地感知与领会；讲是指儿童在感知、理解的基础上，充分地表述个人的认识；做是指教师给儿童提供一定的想象空间，通过儿童的参与或独立的操作活动，帮助其充分构思，从而组织起更加丰富、连贯、完整、富有创造性的语言进行表述。视、听、讲、做结合法的四个方面必须有机地结合，视、听、做都是为讲服务的，在讲的过程中，促使儿童语言能力的发展。在具体运用时，应当注意以下几点。

1. 辅助材料来源于幼儿生活

教师所提供的语言教育辅助材料应该是儿童接触过的，有一定的生活经验，较熟悉的或符合儿童认识特点的，这样，才能被儿童所理解，才能更好地促进儿童的语言发展。例如，在童话故事《乌鸦喝水》的教育活动中，教师可以制作大森林的背景图以及乌鸦的真实图片，为孩子们提供生动的视觉形象，当故事讲到乌鸦想出了什么办法才能喝到半瓶水时，教师可以根据儿童的回答为他们提供半瓶水、小石块、沙子、树叶等生活中常见的辅助材料，让孩子们自己动手操作。这样，通过视、听、做，最后让儿童讲述出乌鸦喝水的原理，从而使得儿童更深入地理解故事内容。

2. 留有一定的时间和空间

在观察讲述对象时，教师要留给儿童一定的观察时间和空间，有足够的时间对观察的对象进行感知和理解。例如，看图讲述、实物讲述、情境表演等，都必须要让儿童有时间仔细看图、看实物、看表演，理解讲述对象，这样才能通过视、听、做等方法，为儿童更好地讲做准备。

3. 教师的提问具有开放性

教师的提问要有顺序性、启发性，有助于帮助儿童开放性地构思与表达。封闭式的提

问，只能给儿童做出是、否或正反两方面选择性的回答。

总之，运用视、听、讲、做结合法让幼儿学习语言，可使幼儿运用多种感官参与学习，在促进语言发展的同时，也获得了认知的发展。

（三）游戏法

游戏法是指教师运用有规则的游戏，训练儿童正确发音，丰富儿童词汇和学习句式的一种方法。游戏是儿童的天性，游戏法符合学前儿童的年龄特点，运用游戏法进行教育是儿童语言教育中常见的方法之一。目的在于提高儿童的学习兴趣，集中儿童的注意力，促进儿童各种感官和大脑的积极活动。运用游戏法时应注意以下两点。

1. 应选择目标明确、规则具体的游戏

教师应根据儿童语言教育目标和内容来选择或者创编游戏，选择的游戏目标应明确，规则应具体，以便于儿童理解，达到训练语言能力的目的。

2. 可配合使用教玩具或者学具

在运用游戏法的同时，可配合使用教玩具或者学具。随着儿童年龄的增长，应逐渐减少直观材料，可以适当开展纯语言训练的游戏；对于个别学习有困难的儿童，可运用游戏法进行重点帮助，使他们在轻松、愉快、饶有兴趣的活动中进行强化训练。

（四）角色扮演法

角色扮演法是指在教师的指导下，学前儿童扮演文学作品中的人物角色，根据作品情节的发展，通过对话、动作、表情等再现文学作品，以提高口语表现力的一种方法。运用这一方法，需注意以下两点。

1. 理解作品、再现作品

文学作品引发的扮演是学前教育机构扮演的主要内容。教师在运用角色扮演法时，必须让儿童理解文学作品的内容，并能熟练地朗诵或者讲述，深刻体会作品的思想内涵，把握人物的情感和角色特点，然后运用恰当的声调、韵律、节奏、速度、动作等进行表演，必要时可提前适当排练，从而再现作品内容，使文学作品更加生动、真实，在此过程中，学前儿童的口语表现能力也得以提高。

2. 体验角色，学习对话

教师应鼓励儿童运用生动有趣的语言、表情、动作等大胆地扮演。允许儿童在进行故事表演时，在不影响故事内容的基础上进行创编或者改编、续编等，增加或删减情节和对话，创造性地用动作、表情和声音的变化来刻画故事人物的性格，学习运用角色之间的语言进行对话，从而提高儿童综合使用语言的能力。

以上四种语言教育的方法只是比较常见的几种方法，各有其特点和局限，教师在实际的教育教学过程中可以根据教育目标和内容，结合本班儿童语言发展的水平和学习语言的特点，取长补短，灵活运用。除上面四种方法之外，还有情境创设法、练习法、作品分析法等多种方法，可几种方法综合运用，共同促进儿童语言的发展。

四、学前儿童语言教育的途径

教育途径是在教育教学活动过程中，师幼双方为实现一定的活动目标而共同进行并相互作用的活动方式的总称。学前儿童语言教育可以通过多种途径实现，可以说，凡是有语言参与的活动都可以用来对儿童进行语言教育。概括起来，学前儿童语言教育的途径主要有两种，即专门的语言教育活动和渗透的语言教育活动。

（一）专门的语言教育活动

专门的语言教育活动是指在学前教育机构里，教师根据语言教育目标和内容，有目的、有计划、有组织地引导学前儿童系统规范地学习语言的过程。专门的语言教育活动是实现语言教育目标的有效途径，也是落实语言教育任务的有效手段。其明确的目的性、全面的计划性、高效率的组织性等特点使得专门的语言教育活动在儿童语言的发展中显得尤其重要。专门的语言教育活动形式有五种，除下面的简单介绍外，在本书的以后章节也会分别详细阐述。

1. *谈话活动*

谈话是帮助学前儿童学习在一定的范围内运用语言与他人进行交流的活动。谈话对于儿童来说，既是一种言语交流方式，也是一种学习方式，是儿童语言教育中一种十分重要的活动组织类型，这种形式在幼儿园各年龄阶段都可以组织。其宽松自由的语境、较丰富的谈话素材、围绕一个中心话题进行多方交流等特点使得谈话活动具有独特的作用。

2. *讲述活动*

讲述活动以培养学前儿童独立构思和表述一定内容的语言能力为基本目的，给儿童提供积极参与命题性质的实践机会。要求儿童讲述时能围绕一定的主题，用词正确，词语搭配恰当，做到条理清晰，前后有逻辑性，以发展儿童连贯性的独白语言的能力。

3. *听说游戏活动*

“听”是人类用耳朵接受信息的过程，“说”是人类口头语言表达，即讲话，两者在儿童语言学习与发展中同等重要。听说游戏是一种特殊形式的语言教育活动，是为培养儿童的倾听和表达能力而专门设计的，用规则游戏的形式来组织的语言教育活动，其活动过程中逐步扩大的游戏成分使得其深受儿童的喜爱，在边玩边学中达到事半功倍的教育效果。

4. *文学活动*

儿童文学伴随着人类一起诞生。其独特的艺术个性和审美价值，特别适合儿童学习和接受。这类活动从一个具体的文学作品入手，围绕这个作品展开一系列相关的语言活动，帮助儿童理解文学作品所展示的丰富而又有趣的生活，体会语言艺术的美，并为儿童提供全面的语言学习机会。文学活动着重培养儿童欣赏文学作品的能力，以及利用文学语言表达想象和生活经验的能力。

5. *早期阅读活动*

0～6 岁的儿童随着认知水平的提高，逐渐学会用阅读的方式去认识世界，借助图形、文字符号等来获取信息，称为早期阅读。在托儿所或幼儿园里，我们经常可以看到孩子们三三两两或独坐一隅，津津有味地拿着一本图书翻看，有时还会出现眉飞色舞、叽叽喳喳、边说边比划的现象。早期阅读习惯和兴趣的培养对儿童终身学习和阅读能力具有特别重要的意义，通过阅读，儿童不仅可以丰富知识，而且还能启迪智慧，活跃思维。

（二）渗透的语言教育活动

除专门的语言教育活动以外，渗透于儿童日常生活、游戏、家庭教育、社会活动和其他领域教育活动中的语言教育活动也为学前儿童提供了大量的语言交往的机会，并且这些渗透的语言教育活动无论是内容、形式还是目的，都比较灵活、多样、丰富，也为儿童语言的学习和发展立下了汗马功劳。

1. 日常生活和游戏中的语言教育活动

儿童的一日生活是其学习和发展语言的基本环境。常规的生活活动包括进餐、盥洗、如厕、饮水、散步、玩耍、睡觉、户外活动等。在这些活动中，蕴含着丰富的语言教育资源，例如多样的语音、丰富的词汇、复杂的句子、完整的语段等，尤其通过对话、交流等，对儿童口语的发展有着很多有利的条件。我们知道，儿童的语言更重要的是通过运用、交流获得的，故日常生活中的这些活动，如果能够充分利用，将更大限度地锻炼儿童的口语表达能力，还能丰富儿童对生活常识的认知。教师和家长所需要做的就是把握这些语言发展的机会，将语言教育渗透于日常生活的各个环节，进行适时、适地、适宜的指导。

例如，进餐前，教师或者家长可向儿童描述当餐食物的名称及其色、香、味，并说明其营养价值，“今天午餐的菜有西红柿炒鸡蛋、胡萝卜炖仔排……”“看！红红的这是什么呀？嗯，西红柿，它含有丰富的维生素，吃了会让我们心情愉快，个子长得高高的。黄黄的闻着香香的是鸡蛋，鸡蛋里有很多的蛋白质，吃了会让我们更聪明……”午休后，儿童起床穿衣服时，可以教儿童正确说出各种衣服的名称、颜色、花样等。散步时，可以就路上看到的某一实物进行描述、讨论、交流等。游戏中，儿童可与同伴一起就游戏的主题、玩法、规则等进行商量、分工、合作和分享等，在边说边玩中体验游戏的乐趣，同时无意中使自己已有的语言知识和经验也得到了练习和发展。当同伴或者成人说出一个新词或者一个新的句型时，可让一些儿童跟着模仿和学习，教师可多听儿童间的交谈，及时鼓励和引导儿童多进行口语表达，必要时加以纠正和强化，以促进儿童口语的发展。

2. 其他领域教育活动中的语言教育活动

在科学教育活动中，儿童需要借助语言学习科学知识，用语言表征科学现象和过程，通过语言与同伴和周围的人交流各自的认识和感受，发表自己的见解和结果等，可以说，科学教育的全过程都离不开语言的作用。教师需要给予儿童充分描述和讨论的机会，鼓励儿童学习用科学准确的语言表达或描述有关发现。例如，小班孩子在“水的三态变化”的科学教育活动中，当水烧开了冒出热气时，有的儿童说：“水开了，冒烟了。”教师就需要及时纠正这一说法，告诉儿童：“水开了，冒出了水蒸气。”这样，孩子在这一活动中就掌握了“水蒸气”一词。因此，教师要在科学教育活动中，在儿童充分感知事物和现象的基础上，随机丰富儿童的词汇，逐步要求儿童用完整、连贯、准确的语句来表达，以此提高科学教育的质量。

在社会领域活动中，儿童要学会与人交往，要懂得交往的规则和技巧，这本身就要求儿童对语言的理解和掌握。儿童不仅能在现实生活中获得社会知识，还可以通过阅读文学作品（例如《大卫上学去》等）了解和学习一些社会规则、社会要求和做人的道理等，同时也发展了儿童对书面语言的敏感性。

儿童的健康不仅指身体健康，更重要的是指心理健康。因此，在生活中，教师需创设一个愉快、轻松的环境，让儿童在其中积极、主动地参与，乐于与人交往。在健康保健活动中，教师可运用儿歌、故事等语言素材讲解保健知识和生活技能；在体育活动中，教师可安排动静交替的活动，例如在体育游戏“我和报纸做朋友”活动中，教师可先跟儿童一起用报纸做衣服、做纸球，在报纸上蹦跳过河等，中间穿插一些讨论环节，让儿童讨论报纸还可以干什么等内容，然后再尝试制作，这样既锻炼了儿童的身体，又发展了儿童的口语表达能力。

艺术领域包括音乐和美术两种活动。音乐与语言有着密切的关系，儿童可以根据音符、节奏、旋律的变化等，想象不同的画面，编成不同的故事。同时，歌词本身就是儿童诗歌的一种形式，儿童在学唱歌曲的过程中，不仅可以学习歌词，还可以根据歌词与其已有经验相联系，把歌词改编、创编成故事。在美术活动中，教师可以鼓励儿童按照自己的意愿涂画、制作美术作品，在儿童对自己作品的创意中进行讲述，或者进行创编儿歌、故事等，让儿童既动脑又动手，这样既能受到美的熏陶，又能提高语言表达能力。

3. 家庭教育中的语言教育活动

人出生后接触的第一个环境就是家庭，父母是孩子的第一任老师。家庭环境、家长的言传身教等对孩子一生的成长和发展都起着至关重要的作用。家庭教育直接影响着孩子的人生观、世界观和价值观的形成。因此，家园合作形成教育合力，将更有利于孩子语言的发展。例如，家长在孩子 1 岁左右时，可以多与孩子进行口语交流，告诉其正确的物体名称及用途等；2、3 岁时，可以坚持每天给孩子讲简单的故事；4 岁左右，就可以让孩子复述故事给父母听；5、6 岁的孩子还可以续编、改编、创编故事、儿歌等。家长平时应多与教师进行沟通，了解自己的孩子在语言发展方面的现状，再有针对性地进行家庭教育。

4. 社会活动中的语言教育活动

节假日或者周末，孩子常与父母去各种场合，这是丰富儿童语言的良好时机，家长要抓住这些有利时机，对孩子语言方面进行随机教育。例如，到亲戚家做客时，家长可以教孩子说基本的礼貌用语“你好”“谢谢”“再见”等；到公园里玩时，通过对话可以认识和说出各种花、草、虫、鸟及其特征等；到超市购物时，通过购买日常用品，可以让孩子说出这些用品的用途与作用等；亲子共读时，可以让孩子讲故事或编故事给父母听。这样通过各种形式的社会活动，不仅锻炼了孩子的社交能力，同时也发展了孩子的语言能力。

第三节 学前儿童语言教育的意义

语言及语言教育不仅能够直接促进儿童语言能力的提高，为日后文字学习打下基础，还对儿童的认知、社会性等方面产生积极影响，对儿童的身心发展都具有重要意义。

一、语言对学前儿童发展的意义

语言对学前儿童本身的发展具有重要意义。

（一）语言是孩子接受一切教育的基础

语言是人类进行交流和沟通最重要的工具，但人类的语言能力并非与生俱来。孩子从呱呱坠地开始，就生活在各种言语当中，同时也在不断地接触语言、模仿语言、学习语言当中。学前儿童只有学好语言，学会语言，才能有效地认识世界，才能有效地阅读人类已有的有益经验，进而才能有效地改造世界，才能进入人类优秀文化的“思想库”，才能运用语言进行心智操作和精神的创造。设想一下，如果离开了语言，作为人类独有的文化传递活动——教育便无从发生，人类将无法正常生活，社会将无法高速发展。学前儿童如果没有了语言，则无法正常、健康地成长，更不用提全面、快速地发展了。因此，发展孩子的语言是培养孩子接受一切教育的基础。

（二）学前期是人类语言发展的关键期

研究表明：儿童语言的发展是一个连续的、有顺序的、有规律的过程，也是一个不断地由量变到质变的过程。儿童早期在语音、词汇、口语表达能力等方面的发展速度最快、潜力最大，是儿童语言习得的关键时期①。意大利幼儿教育学家蒙台梭利也认为，0～6 岁是儿童语言发展的关键期。这个时期如果能给予孩子适当的刺激，为儿童提供良好的语言教育环境，不仅能促进儿童语言的发展，而且能提高儿童口语表达的质量，取得事半功倍的效果。相反，如果关键期的内在需求没有得到满足，孩子就会丧失学习语言的最佳时机，日后即使再学习，不仅要付出更大的精力和时间，儿童语言发展的效果还可能将不尽如人意，有的能力甚至终身难以补偿。著名的狼孩故事就是一个有力的证明。

由此，我们明确了学前阶段是人类语言发展的关键时期。儿童语言的发展速度、水平和这一阶段的环境、教育是分不开的。因此，作为学前教育工作者需要关注的工作是，把握好儿童语言发展的关键期，为儿童创设一个良好的语言学习环境，开展丰富多彩的语言教育活动，有针对性地对各阶段的儿童进行语言教育，以促进儿童语言的良好发展。

二、语言教育对学前儿童发展的意义

对 0～6 岁的学前儿童进行专门的语言教育，将更为有效地提高和促进学前儿童各方面的发展。

（一）语言教育可以促进学前儿童认知的发展

心理学家普遍认为，儿童早期语言能力的发展是他们认知发展的标志。语言不仅是人类交际的工具，也是人类进行思维的工具，没有语言就不可能进行抽象的思维，语言在儿童的认知活动中起着重要作用。首先，语言影响儿童对事物的知觉和记忆。儿童通过语音去命名事物，通过成人的言语讲解，结合自己的各种感觉去认识事物，从而对事物产生越来越全面的知觉，当遇到与之相关或者相似的物体时，则从记忆里面提取该事物的有关形象，进行修订、补充、完善或者整合，这样，儿童的认知能力得到了大大的发展。其次，儿童还可以根据语言间接地认识不能直接感知的事物，使得儿童认识事物的范围扩大，认识的内容加深。例如，有些地区的孩子从未见过大海，如果教师结合图片向其描述：“大海就像一个大大的湖泊一样，海水是蓝色，海边有细软的沙子，海浪阵阵，海水冲向沙滩时还会打出朵朵浪花，非常好看哟！”那么，孩子们就可以根据刚才的描述间接地认识大海。最后，语言对儿童思维的发展也有促进作用。当孩子与别人交谈时，他们要先感知、理解、

① 彭聃龄. 普通心理学[M]. 北京：北京师范大学出版社，2004：521.

评价他人说的话的意思，然后组织自己的语言，表达自己的想法或者看法，在此期间，其注意力、感知力、理解与分析力、判断力等思维能力都参与其中，得到提高。

（二）语言教育可以促进学前儿童社会性发展

学前儿童语言教育为儿童创造了学习社会交往规则的机会，提供了各种可以学习和运用语言的范例。例如，许多文学作品本身都含有社会领域的内容，儿童在学习的过程中，也懂得了其中蕴含的与人交往、待人处事、做人做事的道理等。学前儿童语言教育还能够促进师幼之间、同伴之间的相互交往和相互理解，儿童逐渐懂得倾听他人的想法，分享自身的看法，规范自己的行为，以社会或群体的行为规范来指导和调节自己的行为，从而更快地从一个自然人成长为一个社会所认可的社会人。因此，语言的发展是儿童社会化的一个重要标志，儿童获得语言是其社会化历程中的里程碑。

（三）语言教育为学前儿童今后学习书面语打好基础

学前儿童语言的学习是一个连续的过程，这一过程大概经历了非语言交际—口头语言的使用—书面语言的使用三个阶段。而学前期语言教育主要以口头语言为目标，包括听、说、前阅读和前书写能力的培养，这些都为学前儿童今后学习书面语打下了基础。如果成人在此阶段有意识地训练儿童的口头组词、组句和口语表达能力，让儿童想到就说，有条有理地说，轮流辨析地说，帮助儿童掌握和理解大量的词语，使其具有一定的口语表达能力，从而促进儿童思维的敏捷性、灵活性和逻辑性。因此，有目的、有计划、有组织地开展语言教育，可以为儿童的终身发展奠定重要基础。

第四节　学前儿童语言教育活动设计综述

学会科学地设计学前儿童语言教育活动，是一名学前教育工作者应具备的一种能力。这里从语言领域这一整体来论述学前儿童语言教育活动设计的相关内容，以期从较宏观的角度更好地指导后面各章节具体的语言教育活动设计。

一、学前儿童语言教育活动设计的内涵

要想设计好一次语言教育活动，首先需要对设计、教育活动设计等的含义进行认识和理解。

（一）教育活动设计的含义

“设计”一词已被广泛地运用于众多领域之中，但在特定领域的范围内，其含义有不同的界定，一般来说，“设计”是指在创造某种具有实际效用的新事物或者解决新问题之前所进行的探究式的系统计划过程，是一个分析与综合的深思熟虑的精心规划过程。教育活动设计是以关于教和学的科学理论为基础的，从某种意义上说，教育活动设计者就好像设计工程师，两者都是根据以往成功的科学原理来计划将要展开的“工作”，所不同的是工程

师按照物理学法则，而教育活动设计者是按照教与学的基本原理和规律进行设计。两者都试图使设计的结果更有效。

（二）学前儿童语言教育活动设计的内涵

学前儿童语言教育活动设计是指教师依据儿童的特点，制定语言教育活动目标，选择语言教育活动内容，采用一定的教育方法和手段有效地安排和组织语言教育活动，为支持儿童活动、促进儿童语言的发展而事先制订的具体的、可操作的计划的行为。学前儿童语言教育活动设计是为了支持儿童更有效地学习而对教育活动进行精心的规划和组织，是对教师教学行为的一种预先筹划，是对一系列外部事件进行精心设计和安排的过程，其目的是创设一个更有效的语言活动系统，优化语言教育活动过程，达成最优化的语言教学效果。

在学前儿童语言教育活动设计过程中，教师通过一系列有目的、有计划的系统设计，对即将开展的语言教育活动做出规划和构想，为儿童做好学习语言前的准备，引发儿童探索式学习，科学合理地指导儿童的学习过程，并对儿童的行为做出预测和评估。这一系列工作都属于教育活动设计的范畴，需要教师的精心准备和筹划，最终以语言教育活动方案的形式展现，为具体实施语言教育活动做好准备。

二、学前儿童语言教育活动设计的基本原则

学前儿童语言教育活动的开展不是随意的、杂乱无章的，而是需要遵循一定的基本原则，这样设计出来的活动才比较科学、合理，也才能更好地促进儿童的语言发展。

（一）主体性原则

学前儿童语言教育活动设计中的主体性原则是指教师在设计语言教育活动时，需要坚持遵循和体现以儿童作为活动的主体，在语言内容的选择和语言方式的安排上注重激发儿童语言发展的主动性、自主性、创造性，通过为儿童创设敢说、想说、能说的环境与材料互动来引发孩子获得相应的语言经验和语言运用的能力。教师在此过程中要善于激发儿童学习语言的兴趣和动机，为儿童提供更多自主性的语言活动内容，并给予适时的指导，进而更好地推进儿童语言的学习和发展。

（二）发展性原则

所谓发展性原则是指在语言教育活动设计中必须准确地把握儿童原有的基础和水平，并以此为依据着眼于促进儿童在身体、认知、情感、个性以及社会性等方面全面而整体的发展。它包括以下三层含义。

1. *充分考虑儿童的可接受性*

语言教育活动的内容、方法、实施过程和进度必须以促进儿童的身心发展为出发点，考虑儿童现有的基础，教育目标还应有一定的难度，略高于现有的发展水平，又不超过发展的可能性，使大部分儿童经过一定的努力或者教师的指导能够达到。

2. *充分考虑儿童发展的全面性*

儿童的发展是全面的，包括身体、认知、情感、个性及社会性等方面，也包括体、智、德、美诸方面，语言教育活动设计应着眼于追求儿童全面素质的提高，不应偏重于某一方面。

3. 充分考虑儿童的个别差异，因人施教

儿童是语言活动的主体，儿童身心发展的水平是有差异的，这就要求从儿童的实际情况、个别差异出发，进行有差别的教育。在语言教育活动中，一方面，既要面向全体儿童提出较为统一的要求，又要照顾个别差异，对语言发展不同水平的儿童分别提出不同的要求，因人施教。另一方面，教师对每个儿童的情况要用发展的观点对待，对他们的发展做出科学的分析，使每个儿童都能够在原有的基础上获得最大限度的发展，由现有发展区向最近发展区过渡。

（三）掌握渗透性原则

所谓渗透性原则是指在学前儿童语言教育活动中，虽然开展有专门的语言教育活动，这部分的活动设计主要是针对孩子的语言进行练习和发展，但还有艺术、科学、社会、健康等其他领域的活动，这些领域的活动同样可以发展孩子的语言，我们在进行这类活动设计时，也需要把语言教育的目标、内容渗透进去，以此来全方位地发展儿童的语言。《幼儿园工作规程》早就提出幼儿园教育的任务之一是使“体、智、德、美各方面的教育相互渗透，有机结合”，且提出要“充分发挥各种教育手段的交互作用”等。因而在语言教育活动的设计和实施中，必然要求各个领域之间的相互渗透和有机整合，主要体现在语言教育活动与其他领域在内容方面的渗透和在教育活动形式方面的渗透，让儿童在不同的内容、不同的学习形式下加深对语言的理解和感悟，以更好地获得语言经验。

三、学前儿童语言教育活动设计的基本步骤

学前儿童语言教育活动设计需要先确定活动名称、活动适宜的年龄班，以及涉及的重点领域，这是每个活动设计所需要的基本信息。除此之外，还有其基本步骤。具体来说，每个语言教育活动设计一般都包括儿童情况分析与设计意图、活动目标、活动准备、活动过程、活动拓展或者活动延伸等几个部分。

（一）儿童情况分析与设计意图

儿童情况分析是语言教育活动设计的第一步。只有对儿童现有的语言发展现状心中有数，才能确定如何在原有的基础上进一步地发展儿童的语言。儿童情况分析多以隐性的形式存在。儿童情况分析主要是分析儿童已具备哪些与该活动有关的语言知识，还存在哪些问题，以及儿童的个别差异等。设计意图是指活动主题产生的背景、原因及其与儿童的关系，主要包括儿童的兴趣及语言发展的需要、儿童已有的语言经验、儿童可获得的新的语言经验等，以及教师开展语言活动的有利条件和可用资源、该主题可以达成的语言目标等。结合这些基本情况，设计好本次语言教育活动开展的意图。

（二）活动目标

活动目标是指通过某一次或某几次教育活动所期望取得的效果。它指明了教育要达到的标准和要求，是开展教育活动的依据。语言教育活动目标的确定一方面要依据语言教育总目标和年龄阶段目标，另一方面要结合本班儿童语言发展的水平，从认知、态度与情感、技能与能力等三个方面来体现，然后根据目标去选定语言教育的内容，最后落实到学前儿

童对语言内容、语言形式和语言技能的掌握上。

（三）活动准备

准备工作是实施活动的前提，它直接影响着儿童参与活动的积极性、活动的进程和实际效果。活动准备一般包括知识准备、材料准备等。

1. 知识准备

知识准备包括两个方面：一是教师要具备相关的知识。开展某一个具体的语言活动，只有教师了解相关的知识，才能深入浅出地指导儿童。当儿童提出问题时，又能因势利导，给予适当的帮助。所以，教师除了平时积累知识外，在开展语言教育活动之前，查阅相关的工具书以广泛地了解相关知识是非常必要的。二是要了解儿童具备哪些与该活动相关的基础知识、技能与能力水平，以便有针对性地开展本次语言教育活动。如大班讲述活动“可爱的花”，其中的一项活动准备是：每个儿童在家较细致地观察一种花，并在家长的配合下了解一些有关花的常识。这就是儿童讲述“花”的知识经验准备。

2. 材料准备

活动之前准备材料的工作往往是一项艰巨的任务。教师可以采取各种方法，发动大家一起准备材料。活动材料既可以由教师准备，也可以是教师带领儿童事先收集，还可以让儿童从家中带来，教师再根据儿童带来的材料有目的地加以补充。如大班主题活动“服装布料真多呀”活动准备之一：请家长帮忙，在家中或缝纫店收集各种各样的小布料带到幼儿园。这样不仅减轻了教师的工作负担，还把材料的准备巧妙地变成活动的前奏、家园联系的途径。

（四）活动过程

活动过程主要包括开始部分、基本部分和结束部分。

1. 开始部分

这是组织语言教学活动、集中儿童注意力的重要环节。开始部分的设计要富有感染力、有情趣，吸引儿童注意力，从而激发儿童学习和探究的欲望。一般常以猜谜语、讲故事、设置悬念、情境表演、做游戏等方式导入。

2. 基本部分

这是活动的主体部分，是实现语言教育活动目标的载体，也是语言教育活动的重点，因此要写得详细、具体。具体如何设计，要根据目标和内容来确定。不同类型的语言教育活动，其基本部分有自身的特定结构和模式。本书从第三章到第七章，具体论述了各类语言教育活动的设计步骤，这里不再详述了。

3. 结束部分

这是活动的最后环节。教师需要精心地设计结束部分，既要使这一次活动圆满地结束，又不能就此结束儿童对活动的积极性。活动结束的设计要充分体现开放性，在形式上不必拘泥常规。

（五）活动拓展或者活动延伸

活动拓展或者活动延伸是对本此活动内容的巩固、强化和运用，使学前儿童受教育的时间能够延续，也为继续开展下一个活动起着连接的作用。语言教育活动可以围绕日常生活、其他领域、家庭和社会活动、游戏活动等拓展或延伸。此环节不是每个活动都必须要具有的步骤，可视活动的具体情况而定。

【本章练习】

1．学前儿童语言教育研究的是（　　）的儿童语言发生、发展的变化过程。

A．3～6 岁　　B．0～6 岁

C．0～3 岁　　D．3～12 岁

2．学前儿童语言教育应以（　　）为主。

A．日常用语　　B．书面语言

C．口头语言　　D．第一语言

【真题再现】

（2020 年下）[单选题]

教师根据幼儿的图画来评价幼儿发展的方法是（　　）。

A．观察法　　B．作品分析法

C．档案袋评价法　　D．实验法

【模拟测试】

1．人类语言发展的关键期是（　　）。

A．3～6 岁　　B．0～6 岁

C．0～3 岁　　D．3～12 岁

2．语言的发展是儿童（　　）的一个重要标志。

A．身体成长　　B．情感发展

C．技能获得　　D．社会化

第一章参考答案

【拓展阅读】

学前儿童语言学习与发展核心经验的基本框架内容

学前儿童语言学习与发展的核心经验，是指在学前阶段儿童成长发展过程中，应当形成获得的最为重要的语言经验。儿童语言是在交流和运用过程中成长发展起来的，学前教育工作者需要认识的，也是从语言运用的角度看儿童成长发展的核心经验。华东师范大学学前教育与特殊教育学院的研究团队，这个由高校教师、研究生和全国五个省市地区幼儿园骨干教师组成的研究小组，在过去的三年中围绕上述问题开展理论与实践相结合的研究探索，获得了汉语文化情境下学前儿童语言学习与发展的框架性认识。我们认为，学前儿童语言学习与发展核心经验可以由三个主要部分组成：早期口头语言交流与运用经验、早期书面语言学习与运用经验和早期文学语言学习与运用经验，如图 1-3 所示。

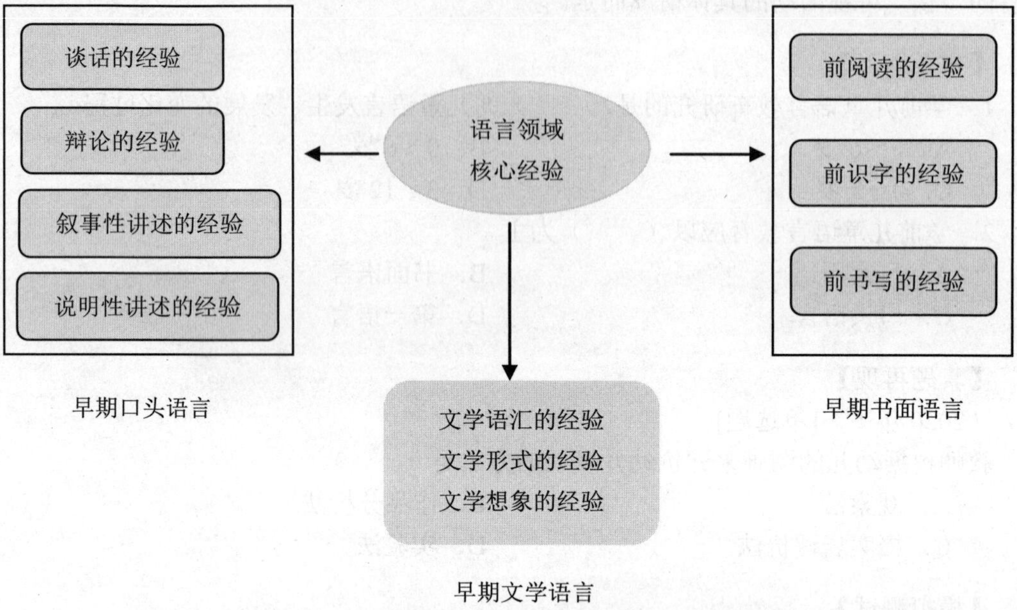

图 1-3　学前儿童语言学习与发展核心经验框架

资料来源：周兢．学前儿童语言学习与发展核心经验[M]．南京：南京师范大学出版社，2015：13-14．

第二章　学前儿童语言的学习

【本章导读】

语言对于学前儿童的生活和成长具有重要的影响作用，它是儿童与外界沟通的重要桥梁。许多研究表明，学前期是儿童学习语言的关键期，学习语言应从娃娃开始，从学前期筑起。既然语言在儿童成长与发展中扮演着如此重要的角色，那么了解和掌握不同年龄段孩子的语言学习特点就显得非常重要。因为根据学前儿童语言学习特点可以有针对性地对儿童进行语言教育，以此提高语言教育的有效性，这正是本章论述的主要目的。本章内容首先论述了学前儿童语言获得的各种理论流派，其次较详细地论述了学前儿童语言学习的特点，再次阐述了学前儿童语言学习的四种途径，最后阐述了三种科学的语言教育观，即完整语言教育观、整合语言教育观和活动语言教育观的内涵，以便更好地开展学前儿童语言教育活动。

【学习目标】

1．了解学前儿童语言获得各种理论流派的主要观点。

2．理解学前儿童语言学习的主要途径，并掌握学前儿童语言学习的特点。

3．学会在实践中形成三种科学的语言教育观。

【学习重点与难点】

学习重点：学前儿童语言学习的特点。

学习难点：学前儿童语言获得理论流派的主要观点。

【思维导图】

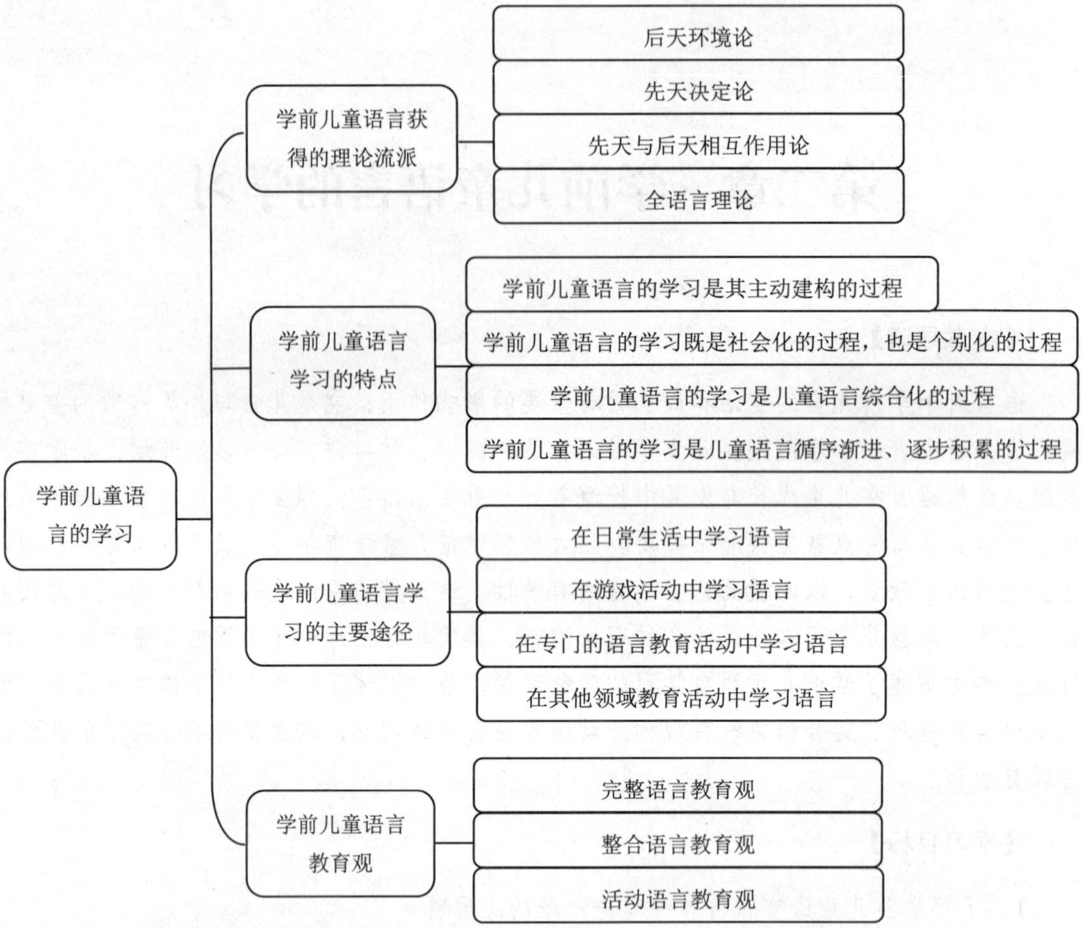

第一节　学前儿童语言获得的理论流派

从以“学”定“教”的角度来说，一个教育者如果想成功地开展教育活动，促进儿童语言的发展，首先就要知道儿童语言发展的内在机制是什么。学前儿童语言发展的内在机制是当代心理语言学和发展心理学的热点话题之一。就当前来说，对于学前儿童语言发展内在机制问题的讨论还没有形成共识。但是归纳起来，主要集中在四种理论观念上，即后天环境论、先天决定论、先天与后天相互作用论和全语言理论。这四种语言发展理论分别从不同角度解释了学前儿童语言的发生、发展机制的问题，虽然各自有其局限性，但均有不同程度的合理之处。

说一说

请您简要说一说经典行为主义的主要观点，并讨论这一理论对学前儿童语言教育有何作用。

一、后天环境论

后天环境论者将语言看作一种习惯，否定或轻视儿童语言发展中的先天的或遗传的因素。后天环境论是以巴甫洛夫的经典条件反射和两种信号系统的学说、华生的行为主义学说为理论基础，认为语言的形成是通过一系列“刺激—反应（stimulus-response，S-R）”的结果。后天环境论在儿童语言的获得的发展中扮演者重要的角色，此学说根据强调的侧重点不同，又可分为模仿说、强化说和中介说三种。

（一）模仿说

模仿说认为，语言是模仿的结果，儿童对语言的学习源于对成人语言的模仿。模仿说在发展过程中不断地改进自己的不足，在改进中逐渐分成了两个流派，即机械模仿说和选择性模仿说。

1. 机械模仿说

机械模仿说在1924年由美国心理学家阿尔伯特提出，他认为儿童语言学习是对成人语言的模仿，儿童的语言只不过是成人语言的翻版。虽然模仿说在儿童语言获得中发挥着比较重要的作用，但是这一学说忽视了儿童在掌握语言过程中的主动性和创造性，并且对以下儿童语言发展的根本问题和发展中的一些重要现象却不能合理解释。

首先，语言是由一个无限多句子构成的集合，任何一种语言的句子都是无限的。美国心理语言学家米勒（G. Miler）在1965年用20个英语词组组合出无数个句子，表明一个人如果不停地把这些句子听一遍，就要花费比地球年龄还要大1000倍左右的时间。这说明儿童不可能在有限的时间模仿学习无限的句子并构成语言。其次，儿童并不能很好地模仿成人的语言。例如，心理学家麦可尼于1996年提供过这样的一个例子，无论母亲如何反复纠正儿子的错误说法，都没有成功，孩子仍出现语法形式的错误。又如，我国学者朱曼殊对一名20个月汉族的儿童进行追踪研究，每天对她提出“这个东西是谁买给你的？”之类的问题，一连十几天，她的回答依然是“这个东西是妈妈买给你的”。虽然每次都纠正其语法的错误，但仍然不能把“买给你的”转化成“买给我的”。[①] 除此之外，在日常生活中，成人与儿童交谈所使用的语言杂乱无章、语法不规范的行为时有发生，而儿童最后却学会了比较规范的语言，并且儿童还能说出他没有听过成人讲述的句子。

综上所述，可以看出儿童语言的学习充满了创造性，并不是完全依靠机械模仿习得，这就是模仿说不能令人信服的地方。因此，在20世纪50年代以后，此学说随着乔姆斯基的批判逐渐走向没落。

2. 选择性模仿说

选择性模仿说是对机械模仿说的改造，其代表人物是怀特赫斯特和瓦斯托，并在其1975年合著的《语言是通过模仿获得的吗？》一文中对机械模仿说进行了详细的论述，主要的观点如下：第一，儿童对成人语言的模仿不是机械的模仿，而是有选择性的模仿，当儿童对某一现象具有一定的接受能力（理解）时，就会对这种语言现象进行选择性模仿。[②] 第二，选择性模仿不是对具体内容的模仿，而是对示范者的语言结构进行模仿。第三，儿

① 张明红. 学前儿童语言教育[M]. 上海：华东师范大学出版社，2006：46.
② 李宇明. 儿童语言的发展[M]. 武汉：华中师范大学出版社，1995：30.

童能够把范文的句法结构应用于新的情境以表达新的内容，或将模仿到的结构重新组合成新的结构。

与传统的模仿说相比，选择性模仿具有两个特点：第一，示范者的行为与模仿者的行为反应之间具有功能关系，也就是说，两者只需要在形式和功能上相似即可，行为不必一一临摹。第二，选择性模仿强调的是在自然情境中发生的语言获得情境模式，而不是在强化或训练下发生的。

（二）强化说

强化说的代表人物是斯金纳。它以刺激—反应和模仿说为基础，指出强化在儿童语言学习中发挥着重要的作用，儿童是通过不断强化来获得语言的。

1. 强化说的内容

斯金纳用“强化”“自动的自我强化”“强化依随”等概念对儿童的语言行为进行解释。他认为儿童语言的获得与其他行为一样，是一系列刺激—反应的连锁和结合，即语言的获得是通过外部环境的塑造形成的，是对外界刺激的习惯化反应体系。强化说强调在儿童学习言语的过程中，被强化的语音一旦发展成单词，成人就会停止进一步的强化，直到儿童开始将单词组合成简单的句子，之后又组合成较长的合乎语法的言语。正是这样的强化，使儿童的操作性条件逐渐建立起来，这就是言语的获得。

2. 强化说的评价

强化说强调正确的语言范式和强化，对儿童言语的获得具有积极作用，这是不可否认的。但是这一学说仍存在不足之处。首先，强化理论是从较为低等的动物实验得到的类比，将动物的“行为”与人的语言行为相提并论，用来解释儿童语言的发展，是不合适的。其次，强化理论将言语行为看作简单的刺激—反应现象，只通过可观察、可测量的外部因素来预测儿童语言的发展状况，忽视心理因素、环境因素以及其他影响儿童语言发展的因素，是有失妥当的。最后，强化虽然是儿童学习语言的重要方式，但不是唯一的方式。儿童语言的学习需要在有限的单位和规则中学习无限的句子，成人不可能把这些无限的句子都给出强化反应，再加上成人较为关注的是儿童语言内容的正确性，而不是语法结构的正确性。可见，成人对儿童言语行为的强化并不完全合理，因为成人的这种强化方式无法解释儿童语言最终发展为成人语言的结果。

（三）中介说

1. 中介说的内容

中介是指在不同事物或同一事物内部对立两极之间起联系作用的环节，对立的两极通过中介联成一体。① 中介说又称为传递说，是对刺激—反应理论的改进。与传统的刺激—反应理论相比，中介说增加了传递性刺激和传递性反应链条，强调外显的刺激和反应中间有一系列因联想而引起的隐含的刺激和隐含的反应所构成的中介系统，从而促进反应与刺激之间的传递。也就是说，人是通过学习将各种刺激与别的东西加以联系的，如词语或事物加以联系起来辨认环境的刺激的。②

---

① 杨占文，朱力芳. 内活生命文化小辞典：世界伟人内活基因库[M]. 北京：中国发展出版社，2016：122.

② 王振宇. 儿童心理发展理论[M]. 上海：华东师范大学出版社，2000：54.

2. 中介说的评价

中介说解释了客观环境是怎样通过语言作用于人、语言怎样表现当时当地的事物以及新的语言怎样被创造出来等，并利用它进而解释儿童是怎样通过一系列的刺激—反应链条学会语言的，充分肯定了儿童在语言学习过程中的主动性，这是一大进步。但是中介说是在刺激—反应模式的基础上提出来的，所以它也具备了刺激—反应说的不足，如它不能解释为什么很多人在没见到小偷之前就知道小偷的角色，如果不相信××是小偷的人，就不会对这件事或这个名字产生反应，等等。

2.1 后天环境论

二、先天决定论

先天决定论强调的是遗传因素对儿童语言发展的决定性作用，强调人的先天语言能力，忽视乃至否定后天环境的影响，与后天环境论相对。其中有较大影响力的是先天语言能力说和自然成熟说两大理论。

（一）先天语言能力说

先天语言能力说是由美国语言学家乔姆斯基（Noam Chomsky）提出。他认为，决定人类婴儿语言获得的因素不是经验和学习，而是先天遗传的语言能力，并在其 1957 年出版的《句法结构》一书中进行了详细论述。

1. 先天语言能力说的内容

乔姆斯基发现儿童掌握本族语言异常迅速，并极具创造性。他指出尽管语境不同，但世界各民族儿童获得语言，尤其是句子结构获得的顺序基本一致，并且时间也大致相同，他们都有着共同的普通语言的基本形式，即语法结构。据此他提出了先天性语言能力说，又叫作转换生成说。这一学说认为儿童生来就具有语言习得装置（language acquisition device，LAD），也叫作语言习得机制。它是为学习语言而存在的，是一种以生物为基础的、先天的模块，由于这一装置的存在，儿童能在听到的有限的句子中产生无限的句子。语言习得装置主要包含两样东西：（1）一套包括若干范畴和规则的语言普遍特征；（2）先天的评价语言信息的能力，为这套普遍的语言范畴和规则附上各种具体语言的值。突出强调先天遗传的语言能力是儿童能够说话的根本决定因素。LAD 的功能如图 2-1 所示。

原始语言材料 ——→ （LAD） ——→ 语法功能（理解和产生句子）

（输入） （加工） （输出）

图 2-1 LAD 的功能图

乔姆斯基认为获得语言的过程，就是为普遍的语言范畴和规则赋值的过程。也就是说，当儿童听到一些具体语言后，他们就会根据自己本来就具备的普遍法则对某一具体语言结构提出假设，进而验证假设，不断地对原始语言素材进行处理，并逐步形成一种个别的语法能力，从而掌握深层语法结构转换为表层语法结构的转换规则，为其创造性地使用语言奠定基础。

值得注意的是，LAD 在个体语言获得中发挥的作用不是长期不变的，而是具有一个临界期，过了这个临界期，LAD 就会退化。所以，儿童与成人在语言的学习方面存在着较大的差异，对于儿童来说，他们能够在短时间内较快地掌握一种新的语言，而对于成人来说是比较困难的，他们需要花费大量的时间去学习新的语种，这就是 LAD 在人的语言习得过程中发挥的重要作用，如果没有 LAD 是不可想象的。像狼孩、猪孩等一些特殊的儿童，在临界期没能使 LAD 发挥作用，等他们被发现以后，尽管为他们提供了良好的语言学习和训练的机会，其语言的发展也远远低于常人。

2. 先天性语言能力说的评价

先天性语言能力说在学界引起了强烈反响，掀起了研究儿童语言获得的热潮，从根本上改变了儿童语言的获得是被动模仿的看法，肯定了儿童的语言学习的主观能动性。但是乔姆斯基的个体语言获得观点带有很大的假设性，缺乏充分的论证。过分强调先天的语言能力，忽视后天环境的影响，具有唯心主义倾向。同时，认为语言的获得是一个十分简单的过程，但事实上，儿童学习语言是一个非常艰巨的过程，语言学家麦基在他的《语言教学分析》一书中指出："学校用于教第二语言的课时数，平均每年为 250 小时；而在家里学习第一语言，一个人一年大约能花 5000 小时。"[①] 如果估计可信的话，那么一个孩子掌握第一语言需要 5 年的时间，花费 25 000 小时。由此可见，儿童语言的获得绝不是轻而易举的事情，足以看出其对儿童语言获得的主动性、创造性估计不足，无法对儿童语言这一过程进行科学的解释。

（二）自然成熟说

自然成熟说的代表人物是美国医学院心理学家勒纳伯格，他以生物学和神经生物学作为理论基础，否定环境和学习是语言获得的因素，强调先天禀赋的作用，并在 1967 年的《语言的生物学基础》一书中进行了详细的论述。

1. 自然成熟说的内容

首先，勒纳伯格认为语言能力具有先天性，这一学说认为儿童语言不受主观决定，也不受外界激发，而是本身具备的。儿童语言发展与儿童发展的关键期与阶段性相关，同时也和年龄及其他方面相关，直接教授或者反复训练对这种语言发展的作用不大。其次，他认为儿童语言发展是一个自然成熟的过程，语言是人类大脑机能成熟的产物，当大脑机能的成熟达到一种语言准备状态时，就可以激活或诱发出原来潜在的语言能力，使语言能力凸显出来。最后，勒纳伯格还认为儿童大脑的成熟具有关键期，那么儿童语言的获得也应具备关键期。勒纳伯格指出儿童语言获得的关键期大约从 2 岁开始到青春期（11、12 岁）为止，一旦错过了语言获得的关键期，再怎么训练儿童语言都很难得到发展。

2. 自然成熟说的评价

自然成熟说的某些观点是值得肯定的，如大脑中存在语言中枢，语言获得有关键期等，这些观点都得到了相关学科研究的证实，具有一定的科学性。但是否定环境和语言交往在语言发展中的重要作用，无法解释儿童因所处的语言社会不同所获得的语言系统也有差异、父母聋哑的儿童为什么无法学会正常人的口语等问题。因此，这一理论是有缺陷的。[②]

2.2 先天决定论

① 张明红. 学前儿童社会教育与活动指导[M]. 2 版. 上海：华东师范大学出版社，2014：53.
② 王文乔，秦建勋. 当代幼儿园课程与教育专题研究[M]. 北京：中国书籍出版社，2018：96.

三、先天与后天相互作用论

无论是先天决定论还是后天环境论的观点，都是较为极端、激进的，要么只强调后天环境因素对儿童语言发展的决定性作用，要么只强调遗传因素对儿童语言发展的决定性因素，都难以对儿童语言的获得做出满意的解释。以皮亚杰为代表的一派提出先天与后天相互作用论，以认知结构的发展来说明语言发展。

想一想

你还记得皮亚杰认知发展理论的具体内容是什么吗？

（一）皮亚杰的认知说

相互作用理论的代表人物是皮亚杰，他以认知理论作为基础，认为儿童语言获得过程既有遗传的作用，又有语言环境的作用，或者说是二者相互作用的，提出儿童语言发展是主客观相互作用的结果。

1. 认知说的基本内容

概括来说，皮亚杰的认知说主要包括以下几个方面的内容。

第一，皮亚杰认为儿童具有众多的符号功能，语言就是其中的一种，这里所讲的符号功能指的是用一种象征或者是用符号来表示事物的能力。例如，儿童在发音时，他会把某事物的“名称”当作该对象可分割的一部分。随后发展到能用词汇进行表达事物时，儿童语言的表达会得到明显的变化，他们能把词语和被标志的事物加以区分，可以用词汇来表达部分不在眼前的事物，而这一现象的出现便说明儿童语言开始产生。

第二，儿童语言来源于智力，并随着认知结构的发展而发展。皮亚杰认为儿童的语言习得是建立在儿童认知能力发展的基础之上，儿童语言能力的发展不能先于认知能力的发展。例如，儿童认知能力还没发展理解复杂句型的思想时，儿童就无法理解复杂句子的含义，勉强学了也是难以理解与掌握。

第三，儿童的语言发展是儿童个体与环境相互作用的结果。儿童语言发展是一个循序渐进的过程，不断地从一个阶段到另一个新的阶段，通过认知图式的同化、顺应从而达到顺应平衡。

第四，儿童的语言结构具有创造性，儿童不是通过模仿来掌握遣词造句的规则的，而是通过对自己与环境的相互作用在同化顺应中获得语言的发展，在语言的学习中表现出极大的创造性。

2. 认知说的评价

认知说强调儿童语言的发展是内因与外因相互作用的结果，在内因与外因的相互作用中促进儿童语言能力质量的变化。这个观点是值得肯定的。但是这种学说过分强调认知发展是语法的基础，并且这一学说不是专门为儿童解决语言获得问题而提出的，尽管随后也有学者进行创造性的应用和发展，但是并不能清楚地梳理和回答有关儿童认知水平发展与语言结构发展之间的关系，缺乏足够的证据。因为儿童语言的发展受到多因素的影响，过分强调认知这一因素存在一定的片面性。另外，这一学说没有看到认知发展与语言发展的相互作用，仅仅认为儿童认知发展可以促进儿童语言发展，却没有看到儿童语言发展同样可以促进儿童认知的发展，低估了儿童的综合能力。

（二）规则学习说与社会交往说

规则学习说和社会交往说都承认儿童语言的发展受到先天的和后天的多种因素的影响，并且指出儿童在获得语言的过程中先天的能力和社会的认知、语言的诸多因素之间是相互依赖、相互作用的。除此之外，这两种学说都认为儿童语言的获得很大程度上是语言规则的获得。但是由于它们在强调吸收的方式和强调的重点不同，因此产生了规则学习说与社会交往说两大派别。

1. 规则学习说

规则学习说是由布朗、弗拉瑟、伯科等人提出的，这一学说是在乔姆斯基和行为主义双重影响下形成的一种语言发展理论。他们的主要观点有以下几个方面。

第一，儿童具有一种理解母语的先天处理机制，但这种机制有别于乔姆斯基所说的语言习得装置，这种机制主要是一种学习和评价能力，不具备普遍语言特征。

第二，儿童学习语言的过程是一个归纳的过程，也就是通过处理输入的语言将母语的特征归纳出来，从而获得语言规则。

第三，儿童的语言学习主要是对规则的学习，是刺激—概括的学习过程，是先天因素和后天因素相互补充和相互影响的结果。

2. 社会交往说

社会交往说的主要代表人物是布鲁纳、贝茨和麦克惠尼等学者。他们强调社会交往对儿童语言发展的重要性，其主要观点有以下几个方面。

第一，强调语言获得不仅与先天语言能力相关，更与儿童的成熟和认知的发展，以及儿童语言交际活动相关。

第二，儿童不是在隔离环境中学习语言的，而是在社会相互交往的环境中学习语言的，认为儿童与成人之间的语言交际的实践活动在儿童语言发展过程中起着决定性作用。若从小剥夺儿童和成人的语言交流，儿童不可能学会说话。

第三，这一学说认为，社会交往可以看作儿童与生俱来的。如儿童在说话之前就能用体态语与成人交际，能听懂一些成人的语言。在单词和双词阶段，能用语言、体态或者是体态语相结合的方式作为语言交际手段等。

第四，强调环境在儿童语言发展中的作用，特别是社会相互作用系统在获得语言结构中的作用，认为这种结构产生于语言的社会交往功能，只有在交往中发挥实际功能，这种结构才能获得。持这种观点的人还强调语言环境和对儿童的语言输入的作用。

当前，规则学习说和社会交往说是比较有前途的语言发展理论，也得到了不少学者的认可，但是也存在着一些不足之处。如儿童如何在交往中，在语言输入的基础上形成语言能力，语言输入在儿童语言获得中究竟起什么作用，等等。也就是说，这两种学说所积累的资料有限，系统性不强，还需进一步发展和完善。

2.3 先天与后天相互作用论

四、全语言理论

全语言教育也叫作整体语言教育，指的是一种视儿童语言发展和语言学习为整体的思维方式。[①] 它是兴起于20世纪80年代的一种教育哲学，其见解涵盖了学习、语言、课程、教师和教学，曾对英语系国家教育观念产生重要的影响。20世纪90年代逐渐传入我国，运用到儿童语言教育领域并产生了巨大的影响。

想一想

全语言教育理论对学前儿童语言教育具有哪些方面的借鉴意义？

全语言理论的内容主要有以下几个方面。

第一，儿童语言学习是整体性学习。所谓的整体性学习，指的是不应该将语言分割成一个个独立的部分，例如语音、词汇、语法等，导致语言丧失完整性。有研究认为，“儿童从出生开始，就已经具备了学习全部语言的基本条件，儿童语言发展是以完整的方式呈现”。[②] 因此在儿童语言教育中既要重视儿童听说能力的发展，同时还要重视儿童语言的运用。

第二，儿童的语言学习应当在真实的情景中进行，与儿童生活经验相联系。全语言教师强调语言教育应回归真实世界，让儿童在日常的事物中学习阅读和书写，并且指出有效的语言学习不是“正确的”或“标准的”，而是连接个人生活经验和社会的学习。也就是说，当儿童能够用学习来的语言进行沟通时，这种学习才能对他们产生意义。所以，儿童语言的学习要在一定的情景之中，通过儿童对语言的运用、与他人的联系获得语言的发展。

第三，儿童语言的学习是整合的学习。全语言教育认为人的学习是符号的学习。他们在吸纳维果斯基的学习观点的基础上，认为任何符号系统学习的原理都是相通的。强调儿童语言的学习应交叉进行，打破学习的界限，将儿童语言的学习综合运用于艺术、戏剧、音乐舞蹈等方面，让儿童在学习语言的同时也掌握其他领域的相关知识。

第四，儿童语言的学习是开放而平等的。全语言教育理论认为，教师和儿童是构造愉快学习过程的共同体。全语言强调儿童在语言学习中居于主体地位，认为儿童应该拥有学习语言的主动权，成为学习的主角。在教育活动中，儿童和教师是合作学习的关系，教师的责任就是为儿童创设一个良好的语言学习环境，并在儿童之间营造一个非竞争的学习共同体，给予儿童更多的选择机会。

练一练

试对上述四种语言获得理论列表比较其异同。

【拓展阅读】

全语言理论与儿童外语教育

20世纪70年代末80年代初，以心理语言学家古德曼为代表的一批学者，受维果斯基理论的影响，将儿童语言教育置于社会文化环境中进行再思考，并且吸收了当代有关儿童语言发展的研究成果，开展了“全语言”的语言教育改革运动。从20世纪90年代起“全语言”运动波及国际学前教育界。

古德曼（1986）最早给全语言教育下的定义是：“全语言教育是一种视儿童语言发展和语言学习为整体的思维方式”。

---

① 周兢. 全语言教育与中国儿童语言教育的本土化[J]. 儿童教育，2002（Z1）：9-11.

② 周兢. 全语言教育与中国儿童语言教育的本土化[J]. 儿童教育，2002（Z1）：9-11.

诸多儿童教育研究者在推广全语言教育时均认可了这一点。全语言教育不是某一种具体的教育教学方法，而是一种新的语言教育观念。简单地说，全语言教育提倡的是开放式的语言教学，它将传统的“师传生受”的语言教学过程转变为教师和儿童合作学习的过程，从而对儿童语言教育的基本原则做了新的探讨。

全语言理论在 20 世纪后期被儿童语言教育界广为接受，并对我国的儿童语言教育起到了很好的指导作用，使我国的儿童语言教育发生了深刻的变革。从全语言理论来看儿童的外语教育，我们同样可以得到很多的启示。

“全语言”认为：儿童的语言能力是从经验中获得，并非经由成人的刻意教导而来。语言教育的目的是帮助儿童熟练地使用语言，能与人沟通。儿童在语言发展过程中，是扮演主动的角色，积极建构自己的理解。儿童从使用语言中学习使用语言，在社会的情境中通过不断与人有意义地沟通学会使用语言。成人所扮演的角色是示范者，并提供一个支持、接纳儿童探索语言的环境。根据“全语言”对儿童语言发展的认识，儿童外语教学要特别注意方法。全语言的提倡者注重儿童语言发展的规律，认为儿童是通过与他人互动的方式学习和使用语言的，主动理解是儿童学习语言的特点，因此，在外语教学的过程中要为儿童提供各种学习外语的机会和资源，让儿童被充满外语信息的语言和文字环境所包围，同时采用“自然学习模式”（即示范、参与、练习或扮演角色、创造表达等）进行外语教育。研究发现，有效的语言学习不是“正确的”或者是“标准的”，而是连接个人生活经验和社会的学习。对儿童来说，只有当他们的外语学习是有用的，即能够用外语来沟通时，这种学习才能对他们产生意义。因此，教育者要注意引导儿童在情境中学习外语，脱离了情境的外语对儿童来说是没有意义的，当然也就无法激发儿童外语学习的兴趣。

人的学习是符号的学习。语言既是儿童学习的对象，也是儿童学习其他内容的工具。全语言的研究者吸取了维果斯基的观点，认为任何符号系统学习的原理都是相通的，因而建议将不同的符号系统交叉运用到儿童学习的过程中。在外语学习中可以综合运用艺术、戏剧、音乐、舞蹈等手段。这种打破学科界限的学习，不仅有利于儿童的外语学习，而且有利于儿童其他相关领域内容的学习。

在全语言教育观念中，教师和儿童是构造愉快学习过程的共同体。从教师方面来说，他们熟悉学习和教学理论，据此选择课程内容和教材，并设计教学活动。从儿童方面来说，在教育过程中儿童和教师是合作学习关系。教师的责任是为儿童创设一个良好的外语学习环境，并在儿童之间营造一个非竞争的学习共同体。尤其要注意的是，当儿童有权去做自我选择的时候，学习的效果会更好。

语言是约定俗成的东西，但同时它也是一个在不断“创新”的东西，语言中不断涌现出来的新词就是一个很好的证明。在全语言研究者的眼里，儿童学习语言的过程是没有“错误”可言的，有的只是他们的“尝试”和“创新”。只有尝试了，才会获得正确的表达方式，尝试是创新的前奏和必由之路。教育工作者要容忍儿童在外语学习过程中出现的“错误”，充分肯定和鼓励儿童外语学习的创新精神。全语言理论特别强调语言的整体观。研究者们认为，儿童从出生起就已经具备了学习作为人的全部语言的基本条件，儿童语言发展的过程是以完整的方式呈现出来的，因而儿童语言的学习应当是完整的学习。那么，儿童的外语教学应当不仅重视儿童外语听说能力的发展，同时也要注意为他们读写能力的发展做准备。

在教学中要注意与儿童进行心灵的沟通，保护孩子的自尊心和自信心，采取适宜的教学态度，正确运用奖励与批评。

教师还应该在教学中采用多种教法来激发儿童的学习兴趣，例如简笔画教学、动作演示教学、歌唱教学、活动教学等，都是适合儿童外语教学的方法。

我国的儿童外语教育开始的时间还不长，所依据的理论几乎都来自国外，怎样使这些国外的语言理论更加符合中国的实际，根据中国社会文化环境中儿童教育的特点进行外语教育，这是在很长一段时间里幼教工作者们应该思考的问题。

资料来源：傅灵．全语言理论与儿童外语教育[J]．学前教育研究，2004（Z1）：82．

第二节 学前儿童语言学习的特点

学习是什么？加涅认为："学习是人的倾向或能力的变化，这种变化能够保持且不能单纯的归因于成长过程"。实际上，学习是个体通过阅读、听闻、思考、探索与实践等方式而获得知识与技能的过程。一般来说，学前儿童语言的获得经过以下几个步骤：第一步是语言的输入，儿童通过语言的输入学习语言的法则；第二步是进行内化，儿童获得语言信息之后，将会对语言进行分析与理解，简化为自己能够理解的语言；第三步是语言的输出，将自己的理解通过语言反馈给对方；第四步是语言的反馈，获取对方对自己话语的理解程度，从而对自己的说话进行调整。由此可见，学前儿童语言的获得有其自身的特色，既有模仿性，也有创造性，既有个别性，也有社会性。

◉ 找一找

收集有关建构主义学说中有关学前儿童语言学习的主要观点。

一、学前儿童语言的学习是其主动建构的过程

学前儿童语言获得的过程是自己主动建构的过程，因为儿童在语言的学习中，他们不是完全的被动接受者。

（一）儿童语言的获得是其与环境相互作用的结果

儿童是在语言环境中自然而然地获得语言发展的，主要表现在两个方面：一是在日常生活中，尽管成人没有对儿童进行有目的、有计划的语言教育，但他们也能迅速地掌握大量的词汇和语法等复杂的语言结构。二是在交往中，当儿童发现自己由于词汇贫乏或是语法错误导致他人产生误会甚至阻碍交流时，他们就会有意识地向成人学习，以提高自己的语言表达水平。

（二）儿童的语言模仿是有选择性的

虽然周围环境为儿童提供多种语言类型，但是儿童只会挑选他们能够理解的、能够模仿的语言，并对这些语言不断地加以模仿和练习。

（三）儿童对语言的模仿具有创造性

他们不是对成人的语言进行简单的复制、粘贴，而是根据自己的需要不断地进行创新、变通的模仿。例如，儿童会将自己听到的语言增添形容词、动词等来变动句子，变成自己的语言表达出来。除此之外，还能根据具体情景和自己的交往意愿变换创造出新的句子。

（四）儿童的语言对环境具有反作用力

儿童的语言会对成人的语言产生一定的影响。例如，成人在与儿童交流时，会根据儿童的认知水平不断地调节自己的表达方式，便于儿童对语言的理解。

二、学前儿童语言的学习既是社会化的过程，也是个别化的过程

语言具有社会功能，学前儿童从出生便是在牙牙学语中成长。他们与父母、亲人、老师、陌生人等不断地交流、模仿，在此过程中既学习语言，又运用语言与各种各样的人交流沟通，从而从一个自然人慢慢成长为社会大家庭中的一员。因此，学前儿童语言学习的过程也是其社会化发展的过程。

对于所有的儿童来说，无论他们属于何种语言体系，其语音和语言结构的发展都经历相似的阶段。但儿童在语言发展过程中却表现出极大的差异性，具有明显的个性化的特征。因为儿童在学习语言的过程中，每个儿童会根据自己的已有经验和已积累的语言与周围的人交往，并从他人的语言中汲取新的语言成分。反观日常生活交往，我们会发现，说话完全相同的两个儿童是很难看到的，就算把儿童放在同一情景之中，提供同一话题以及完全相同的语言范型给来自不同家庭的儿童进行模仿，你会发现他们模仿的结果也往往因人而异。儿童语言表达具有个性化的原因主要有以下几个方面。

（一）每个儿童的语言表达形式都具有鲜明的个性特点

每个儿童的语言表达形式都具有鲜明的个性特点，这个鲜明特点的形成主要是因为儿童的成长环境不同，他们积累和吸收的经验也就不同，在此基础上，儿童就会根据自己已有的知识和经验进行语言的重组与加工。由于儿童所积累的知识和经验具有明显的差异性，所以儿童在语言模仿的过程中差异性和个性化特点明显。也就是说，在儿童语言模仿的过程中，就算为儿童提供相同的语言规范、相同的讲述情境，让不同的儿童进行模仿，其模仿也是有差别的，这就说明了儿童对语言的模仿不是机械的模仿，而是具有主观能动性的模仿。其实这些结论我们可以从儿童的语言使用句式、词汇、口头禅甚至是语调中获悉。这些语言习惯充分显现出儿童语言的特征。

（二）儿童对语言话题的偏好具有个性化色彩

学前期的儿童具有一个明显的特征，就是对自己喜欢的事物非常感兴趣，具有强烈的

好奇心，他们对事物的谈论往往是从自己的喜爱开始，由于儿童喜欢谈论的内容因人而异，所以儿童的语言表达具有明显的个性化特征。例如，有的儿童喜欢超人，他们会主动收集和学习有关超人的名称、武器等方面的词汇，有的儿童喜欢各种各样的车，他们就会去翻阅各种有关车的图画书和图片，认识各种车的名称和专业术语等。

（三）不同的儿童在语言的学习中具有差异性

不同的儿童在语言的学习中具有差异性，这种差异性首先表现为儿童的兴趣与爱好的差异。兴趣是最好的老师，任何人都有属于自己的学习方式，儿童语言学习也不例外，在儿童语言学习中，无论是儿童语言表达的内容，还是儿童语言表达的方式，都极具个性化。例如，有的儿童用抒情方式进行表达，有的儿童喜欢简洁直爽的表达。其次，表现在语言学习能力的差异。不同的儿童在语言学习的速度、效果、运用语言进行交际的积极性等方面也有不同的特点，例如，有的儿童语言学习能力强，在描述事物时能够运用词汇清晰流利地讲述，有的儿童却只会生硬地模仿，说话结巴。最后，表现在儿童喜欢学习的句子、词汇和文学作品的体裁等都极不相同。因此，学前儿童语言教育在顾及儿童语言发展需要的同时，还要充分关注个别儿童独特发展的特征。

三、学前儿童语言的学习是儿童语言综合化的过程

学前儿童语言的学习是儿童语言综合化的过程，主要有以下原因。

首先，这是由语言本身的特点所决定的，语言是一种符号系统，总要反映一定的事物。儿童在学习语言时，第一步就要先理解词语所代表的一类事物，它所反映的事物特征、思想感情等。因此儿童语言学习的过程要和他们认识事物的过程相联系。例如，只有对兔子各方面的特征和习性都有所认识，并知道它属于动物时，儿童才有可能真正理解“兔子”一词的含义。

其次，儿童的语言是在日常交往和各种教育活动中获得的，内容广泛，涉及儿童生活的方方面面，从身体特征到心理感受，从家庭到社区，从自然物到自然现象，从人际交往到社会常识……可以说，语言领域的学习与其他领域的学习紧密相连，因此儿童语言的学习是一个综合化的过程。

以科学教育活动为例，儿童在教师的语言指导下进行各种科学探索活动，他们在探索的过程中能不断地与同伴、老师对有关的科学知识和科学方法展开讨论。当他们发现某种科学知识或获得探索结果后，就会通过自己的语言表达出来，在这一过程中儿童不仅获得了有关科学概念、科学术语，还获得了学习语言的机会。从这个意义上说，我们很难说这个活动究竟是科学教育活动，还是语言教育活动，综合化特点明显。

四、学前儿童语言的学习是儿童语言循序渐进、逐步积累的过程

（一）儿童语言发展具有循序渐进性

语言的学习不是一蹴而就的，俗语说：“万丈高楼平地起”，儿童学习和掌握语音、词汇、句子、语法等，都需要一个过程，从无到有，从不理解到部分理解，再到完全理解，积少成多，逐步形成，逐步完善，使语言从量变达到质变。例如，儿童经过长时间在语言

环境中受到语言的熏陶并不断使用语言，一段时间后其语言得到了明显的进步。

（二）儿童的语言发展具有阶段性，不同的年龄阶段会表现出不同的特征

在儿童时期，由于经验与词汇不丰富，对语言的发展、词汇的选择、词义的解释以及语法的运用还没有完全掌握，儿童在运用语言时会经常出现理解错误和表达错误的现象。所以成人在与儿童进行交谈时，要从儿童的特点出发，多用短句，多作描述，放慢语速，用清晰的词语表达，耐心地解释和补充，以提高儿童说话的积极性。

（三）儿童语言的学习具有规范性

学前期，教师应当为儿童提供语言范例，多向儿童介绍各种各样的文学作品，丰富儿童的语言经验。根据儿童的兴趣选择文学作品，因为儿童对语言的学习带有明显的选择和偏向，他们会主动学习自己喜欢的内容，厌恶学习自己不喜欢的内容。当然，教师在进行语言教育时，需要教师多次反复地帮助儿童理解和领悟，切忌急躁教育，不断端正自己的儿童语言教育思想，不要期望有立竿见影的儿童学习效果，要知道只有通过不断地坚持练习和理解，根据儿童的特点进行教育，才能真正地促进儿童语言的发展水平。

第三节　学前儿童语言学习的主要途径

儿童学习语言可以有多种途径，凡是有语言参与的活动都可以成为学前儿童学习语言的途径。总的来说，学前儿童语言学习的途径主要有以下几种：在日常生活中学习语言、在游戏活动中学习语言、在专门的语言教育活动中学习语言、在其他领域教育活动中学习语言等。

一、在日常生活中学习语言

杜威曾说过："教育即生活，教育即生长，教育即社会。"儿童教育只有融入儿童一日生活的每个环节，才是最自然、最真实、最贴近儿童成长需要的教育。① 儿童的日常生活包括进餐、饮水、散步、午睡、盥洗、如厕等。在这些活动中，儿童总会有意无意地与老师、同伴、家长进行语言交往，在交往的过程中促进儿童语言的获得。例如，有时儿童在来园、离园以及早操的时间向别人讲述自己的见闻，有时回答别人的问题，有时就某一个观点发表自己的意见……这些发生在一日生活自然的交往情境都为学前儿童学习语言提供了大量的说话机会，使儿童通过实践、练习、巩固、理解和运用语言，促进语言的发展与完善。

（一）日常生活中儿童语言学习的内容丰富多样

生活中包含的内容是多种多样的，既有教具、洗漱用品，也有实物、动植物、交通工具等，所以儿童在日常生活中学习的内容较为全面。成人要学会利用各种机会对儿童进行

① 王爱军. 幼儿园一日活动组织策略[M]. 上海：上海科学普及出版社，2016：2.

语言教学，在丰富儿童感性经验的同时提高儿童对词汇的掌握能力以及对语义、词义的理解能力。如在肯德基点餐时，家长可以向儿童介绍菜单物品的种类、价格、卡路里等，同时告诉儿童购买肯德基的程序和付款方式，以实例的方式帮助儿童更深入地理解新词，在自然的状态下帮助儿童积累经验。

（二）日常生活中儿童语言学习具有随意性

家庭与幼儿园是儿童在生活中接触到最多的地方。在家庭中，父母可以利用吃饭、散步、沐浴、接送孩子、睡前等休闲时间有意无意地与儿童进行交谈。如在睡前，家长可以引导儿童说出今天发生的事情，有什么开心的事情，有什么不开心的事情，为什么不开心，当时的心情是怎么样的，最后是怎么处理的，帮助儿童厘清讲述的思路，提高其讲述能力。这样的交谈有一个好处就是时间长短不限、内容不限、形式灵活、自由度大，为儿童的语言表达提供了一个宽松、自由的环境。在幼儿园中，教师可以利用各种机会随意与儿童进行交谈。例如，在晨检时，教师可以向儿童提出一些简单的问题（如吃饭情况、洗手情况等）与儿童进行交流，引导儿童学会用恰当的语言进行表达；在餐前进行小的语言游戏活动或让儿童对今天的菜谱进行报告，并尝试说出这些蔬菜的作用是什么、为人体提供什么样的营养等，提高儿童口头语言的表达能力；在饭后带儿童到小小菜地散步时，教师可以组织儿童对观察到的发现进行具体的描述，让儿童之间相互交流，培养儿童在集体面前发表讲话的胆量和能力。综上可知，在一日活动中自然地进行语言学习，需要成人为儿童创造一个宽松、自由的语言环境，支持儿童积极与成人或同伴进行交谈，发展儿童的语言表达能力。

（三）日常生活中的语言教育没有必须达成的目标

日常生活中开展语言教育活动更多关注的是儿童学习的过程，而不是学习的结果。其主要的目的是鼓励儿童在自然的环境中敢说、能说、喜欢说，锻炼儿童听、说、读的基本技能，培养儿童语言学习的兴趣，让他们在潜移默化中受到教育，增进知识经验。日常生活活动是儿童学习语言的重要方式，这一活动对儿童语言要求不高，灵活性大、针对性强，体现了教育的个性化特征，有利于对儿童进行个性化的语言教育。

想一想

学前儿童游戏有哪些？各有哪些特点？

二、在游戏活动中学习语言

幼儿园以游戏为基本活动，对儿童来讲，游戏对儿童有着强大的吸引力，它能够调动所有的能力使其全身心投入其中。《指南》提出，“儿童的语言发展能力是在交流和运用中发展起来的。”游戏在儿童日常生活学习中占主导地位，无论是语言架构的游戏，还是儿童游戏中的角色扮演等，都需要语言作为支撑。语言作为思维工具和交际工具，贯穿游戏的始终。儿童在游戏活动中通过语言的表达推进游戏的进程，从而获得了语言发展的机会。可见，通过游戏来提高儿童的语言表达能力，让儿童在游戏中学习交往、分享，以此来提高儿童的语言表达能力，具有重要意义。

（一）游戏活动中，儿童语言在双向互动中得以发展

在儿童游戏活动中，会产生双向的互动活动，如儿童与成人、儿童与儿童之间的双向互动，儿童往往会在双向互动中不断建构、调整、重组交往语言，从而促进其交往语言的发展。由于儿童与成人、儿童与儿童之间语言的发展具有很大的差异性，儿童在游戏中进行交往时容易出现语义、语法、语用和主体认知水平之间发生矛盾和不平衡的现象，而这一矛盾和不平衡却推动着儿童不断地对自己的语言进行实践、调整、再实践的循环往复的尝试，不断地积累语言表达的经验。在游戏活动中，儿童会根据周围人的言行来验证自己判断的正确与错误，并根据具体情况适时调整自己的语言策略，从而更加主动地吸收、加工和输入交往的语言信息，以达到相互作用中心的平衡。

（二）游戏活动中儿童语言的发展过程

儿童初期处于独自游戏阶段，此时期的儿童游戏没有明确的游戏目的，仅仅是依靠语言支配和调节自己的行为，他们习惯在游戏中自言自语、自说自话。这些语言是儿童交往语言顺利发展的基础。因此，这一阶段的儿童教师要注意倾听在游戏活动中儿童的自言自语，予以正确引导，以促进儿童交往语言的建构。随着游戏经验的丰富，交往技能的提高，儿童在游戏活动中逐渐出现与同伴交往的行为，甚至出现合作游戏的行为。交往的增多意味着儿童之间使用交往语言的机会就会增多。以建构游戏为例，儿童在进行游戏之前，在游戏主题的确定、游戏场地的规划、游戏材料以及搭建类型的选择等环节中，都需要儿童陈述自己的观点，同时也要倾听他人的观点，在商量的过程中逐渐得到统一的意见，并开始进行建构。在建构过程中，儿童之间需要相互交流，根据实际情况对自己的搭建计划进行细微的调整。建构结束后，儿童需要根据自己建筑物的实际情况开展角色游戏活动，根据自己搭建的主题分配角色，重现生活的场景。如儿童建构酒店建筑物，他们就会分配保安、收银员、保洁员、厨师、客人等角色，重现自己住酒店的流程，模仿大人的语言和行为与同伴进行交流。在整个游戏活动中，儿童的语言运用能力得到了实际的练习，其语言的对答、应变、协调能力也得到了很大的锻炼，对儿童社会性的发展和合作能力的提高具有重要的影响。当然，儿童语言表达能力对语言的学习积极性具有反作用，儿童语言表达和交往上的成功，有利于调动儿童学习语言的积极性，促进其创造性思维的发展。

（三）教师在语言游戏活动中的组织与指导

根据儿童语言学习理论可知，儿童对语言的学习主要是学习其规则。因此，教师在游戏活动中，可以按照一定的规则来组织语言游戏活动，帮助儿童在游戏中感受、理解和运用语言，在学习语言中获得游戏的乐趣、积累语言经验、巩固已获得的语言经验。这里所说的游戏活动包括猜谜游戏、连词游戏、拍手游戏等。教师在组织与指导语言游戏活动时，要注意以下几点。

一是目标制定问题。制定游戏目标需要具体问题具体分析，要量体裁衣，从儿童的实际出发制定游戏规则，要明确在语言游戏中重点关注儿童的情绪体验，获得游戏的快乐体验，切忌好高骛远，过分追求儿童对语言规则的掌握，打击儿童游戏的兴趣。

二是游戏引导问题。在游戏中，要重视调动儿童各种感觉器官，提高儿童的注意力，

让儿童全身心投入游戏当中，引导儿童运用已有的经验进行游戏，促进儿童经验的迁移，获得新的经验。

三是游戏记录问题。在游戏活动中要善用观察，认真观察和记录儿童在游戏中语言的表现，了解儿童语言发展的特点及发展水平，便于进行更有针对性的语言指导，使每个儿童都能在原有语言水平的基础上得到进一步的发展。

三、在专门的语言教育活动中学习语言

（一）专门的语言教育活动的内涵

专门的语言教育活动指的是幼儿园有目的、有计划、有组织地促进儿童语言发展而进行的教育活动，是对儿童的语言进行教育和语言能力培养的主要渠道。就学前儿童来说，他们在生活活动与游戏活动中虽然已经获得了丰富的语言信息和一定的语言规则，但是这些信息缺乏加工和提炼，较为零碎，系统性不足，故儿童难以将其加工成系统的语言知识，因此需要教师组织专门的语言教育活动，系统地传授语言知识，帮助学前儿童获取系统性的语言经验，提高儿童语言整合能力。

专门的语言教育活动是依据语言教育目标，由专门的教师有目的、有计划、有组织地引导学前儿童系统规范地学习语言，为发展学前儿童语言能力而组织的，适用于两岁以上的儿童。[①] 教师需要根据语言教育的总目标以及儿童语言发展的阶段特点制定语言的学习目标，在此基础上，选择符合儿童年龄特点的教学内容、教学材料以及教学方法和组织形式。在教学过程中，教师要有意识地对儿童的语言学习加以引导，提高儿童学习语言的意识，提高其学习的效率，使学前儿童习得规范的语言，形成良好的语言习惯和能力。

（二）《纲要》中对学前儿童语言教育的目标要求

《纲要》指出，学前儿童语言教育要达到以下五个目标：乐意与人交谈，讲话礼貌；注意倾听对方讲话，能理解日常用语；能清楚地说出自己想说的事；喜欢听故事、看书；能听懂和会说普通话。根据《纲要》可知，幼儿园语言教育的主要目的是培养儿童的语言表达能力、倾听能力和与人交往能力。据此，幼儿园将专门的语言教育活动分为了学前儿童谈话活动、学前儿童讲述活动、学前儿童听说游戏、学前儿童文学活动和学前儿童早期阅读活动五种类型。不同类型的语言活动，在实施过程中其具体要求是不同的，具体情况如下。

1. 谈话活动

谈话活动是教师根据儿童已有的知识经验，围绕一定的主题，有目的、有计划地组织儿童通过相互交谈来学习语言的教育活动。此类活动没有年龄的限制，任何年龄段的儿童都可以组织，灵活性强。值得注意的是，在组织谈话活动过程中，要有相应的主题作为依托，以便儿童围绕一定的主题进行交谈，让儿童有话可讲，同时在形式、内容、方法和实施方面要凸显谈话活动自身的特征。

2. 讲述活动

讲述活动是指教育者通过营造一种相对正式的语言运用场合，引导儿童依据一定的凭

---

① 韩映虹. 学前儿童语言教育与活动指导[M]. 长沙：湖南大学出版社，2015：32.

借物，使用比较规范的独白语言来表达对某事、某人或者某物的认识的语言教育活动。[①] 这种活动强调儿童运用语言的准确性和规范性，并且能在集体面前用流利的语言、清晰的逻辑表达自己的所见、所闻与所感，旨在培养儿童独立的构思和连贯表达语言的经验。当然，儿童在开始讲述时，也需要凭借物作为儿童讲述的支撑，凭借物来源广泛，包括在生活中的一切能够利用的人、事、物。这类活动的主要目的在于培养学前儿童语言表达的胆量，学习表达的方法和技巧，促进学前儿童语言表达能力的发展。

3. *听说游戏活动*

听说游戏就是运用有规则游戏的形式，发展儿童听与说的理解和表达能力的语言教育活动。这种语言教育活动是通过游戏的情境让儿童在轻松愉快的活动中完成语言学习的任务，规则性强，能很快地吸引儿童参与到语言学习活动中，深受儿童的喜爱。

4. *文学活动*

文学活动是从某一具体的文学作品入手，通过理解作品中人物的思想感情和情绪体验，为儿童创设一个全面学习书面语言的机会。此类活动不仅能培养儿童学习文学作品的兴趣，还能提高其语言运用的想象力和创造性。文学作品题材丰富，包括儿歌、诗歌、散文、童话故事等，以活动的形式组织儿童学习文学作品，可以丰富儿童书面语言的表达。

5. *早期阅读活动*

早期阅读活动是一种利用图书、绘画等方式帮助幼儿积累丰富的阅读和书写经验而开展的语言教育活动。早期阅读的形式多种多样，包括：成人读，儿童听；儿童看图，成人读；儿童自己阅读；等等。这是当代教育家为了提早对学前儿童进行教育而提出来的教育方式。其目的是为学前儿童创设一个接触书面语言的环境，重点培养学前儿童对书面语言的兴趣，引导他们逐渐产生对汉字的敏感性。

四、在其他领域教育活动中学习语言

《纲要》指出，幼儿园的教育内容是全面的、启蒙性的，可以相对划分为健康、语言、社会、科学、艺术等五个领域。各领域的内容相互渗透，从不同的角度促进儿童情感、态度、能力、知识、技能等方面的发展，由此可见，在幼儿园活动中任何活动都可以实现领域间的渗透，没有不涉及其他领域就能进行某个领域学习的活动。全语言学习理论也指出，儿童语言的学习是整体性的学习，应该将语言融合到其他领域当中。这些活动虽然不是以语言为主要内容，但其中部分活动包含着大量的语言教育因素，儿童在这些活动中，不断地发表自己的见解，不断地学会与周围的人交往，而这些活动都离不开语言。因此，教师可以在这些教育活动中对儿童进行适当的语言教育。

（一）其他领域教育活动与语言教育的关系

想要在其他领域中更好地促进儿童语言的发展，首先就要弄清楚儿童语言学习与其他领域教育的关系，清楚其他领域教育中包含哪些语言教育因素。

1. *各种教育活动为儿童提供了语言活动素材*

儿童在其他教育活动中接触了大量的物体，通过观察、操作、探究等方式认识事物间

① 李香娥，李宪勇. 学前儿童语言教育[M]. 沈阳：辽宁大学出版社，2013：138-139.

的关系与联系。在这个过程中，儿童获得了丰富的感性经验，这些经验为其认识和理解事物提供了依据，丰富了儿童谈话和讲述的内容。在此基础上，当儿童要对某一事物进行解释时，他们就会利用自己已有的经验进行讲述，并且会运用不同类型的词语和表述方式、不同的例子阐明和证实自己对此事物的认识。

2. 其他领域教育活动为儿童语言表达和语言交际提供了条件

由于学前儿童年龄较小，规则意识、学习意识相对比较薄弱，学习目的性不强，所以在教学活动中需要教师通过指令和要求明确儿童的行为和目标。如在体育活动中，教师通过指令和要求明确儿童的行为，并对儿童的行为进行指导。在这个过程中，儿童的注意倾听和倾听指令的能力得到充分的锻炼，同时也达到了语言教育的目标。在幼儿园的教育活动中，教育组织形式多种多样，包括集体活动、小组活动和个别活动等。不同的组织形式为儿童的语言交往提供了不同的条件。例如，在集体活动中，儿童以群体的形式与教师进行沟通；在小组活动中，儿童之间根据自己的经验围绕主题尽情地交谈；在个别活动中，为儿童与教师单独交流提供空间，促进教师进一步了解不同儿童的语言发展水平。这些不同的教育组织形式及其对应的语言交流形式，不但锻炼了儿童的言语技能，而且帮助儿童掌握了不同交往情境和交往行为的关系。可见，在其他领域的教育活动同样也能锻炼儿童的语言表达和语言交际能力。

3. 各种符号学习可以帮助儿童理解语言的符号特性

儿童学习语言就是对语言系统符号的学习，并与其所代表的事物之间建立联系。在教育活动中，除语言符号之外，还有很多非语言符号，如数字符号、音乐符号、美术符号等，这些非数字符号可以与语言符号相互转换。如在美术作品中，儿童可以通过对作品中的点、线、面、色彩等视觉符号的解读来理解作品的思想感情。在这一过程中，不仅能提高儿童欣赏艺术美的能力，还能提高儿童符号的转换能力以及符号与事物建立联系的能力。在这些符号性活动的训练中，儿童就会逐渐认识到语言和其他符号系统一样，都是用来抒发自己的思想感情的，符号与语言是可以相互转换的，他们可以根据自己的需要选择一种或几种符号来表达自己的思想感情。

（二）其他领域的语言活动中渗透语言学习

幼儿园五大领域是相互联系的统一体，各领域之间相互联系。因此儿童语言的学习可以渗透在各领域之中。我们既可以在科学、艺术领域中渗透语言教育，也可以在社会领域、健康领域中融合语言教育的目标和内容。这部分内容与第一章中学前儿童语言教育的途径相一致，因此这里不再赘述了。

想一想

幼儿园五大领域为什么是相互渗透的？

第四节　学前儿童语言教育观

教育观是指人们对教育这一事物以及它与其他事物关系的看法。学前儿童语言教育观就是人们对学前儿童语言教育，以及对学前儿童语言教育各要素关系的看法。教育者是否具备正确、先进的语言教育观，直接影响着学前儿童语言教育目标的制定、教育内容的选择、教育方法的选用以及教育的评价等，进而影响学前儿童语言教育的效果。随着20世纪80年代全语言教育理念的兴起，对学前儿童语言教育界产生了极大的影响并一直延续到现在。当前对学前儿童语言教育颇具影响力的教育观有完整语言教育观、整合语言教育观和活动语言教育观。

一、完整语言教育观

完整语言教育观集合了皮亚杰的语言建构理论、韩礼德所强调的社会环境对语言的影响的教育理念以及杜威“从做中学”的教育思想以及系统论等引申而来的语言教育整合观。该理论博采众长，在某些方面具有独到之处，它已成为当今语言教育发展的先进思想之一。完整语言教育观强调在儿童语言发展的关键期内，有必要给他们提供完整语言学习的机会。在语言教育中树立完整语言教育的观念，就是强调学前儿童语言教育目标是完整的，学前儿童语言教育内容是全面的、完整的，学前儿童语言教育活动是真实的、形式多样的交流情境。

（一）学前儿童语言教育目标是完整的

完整的语言教育目标应该包括培养儿童语言的听、说、读、写四个方面的情感态度、认知和能力。在活动中，四个方面的目标都要有所涉及，不能单纯地强调某一方面的目标。但是在培养的过程中要有所侧重，在学前阶段，主要是培养儿童良好的听说能力和听说习惯，帮助儿童获得早期的读写技能，为其进入小学接受正规的读写训练做前期准备。在学前儿童语言教育所有的目标中，需要重点培养的是学前儿童语言运用的能力，特别是语言核心操作能力。

【对点案例】

古德曼的早期儿童书面语言教育目标①

（1）让儿童学习、理解周围环境中的文字及功能。

（2）鼓励儿童关注、使用周围环境中的文字，并学习将这些文字转化成自己的口头语言。

（3）鼓励儿童学会看书、看杂志和其他文字材料，学会理解和讲述有故事情节的图书。

（4）鼓励儿童“创造”文字，用自己的“书面语言”实现与教师或同伴直接的书面交流。

（二）学前儿童语言教育内容是全面的、完整的②

全面的语言教育内容指的是在教育中既要引导儿童学习口头语言，也要引导儿童学习书面语言；既要引导儿童理解和运用日常生活用语，也要引导儿童学习文学语言。也就是说，把儿童语言教育中的“语”和“文”融为一个整体进行学习，而不是将两者分割开来。

---

① 李香娥，李宪勇．学前儿童语言教育[M]．沈阳：辽宁大学出版社，2013：16.

② 张加蓉，卢伟．学前儿童语言教育活动指导[M]．上海：复旦大学出版社，2006：4.

（三）学前儿童语言教育活动是真实的、形式多样的交流情境

完整语言教育观认为，儿童的语言必须在一定的情境中使用才能真正得到发展和体现，因此教育活动的过程应该是真实的、多样的。真实的活动指的是教师在组织活动时，应着眼于创设真实的双向交流情境，使语言教育过程成为教师与儿童共同建设、积极互动的过程。教育形式多样性指的是教育应当有多种活动形式。以教师和儿童共同参与的活动作为语言教育的基本形式，为儿童提供动脑、动口、动手的生活环境和学习材料，使儿童成为主动的学习者。在专门的语言教育活动、日常语言教育活动中，教师都应该给儿童展示一个完整的、真实的语言学习环境。

二、整合语言教育观

所谓整合，就是把周围事物看成相互联系的整体。整合教育观认为儿童的学习是整体的学习，是一个整合的系统，将儿童语言发展与智能、情感等其他方面的发展看成整合一体的关系。随着社会的发展与进步，对人才的发展也提出了新的要求，其中对人才的沟通交流能力最为重视。可以这样说，当今社会谁具备了良好的交际能力，谁就能在未来的生活和发展中获得更多的机会和成功的可能。从这个角度来说，在儿童语言教育的过程中，不仅要提高儿童说话的能力，还要提高儿童语言交往的灵活性与应变性。即单纯的语言训练已无法适应当今社会发展的需要，应充分利用整合语言观进行学前儿童语言教育。总的来说，在整合语言教育观视角下，学前语言教育目标、教育内容和教育方式都需要整合。

（一）语言教育目标的整合

整合语言教育目标强调把学前儿童语言教育的目标放入儿童整体发展之中去考虑。在目标的制定中要以促进儿童语言发展作为主要目标，同时也不能忽略儿童其他方面的发展。因此在制定语言教育目标时要考虑几个方面：一是考虑完整语言各组成成分的情感、能力和知识方面的目标；二是考虑语言教育中可以实现哪些与语言相关的其他领域目标；三是考虑哪些语言教育的目标可以在其他领域得以实现，从而建立语言教育和其他领域教育相互渗透、相辅相成的整合教育目标体系。整合教育观认为，只有树立了整合的语言教育目标，才能实现语言教育内容和方式的整合。

（二）语言教育内容的整合

卡洛·乌尔福克和伦奇的语言学习系统理论指出，儿童语言发展有赖于社会知识、认知知识和语言知识的整合习得，认为学前儿童语言教育内容是以这三种知识整合为主。所以教育工作者在选择语言教育内容时，要改变以纯语言训练为主要内容，把教育的着眼点放在句型词汇的反复训练的教学模式上。从儿童整体发展的目标出发，将社会知识、认知知识和语言知识有效整合，并且要思考这三种知识与儿童发展之间的整体适应性，满足儿童多元发展的需要，使语言教育立体化。另外，教育内容的整合具体表现为两个方面的整合：一是语言领域内不同语言教育形式的整合，也就是教育者在教育活动中尽可能包含多种形式和多种内容。二是语言领域和其他领域活动的整合，强调语言教育应充分挖掘领域间的结合点，以促进语言教育活动与其他领域活动整合为一体。例如组织儿歌活动“秋

叶”时，在活动准备前，可以先带儿童到户外观察树叶，认识树叶的特性，为儿童随后儿歌创新巩固环节想象提供表象经验，帮助儿童更加投入这个语言活动，让儿童在趣味创新中，进而在组织活动中感受儿歌的趣味性。

（三）语言教育方式的整合

学前儿童语言教育观念、目标和内容的整合推动了教育方式的变革。教育方式的整合指的是学前儿童语言教育可以抓住时机，随时随地进行。以多种活动形式来架构儿童语言教育的内容，在活动中糅合多种发展因素，促使儿童在外界因素的刺激和强化作用下，产生积极运用语言与交往的愿望和需要，并积极地通过各种符号手段（包括音乐、美术、表演、语言等）和非符号手段（如操作、交往等）与环境相互作用，从而主动建构自己的语言。因此，在学前儿童语言教育活动中教师要注意以下几个误区：一是只重视句式、词汇操练的纯语言训练；二是忽视儿童与玩具、材料，儿童与儿童，儿童与教师之间的交互作用；三是只重视语言这一种符号系统的参与，而忽视其他各种符号系统的参与；四是只重视在语言活动中培养儿童的口语表达能力，而忽视其他领域教学活动的渗透作用；五是只重视教学活动中口语表达能力的培养，而忽视一日生活中各个环节（如生活活动、游戏活动等）的渗透教育。

三、活动语言教育观

活动语言教育观的理论来源是皮亚杰的认知发展理论，是指以活动的形式组织学前儿童语言教育的过程。强调教师要为儿童提供亲自操作语言的机会，鼓励儿童通过多种活动方式操作语言，在语言活动中充分发挥自己的主观能动性，成为主动的语言学习者。活动语言教育观的主要观点如下。

（一）为儿童提供充分操作语言的机会

儿童语言的获得既不是单纯来自于主体，也不是单纯来自于客体，而是主体与客体相互作用的结果。因此，儿童的语言发展是通过儿童个体与外界环境中的各种语言和非语言材料交互作用逐步获得的。儿童语言的发展需要外界环境中的人、事、物的各种信息的收集。但是这些信息是儿童在没有压力与强迫的状态下，通过自身主动与这些信息互动而获得的。强调儿童的发展不是外在强加的，而是通过主体实践活动主动实现的，倡导以主动学习为儿童学习语言的基本习得方式。

（二）通过多种形式的操作，促进儿童语言的发展

学前儿童的思维水平正处于动作思维向具体形象思维的发展阶段，需要在动手、动脑操作物品中、与环境发生交互作用中获得对事物的认识。通过对物品的亲身体验提高儿童操作语言的积极性，在操作中获得成功的体验，激发儿童学习语言的内在兴趣动机，主动成为学习语言的主体，真正实现以活动的形式促进儿童语言的发展。

（三）活动中既要重视儿童的主体地位，也要重视教师的主导作用

活动语言教育观强调以教师和儿童参与活动作为语言的基本形式，引导学前儿童在生动活泼的操作实践中动脑、动口、动手，使其成为语言活动的主动探索者和积极参与者。

这个过程达成良好的效果，要充分发挥儿童的主体地位和教师的主导作用。

1. 活动中重视儿童的主体地位

儿童的发展是语言教育活动的出发点，也是语言教育活动的归宿，这就决定了儿童在语言教育中的主体地位。这要求教师在教育活动中设计和选择符合儿童年龄特点与发展需要的活动目标、内容、形式等；儿童在活动中始终要有参与活动的兴趣和积极性，在活动中儿童有充分的自由，不受成人控制；同时，在活动中充分考虑儿童的个体差异，考虑儿童最近发展区，促进每个儿童能在原有的水平上得到进一步的发展，努力使每个儿童都能获得成功和满足。

2. 活动中重视教师的主导地位

教师主导作用是教育教学过程中教师对整个活动的领导组织作用。在活动中，首先，教师要扮演好活动引导者的角色。在活动中善于创设问题情境，设疑导思，在语言教育活动中有效引导儿童正确地进行语言表达，充分发挥儿童的想象力和逻辑思维能力。其次，教师要扮演好活动促进者的角色。创设语言学习情境，激发儿童学习语言的热情。再次，教师要扮演好语言学习的调控者角色。尊重儿童的个性，适时点拨，通过仔细观察儿童在探索活动情境中的表现分析儿童语言的发展水平，捕捉各种思维现象，以便调整活动方式。最后，教师要扮演好激励者的角色。在语言教育活动中教师可以组织讨论、交流、汇报等活动，鼓励儿童大胆发表自己的见解，提高儿童的讲述能力、口语表达能力，锻炼儿童语言表达条理化思维。

完整语言教育观、整合语言教育观和活动语言教育观，对学前儿童语言教育活动的目标、内容和组织形式及方法进行了新的思考。这三种基本观念是儿童语言教育与研究的指导思想，主要表现在以下两个方面：一方面为幼儿园教师树立正确的语言教育观提供理论依据；另一方面对促进教育模式和实际操作模式的改变提供方向指导，这两个方面对幼儿园语言教育的改革都具有一定的借鉴意义。

【本章练习】

1. 在语言学习模式中，强调儿童与成人之间的语言交际的实践活动在儿童语言发展过程中起着决定性作用，这是（　　）观念所含。

A. 行为主义学说　　　　B. 社会交往说

C. 认知相互作用论　　　D. 先天论

2. “儿童语言的发展以其认知的发展为基础”的观点出自（　　）。

A. 行为主义的语言学习模式

B. 先天论的语言学习模式

C. 认知相互作用论的语言学习模式

D. 社会相互作用论的语言学习模式

【真题再现】

（2013 年上）[单选题]

1. 冬冬边玩魔方边自己小声嘀咕：“转一下这面试试，再转这面呢？”这种语言被称为（　　）。

A．角色语言　　B．内部语言

C．自我中心语言　　D．对话语言

2.（2016 年上）[单选题]

一名 4 岁幼儿听到教师说：“一滴水，不起眼”，结果他理解成了“一滴水，肚脐眼”。这一现象主要说明幼儿（　　）。

A．听觉辨别力较弱

B．想象力非常丰富

C．语言理解凭借自己的具体经验

D．理解语言具有随意性

3.（2019 年下）[简答题]

简述儿童口语表达能力发展的趋势。

【模拟测试】

1．（　　）的语言学习模式认为，语言获得是在关键期内通过语言习得装置逐步掌握语法规则的过程。

A．先天论　　B．认知相互作用论

C．行为主义　　D．社会相互作用论

2．认知相互作用论的语言学习模式认为，决定儿童语言发展的因素是（　　）。

A．人类先天的遗传因素

B．语言环境的强化

C．儿童与语言环境中客体的相互作用

D．成人提供的恰当语言输入

3．儿童语言发展有赖于三种知识的整合习得，即（　　）。

A．社会知识、认知知识、语言知识

B．情感知识、认知知识、语言知识

C．社会知识、情感知识、认知知识

D．社会知识、情感知识、语言知识

第二章参考答案

【拓展阅读】

基于中介理论探讨幼儿园语言教学

中介理论由社会建构主义理论入手，重视教育工作者与儿童之间的相互作用，尊重儿童的个人地位，提出一系列促进幼儿园语言教育的方法。

（一）灵活运用各种语言教学活动

费厄斯坦的中介理论明确指出，儿童有效学习旨在通过与不同知识水平的人进行互动，学习方可产生。教师应充分发挥学生学习的积极性和主动性，认真听取来自学生的反馈，促使学生有效对所学知识进行意义建构。幼教工作者通过情境、会话、协作帮助儿童学会独立学习，促进儿童的认知发展。依据中介理论可知，在幼儿园进行语言教学过程中，教师不要拘泥于某一种类型，如谈话、听说、讲述等活动。只要心中具有不同年龄阶段的儿童语言教学目标，所有教育活动均可采用谈话、听说、游戏等形式。例如，教师将一个故事展示给儿童，并提出一系列的问题，让儿童进行分析和讨论，谈论自己对故事的理解及其带来的感受，随之紧紧围绕这一主题进行谈话，并采用讲述的方法整合或延伸出戏剧表演、游戏等活动。由此表明，教师在使用语言过程中，灵活使用不同语言教学形式更有利于儿童进行语言学习，促进幼儿园语言教育工作的开展。

（二）开展渗透的语言教学活动

幼儿园语言教学工作者要利用专门和渗透的教育活动进行。中介理论指出，为给学生提供真正有价值的学习经验，中介者可采用不同方法进行“中介”。教师的中介作用旨在利用“工具”帮助学习者找到最有效的方法，解决学习中存在的问题并达到教学目标。在实际教学中，教师可采用语言、图片等创造语言使用情境，促使儿童开展语言学习。在渗透语言教学活动中，不管是其他领域的活动，还是儿童之间的自由游戏，均是儿童语言学习的工具。例如，在音乐活动中，儿童可以跟着乐曲旋律自由编写歌词，体验语言与音乐相互结合的乐趣；在美术活动中，儿童使用语言描述自己的作品，培养学生理解、感受美的能力。幼教工作者除在以上领域中渗透语言教学以外，还可运用日常生活中的例子展开语言教育。例如，根据幼儿园小班学生的需要设置说话角，在该区域摆放舒适的椅子、桌子，便于儿童进行自由的交谈。同时，也可根据儿童的喜好摆放容易诱发他们说话的材料，如木偶、布娃娃等，儿童可以一边玩耍，一边交谈。

资料来源：赵永红．基于中介理论探讨幼儿园语言教学[J]．长江丛刊，2016（33）：260．

第三章　学前儿童谈话活动

【本章导读】

谈话是人类交流最基本的方式。学前儿童谈话活动是语言领域的重要内容，对学前儿童的语言发展具有长远的意义和价值。学前儿童对生活充满了好奇，生活中有许多的事物、见闻会引发他们的兴趣和探究的愿望，特别是中、大班的孩子，求知欲望特别强烈。学前儿童谈话活动作为幼儿园语言教学中最常见的语言教育形式，其关键性的谈话经验是学前儿童在听和说的过程中获得的，对儿童口头语言的发展起着重要作用。

本章主要讲述了学前儿童谈话活动的内涵、意义和基本特征，幼儿园教师要设计和组织好学前儿童谈话活动，就必须要系统掌握学前儿童谈话活动的基本知识点。另外还包括学前儿童谈话活动的主要类型与目标，并详细介绍了学前儿童谈话活动的设计与指导等内容，系统阐述了学前儿童谈话活动的设计步骤、组织形式以及指导要点。这是学前儿童语言教育不可或缺的一部分，具有重要的实践指导意义。

【学习目标】

1．了解学前儿童谈话活动的含义，理解学前儿童谈话活动的意义。

2．掌握学前儿童谈话活动的特点。

3．能根据谈话活动的目标指向设计并组织开展学前儿童的谈话活动，学会进行科学指导。

【学习重点与难点】

学习重点：掌握学前儿童谈话活动的特点，明确谈话活动的目标，选择适当的谈话内容。

学习难点：学会设计学前儿童谈话活动，并做好相应的指导。

【思维导图】

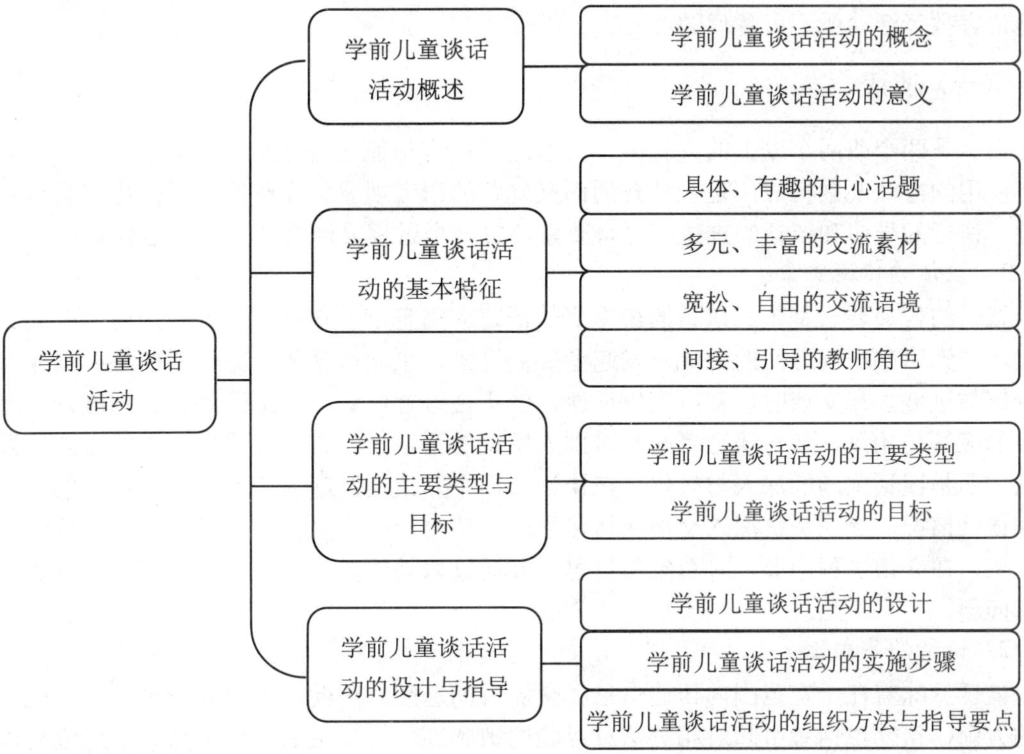

【情境导入】

两周的见习期结束了，见习学生、幼儿园和学校实习指导教师聚集在一起，就学生见习工作召开了一次研讨会，见习学生结合自己的经历纷纷进行发言和汇报。有同学感慨时间的短暂，有同学感谢幼儿园给予的见习机会，有同学表达自己对幼儿园教师的敬畏，也有同学提出疑问："幼儿园有很多发展儿童语言的活动类型，我听了一节关于中班的谈话活动'特别的我'的语言公开课，老师也讲得特别好，我也收获匪浅。但是一同听课的在园老师说：'上得不好，没抓住谈话活动的要点，谈话活动上成了讲述活动'。而且我们一同见习的同学也讨论了一下，都说不愿意上谈话活动，甚至都不知道谈话活动是什么，还是讲述活动比较容易进行实际操作。所以，我的疑惑是：为什么谈话活动难以进行呢？"

基于以上这位同学的疑惑，幼儿园中的谈话活动究竟是什么？有何意义与特点？如何才能有效地、科学合理地进行谈话活动设计和组织实施呢？……让我们带着这些问题开启本章的学习。

第一节　学前儿童谈话活动概述

一、学前儿童谈话活动的概念

学前儿童谈话活动是一种有目的、有计划地组织儿童学习语言的教育活动。在各种类型的学前儿童语言教育活动中，谈话活动对学前儿童语言的发展具有独特的促进作用，是其他语言教育活动所不可替代的。

（一）谈话

谈话是两个或两个以上的人就某一主题运用语言与他人进行交流的活动。它由一系列语言应用的方法要素构成，是一种普通而又复杂的语言现象。完整的谈话过程包含谈话的传递、谈话的导向和谈话的推进等语言要素，每一个过程又涉及若干个谈话要素。

1. 谈话的传递要素

谈话的传递要素是生成谈话的最重要的语言应用基础，包括五个要素内容：一是谈话的发起，为引起相互之间的交流，发起者要通过语言来向谈话的一方传递信息；二是谈话的分解与进展，在交谈时，双方为保证谈话的正常进行，必须知道谈到什么程度；三是谈话中的应答与轮流，参与谈话者必须对别人所说的话给予应答，并采用轮流的方式去发展谈话；四是谈话主题的深入与转化，在谈话过程中，谈话发起人应当根据谈话者的参与情况和谈话情况，寻找契机深入交谈和转化主题，使交谈的意义更加凸显；五是谈话的总结与结束，在交谈过程中要及时总结与反思，并通过修补的措施来纠正影响谈话正常进行的误解问题。

2. 谈话的导向性

谈话意味着在一定范围内传递信息和交流者的态度，因此需要建立一种导向来确定交流的方向，帮助说话者引起对相关信息经验的敏感性，将谈话的信息串联起来形成对固定的事件或其他事件的认识。同时，谈话的导向还可以帮助谈话者之间建立联系，分享他们共有的经验，从而使谈话顺利进行。

3. 谈话的推进策略

由于谈话在语言应用中的特殊要求，推进谈话的顺利进行需要策略方式，具体包括三个方面：第一，谈话者对谈话场合要有敏感性。即根据场合的特性选择适宜的说话方式。谈话场合无论是集体性的、小组式的，还是个别交谈；谈话场合无论是正式的，还是非正式的，都要求交谈者必须明确谈话场合的特性，谈话人才能选用适合的方式去说话。第二，明确定位个人角色。谈话时，与什么样的谈话对象交谈会直接影响双方的角色意识。不同场合需要不同的方式谈话，即使在某个固定的场合下，谈话者本人所处的位置、扮演的角色也会影响交谈的内容和效果。第三，语言的适应性。谈话者在说话场合和个人角色的理解基础上，仍需根据谈话的场合和角色，确切考虑使用一定的语音、语调、语句和表达方式等产生一定的适应状况，使谈话者的说话获得特别的效果，从而达到谈话的目的。例如，父母与儿童交谈时要考虑儿童的理解能力和接受能力，使用他们能理解、能接受的结构简单的句子。

（二）谈话活动

学前儿童谈话活动是教师有目的、有计划地组织儿童围绕一定的话题与人进行口头语言对话的活动。这种谈话活动旨在创造一个良好的语言环境，帮助儿童学习倾听别人的谈话，围绕一定的话题与人进行交谈，引发儿童对未知事物的探索兴趣，有意识地整理和巩固已发展的谈话经验，从而习得与别人交流的方式、规则，培养与人交往的能力。它是帮助儿童学习运用口头语言与他人进行交谈的活动，也是学前儿童语言教育活动的一种重要形式，旨在培养儿童口语交谈的兴趣和能力。

谈话素材以儿童的知识经验为基础，取材于儿童的参观、游览、日常生活中的观察、教育活动、游戏、电影或电视中所获得的经验。经验积累越多，谈话内容就越丰富，谈话活动进行得也就越顺利。

（三）学前儿童谈话活动与其他活动的区别

1. 学前儿童谈话活动与讲述活动的区别

谈话与讲述都属于语言教育范畴，都对提高学前儿童表述能力有极大的促进作用。在活动目标上，谈话活动注重学前儿童运用语言与他人进行交流，而讲述活动则注重学前儿童清楚、连贯地表述某一事、某一物的能力；在活动内容上，谈话活动往往围绕儿童有经验的话题进行交谈，而讲述活动则针对某一凭借物（如图片、玩具等）进行讲述；从语言方式来看，谈话语言不需要正式场合使用的规范严谨的语言，而是宽松自由、不拘形式的语言，以说明白想法为准，属于对话范畴，而讲述语言则是一种类似正式场合的独白语言，要求规范清晰且有条理地表达相对完整的观点。尽管讲述者还是幼小的儿童，但他们已在讲述活动中为未来的“发言”“报告”“辩论”等做先期的准备了。

3.1 谈话与讲述的关系

2. 学前儿童谈话活动与日常交谈的区别

学前儿童谈话活动与日常交谈最大的区别在于：前者创造的交谈机会具有目的性、计划性，而后者则是无预期目标和计划的自发的谈话。当然，两者并不是截然不同的。学前儿童的日常交谈是他们谈话活动的语言基础，该谈话活动中的语言学习又有助于提高他们日常交谈的水平。这两种场合的谈话都是学前儿童学习语言的好机会，对促进学前儿童运用口头语言、与他人交往能力的发展有互为影响的作用，也都是提高儿童语言能力的好机会。

3. 学前儿童谈话活动与科学教育的“总结性谈话”的区别

谈话活动与科学教育的“总结性谈话”之间的差别，主要反映在活动目的和内容方面。科学教育有“总结性谈话”，其目的在于帮助学前儿童更好地认识有关的科学教育内容，通过谈话来巩固加深学前儿童的认识；谈话活动主要侧重于培养学前儿童的语言能力，并不特别考虑话题内容的认识范畴，教师在设计谈话活动时，需要较多地注意学前儿童围绕某一话题“说些什么”和“怎么说”。

尤其需要指出，学前儿童各种类型教育活动的内容有着综合渗透的共性特点，往往不可截然分开。科学教育的“总结性谈话”渗透着语言教育内容，而语言教育的谈话活动也有综合科学教育内容的可能性。但从语言教育活动研究的角度出发，不必特别地去划清学前儿童谈话内容与其他学习活动的界限，而是要研究如何根据语言教育的目的要求，切实提高学前儿童的谈话水平。

二、学前儿童谈话活动的意义

谈话活动作为学前儿童语言教育活动的一种教育类型，具有其他语言教育活动所不能替代的、特有的促进儿童语言发展的作用，具体表现在以下几个方面。

（一）有利于丰富儿童知识，获取新信息

学前儿童通过参观、看图书、看电影、听广播和各种教育活动，尤其是通过教师组织的观察自然和社会生活，可以获得各种各样的知识和经验，形成多方面的印象。但由于儿童的思维水平和接受能力较差，知识、经验也比较贫乏，所以儿童对事物的理解往往也是零碎、片面、不系统的，甚至是错误的。所以在儿童与他人交谈的过程中，能促进相互之间的信息交流和补充，进而从别人身上获得自己所不熟悉、不知晓的丰富的新知识、新信息，开阔自己的知识视野。如秋游后组织的谈话活动“美丽的秋天”，根据儿童的观察、体验，以及通过谈话使他们了解到秋天树林里的树叶子黄了，树叶开始掉了，风变得越来越大了，人们开始增添衣服了，白雪皑皑的冬天快到了。这些在教师的指导下通过谈话和讨论不仅拓宽了关于秋天知识的获取，也加深了对秋天更为完整系统的认识。这些不仅会使儿童激动、兴奋不已，而且更能激发他们去探求其他几个季节的信息，从而掌握更多的有关四季的知识。

（二）有利于释放儿童情绪，实现自我完善

在谈话活动中，学前儿童拥有比其他活动获得更多的表达和交流机会，更能通过表达和对话的宽松、自由的氛围而毫无顾忌地说出内心的想法和感受，释放他们心中的情绪，帮助他们深入和全面地认识自己。通过儿童的耐心倾听，也能让儿童以移情的方式细致地体谅他人，自我调节和自我控制心情，转化个人的负面情绪，从而达到包容、接纳他人的目的。因此，教师在组织谈话活动过程中，要满足儿童自我表现、展示优点、获取自信的愿望，当儿童在谈话过程中出现停顿、思考时，要有意识地教育儿童学会等待、学会倾听、学会思考，进而使儿童不断完善自我。

（三）有利于发展儿童思维，促进其语言交际能力的养成

《指南》指出，儿童在组织和运用语言进行交流时，其人际交往能力、理解能力、交往情境的判断能力和自己思想的组织能力等方面都得到了发展。谈话是一种双向或多向互动的言语交际过程，需要交谈者思路清晰，口齿清楚，正确地选词造句，进而清楚明白地表达自己的想法、意见等，要会用简单的复句形式。可见，谈话活动能促进儿童联系和掌握正确的语音、词汇、语法、语句，能促进儿童的口语交际能力的全面训练。当谈话涉及事物的因果关系时，这就要求儿童对事物进行分析、判断、推理，发展儿童的逻辑思维。在谈话活动过程中，要求儿童按照一定的主题（或问题）有目的、有顺序地去思考，不断地促进儿童抽象概括能力的发展。

（四）有利于促进儿童礼貌用语和良好习惯的养成

儿童的社会交往活动范围随着年龄的增长不断扩大，在语言学习上必然会受到周围成人和小伙伴以及媒体的影响，不可避免地会接触一些不健康的语言，加之强烈的好奇心促使，某些儿童在谈话活动中可能出现不文明语言。因此，教师和家长要加以观察和注意，发现儿童有说脏话的现象，应当及时地加以制止，予以指导和纠正，使儿童从语言和态度中有意识地礼貌倾听他人、礼貌说话、礼貌交流。

第二节　学前儿童谈话活动的基本特征

谈话活动是一种向儿童进行语言教育的特殊方式。学前儿童的年龄特点、所处环境以及谈话活动的价值决定了学前儿童谈话活动具有以下几个基本特征。

一、具体、有趣的中心话题

儿童交流的范围受谈话活动的话题限定。谈话的话题不仅主导着儿童谈话的方向，也使其交流活动带有一定的讨论性质，促进儿童的谈话向纵深发展。因此，话题的选择极为关键，要使话题能够让儿童有话可说，乐于与人交流，使儿童想谈。话题必须满足以下四个基本条件。

（一）话题有趣、新颖

兴趣是学习的动力，好奇心是兴趣的先导。凡是儿童感兴趣的、觉得新鲜的事物，都能使儿童对事物产生交谈和分享的欲望，也能在儿童大脑里烙下深刻的记忆，而他们感兴趣的话题往往与新鲜的生活内容有关。因此，谈话活动的内容首先是儿童感兴趣的，话题可以是首次提到且令人感到新奇的，能够激发儿童谈话的兴致，使儿童精神振奋，乐此不疲地相互交流、沟通和争论、商讨。相反，一些反复提起、重复谈论的内容则难以吸引儿童的注意力。如中班的谈话活动“我的梦”。“我们为什么做梦？”“梦里的人物、事件、景物等为什么会以一种不可思议的方式出现？”这样的谈话活动不仅能激发儿童探个究竟的欲望，还能促进儿童的交流。

（二）话题明确、具体

明确、具体的谈话话题可以更好地限定儿童的谈话范围，使儿童在一定方向的主导下有针对性地交流，从而提高谈话活动的效率。反之，模棱两可、模糊不清的话题则会让儿童不知如何谈起，谈什么，从而降低谈话活动的效率。

（三）话题从实际出发

生活是语言的源泉，缺乏生活经验的话题不可能使儿童产生谈话的兴趣。谈话话题要从儿童的实际出发，谈话的素材选取要基于儿童的生活经验，是其日常生活中熟悉的、喜闻乐见的内容，切切实实从儿童的生活中来，又指向生活的话题，让其有话可说。这不仅使儿童感到亲切，满足其胜任感，而且能实现谈话活动的目标。而完全远离儿童的生活实际，完全陌生的话题则会使儿童无从谈起，难以产生谈话兴趣。

（四）话题具有教育意义

成功的话题必须具有教育意义，即指儿童能从话题中获得启发，受到教育，达到某个方面认知的基本认识，或某种良好行为的养成等。

二、多元、丰富的交流素材

丰富的谈话素材来源于儿童的生活积累和教育活动组织中的学习积累。因此，谈话所设计的素材往往取材于儿童参观、游览、日常生活中的观察、教育活动、游戏、电影或电视中所获得的知识经验，即必须是儿童知识范围以内的，以满足儿童有内容可谈。儿童的知识经验越丰富，谈话的素材积累就越多，谈话的内容也就越丰富，谈话活动就越容易开展，谈话活动效果也就越明显。教师取得交流素材的途径，一是在确定谈话的中心话题之后，引导儿童观察、交流、寻找材料、参与活动等方面获取丰富的材料；二是在家长的辅助与支持下帮助儿童查找并整理资料，开阔儿童的思路，进而积累更多的谈话素材，为谈话活动的有效进行做好充分的准备。

三、宽松、自由的交流语境

谈话活动强调学前儿童运用语言大胆地与他人进行交流，围绕儿童感兴趣的话题表达自己的观点，使儿童敢谈并有机会谈。《纲要》和《指南》都指出，要使儿童有话可说、有话敢说、有话愿说，就要为儿童创设一个能使他们想说、敢说、喜欢说、有机会说并能得到积极回应的环境。因此，教师要激发儿童谈话的兴趣，为儿童创设宽松、自由、毫无约束的教育语境。宽松、自由的交流语境体现在以下几个方面。

（1）在环境方面，教师要精心利用墙饰、活动角、座位等，为谈话活动创设丰富的物质环境，并尊重儿童自由表达个人见解，为谈话活动创设心理上宽松、自由的交谈氛围。

（2）在交谈内容方面，每个儿童的生活经验、发展水平以及对事物等的观察角度不同，不要求儿童的认识和观点保持一致。教师要尊重儿童当时的真实感受和体会，鼓励儿童积极参与到谈话活动中，允许儿童发表个人的观点与认识，从而为儿童营造一种积极表达和愿意交流的良好氛围。

（3）在交谈形式方面，谈话活动不要求准确无误的句式以及规范严谨、完整连贯的语言与语段，而是要激励儿童根据自己的意愿和内心感受畅所欲言地将自己的观点和认识与别人分享，让儿童在自由表达中提高对语言的感受力。

（4）在交流对象方面，为发挥儿童的积极性，保证谈话氛围的融洽，应鼓励儿童自由选择交流对象，结伴而谈，例如，可以一对一，也可以三两结群、三五成群，不要因怕乱而限制儿童选择同伴的自由。

此外，谈话活动还具有实践性，为了能使儿童的语言经验和语言敏感程度得到经常性的联系、巩固和提高，教师要利用活动的各个环节为其提供开口说话和与别人交谈的机会，不断提高儿童的表达能力。

四、间接、引导的教师角色

教师是学前儿童谈话活动的设计组织者，同时也是学前儿童自由表达个人观点和认识的倾听者和积极的参与者，但是在谈话活动中教师的主要作用是观察和引导，而这种引导主要是通过提问的方式来实现的。

一是以提问的方式确定交谈主题。即为了把握谈话活动方式，让儿童围绕话题进行交谈，对话题的引出或转换，儿童谈话思路的引导要通过采用提问的方式。但在提问过程中，提问要具体、明确，避免抽象笼统，要重点通过开放式问题引导、启发儿童产生新的想象和独特的想法，从而让每个儿童对谈话内容都有话可说、有事可谈。如围绕话题“我最喜爱的玩具”，一般提出“你最喜爱的玩具是什么样？可以怎么玩？”等之类的浅显问题，而儿童的谈话内容也只能围绕玩具的名称、外形、玩法去谈，为发挥儿童的想象力，拓展更广阔的天地，教师可以问：“假如你是玩具设计师，你想发明什么样的玩具？与其他玩具的区别在哪里？”这样的问题对儿童能力上的挑战、儿童大胆联想和热烈讨论的激发都有重要的作用。当然，也可以利用迁移方法拓展话题。如“贫困地区的小朋友有玩具玩吗？我们应该怎样帮助他们？”这样的问题能起到一石激起千层浪的效果。

二是以平行谈话的方式做隐形示范。如教师结合自己的生活经验和感受进行话题的交流。为保证儿童敢说、乐说和畅说，教师的提问要适合儿童的经验和思维发展水平，并以一个朋友的身份、平等的心态对待孩子间的交谈，忌有意无意地打断其谈话。但由于儿童之间语言发展水平各有差异，教师都应该以平等的心态对待儿童原有的知识和生活经验，尊重他们的想法和表达方式。只有这样，儿童才能形成正确的语言，成长为善于表达的人。

第三节 学前儿童谈话活动的主要类型与目标

一、学前儿童谈话活动的主要类型

谈话是以提出问题与回答问题的方式发展儿童的语言能力。进行语言交往的对话形式一般有三种类型：日常生活中的谈话、有计划的谈话活动以及开放性的讨论活动。

（一）日常生活中的谈话

日常生活中的谈话具有情境性和感情色彩，是谈话活动中的一种重要形式和发展儿童口语的主要途径，交谈的话题丰富，交谈的对象较自由，交谈的过程不受时间、空间、年龄、对象的限制，在任何情况下都可开始或结束，适用于各个年龄段的学前儿童，主要包括日常个别谈话和日常集体谈话。

1. 日常个别谈话

日常个别谈话是教师经过一定的计划和准备，利用一日生活中，如入园、晨间锻炼、盥洗、离园等各个零散的环节，有针对性地与部分儿童就某个话题进行交谈。但这种交谈并不是随意进行的，而是教师事先考虑好要与哪些儿童交谈，谈什么，在交谈中发展他们的哪些语言技能和态度，教师应该把这些部分内容列入一日活动计划中。例如，周一早上入园时，教师计划与班上较内向的、语言能力相对较弱的四名儿童交谈，话题就可确定为：快乐的星期天。在这种自然状态下通过与儿童交谈，有利于增强儿童的自信心，教师也易于纠正儿童的发音、丰富儿童的词汇，从而培养他们主动、大胆地与人交往的能力，有效促进儿童口语表达能力的发展。

2. 日常集体谈话

日常集体谈话是指教师有目的、有计划地在日常生活中利用各种机会，为儿童创设一个自由谈话的情境，采取“自愿参加”的原则围绕话题展开的谈话活动。与日常个别谈话相比，日常集体谈话具有情境性和感情色彩，其话题更自由，不受时间、地点的限制，形式更活泼，可以是同伴间的谈话或是师生、同伴间的讨论等多个话题。日常集体谈话既锻炼儿童的语言表达能力，又促进儿童观察力和注意力等的发展。同时，儿童在谈话活动中也可丰富知识，学会与他人交往和合作。

（二）有计划的谈话活动

有计划的谈话活动是教师依据事先确定好的话题，有目的、有计划地制订计划和教育方案而组织儿童进行交谈的教育活动。谈话的话题范围比较广泛，凡是儿童熟悉的或是与他们的生活紧密相关的，都可以加以选择。这类活动是教师面向全体儿童，话题明确集中，活动综合性较强。

有计划的谈话活动不仅能丰富儿童的知识，使儿童的知识系统化，也能促进儿童注意力、观察力的发展，以及分析概括能力的提高。因此，设计和组织实施这类谈话活动时，应制定明确的活动目标，选好话题，在精心准备下，通过教师的示范和讲解，在富有启发性和趣味性的问题引导下，组织儿童与不同的对象进行自由交谈，学习新的谈话经验，进而提高儿童的谈话能力。适合有计划的谈话活动的话题有：“我最爱的……（人、事、物等）”“我和节日……（六一儿童节、国庆节、春节、中秋节等）”“我的周围环境变化……（花草树木、建筑物、道路、居住环境等）”“我参加的一些活动……（春游、参观、访问、旅游、探亲访友等）”。

（三）开放性的讨论活动

开放性的讨论活动是一种特殊的谈话活动形式，它在话题形式、语言交往和教师的指导下都有开放性的特点。

讨论活动的话题应是开放性的问题，讨论所涉及的事物也应当基于儿童已有的生活经验和接受能力的，又有一定的挑战难度。例如，“如果你有超能力，会做什么？”的讨论话题，让儿童自由想象，随意发挥，无固定答案。

讨论活动是一种开放性的语言交往活动。在讨论中，儿童既要向对方就自己的观点进行清晰和充分的表达，为使语言交往延续下去，又要善于倾听和分析、反驳或接纳他人的见解。教师对儿童的语言交往活动的指导态度要开放，对儿童语言交往能力、富有想象力和创造力的想法要重点关注、接纳、鼓励和指导。如儿童说：“今晚的月亮其实就是一根香蕉。”教师对于这样的答案要欣然接受，并给予积极鼓励，同时引导其他儿童能像这个孩子一样，勇于创新、富有想象，并大胆地在集体中表述出来。

二、学前儿童谈话活动的目标

《指南》明确提出，儿童在运用语言进行交流的同时，也在发展着人际交往能力、理解他人和判断交往情境的能力、组织自己思想的能力。《纲要》中对语言领域的目标是“乐意与人交谈，讲话礼貌”“注意倾听对方讲话，能理解日常用语”“能清楚地说出自己想说的事”。谈话活动的目标规定了学前儿童谈话活动的方向，其目的在于着重培养儿童运用口头语言与他人交往的意识、情感和能力，具体表现在以下几个方面。

（一）帮助儿童学会倾听他人的谈话，培养倾听能力

懂得倾听、乐于倾听、善于倾听他人的谈话，是学前儿童真正理解谈话的内容和方式，掌握与人进行语言交流技巧的基本要求。通过有目的、有计划、有组织的谈话活动，可以培养儿童以下三种倾听能力。

第一种是有意识倾听能力。即要求儿童在谈话活动中建立主动倾听别人谈话的愿望、态度和习惯，当别人说话时要集中注意力耐心地听，主动积极地去倾听、感知和接受别人谈话的信息。

第二种是辨析性倾听能力。即要求儿童从说话人声音的不同特点、声音所表现的不同情绪中学会仔细倾听和分辨。

第三种是理解性倾听能力。即要求儿童能在倾听时迅速掌握别人所说的主要内容，把握一段话的关键信息，从谈话上文和下文意思的连接上获得谈话的中心内容，通过交流自己的见解达到提高自己理解谈话内容水平的目的。

（二）帮助儿童学习围绕一定的话题谈话，充分表达个人见解

《指南》建议，每天有足够的时间与儿童交谈。如谈论他感兴趣的话题，询问和听取他对自己事情的意见等。《纲要》也指出，语言学习具有个别化的特点，教师应重视与儿童的个别交流以及儿童之间的自由交谈。谈话作为运用语言进行交往的一种固定方式，需要参与者具有某一种特定的有关语言表述的认识、态度、情感和能力。儿童语言发展的相关研究成果指出，儿童在 3 岁后已经习得了基本的语音、句型和词汇。这些是儿童学习“谈话”的基本条件。帮助儿童学习谈话，实际上是指导儿童在社会交往过程中，按照约定俗成的方式进行交流。帮助儿童学会谈话，指导儿童口头语言表述能力有以下两点要求。

首先，要求儿童学会围绕中心话题谈话，避免“跑题”。谈话最基本的思路及其方式要求参与谈话的任何一方都要围绕中心话题交流个人想法。3 岁后的儿童，在语言和社会性发展过程中，自我中心的语言逐步减少，社会性语言逐步增加。但是，仍然需要通过学习发展儿童的社会性语言。

其次，在组织儿童谈话活动时，有必要提供机会，帮助儿童习得有关语言运用的方式方法，不断拓展谈话内容，层层深入表达见解。例如，提供“我最喜欢的玩具”或“有趣的糖果”的谈论话题，儿童就必须在倾听他人谈话的基础上，围绕“玩具”“糖果”思考自己的想法，然后说出适合于这一话题的个人见解。

（三）帮助儿童学会基本的运用语言进行交谈的规则，提高语言交往水平

人们在社会交往过程中，通常运用一些约定俗成的方式方法和基本规则进行交谈。由于文化和习俗的不同，不同的国家、民族和地区谈话的基本规则也有所差异。因此，在学前阶段，需要帮助儿童学习通用于一般社会文化背景的与人交谈的最基本规则。

概括起来，在组织谈话活动中，应为儿童创造机会学习以下谈话规则。

1. 用适合角色的语言进行交谈

谈话是一种多样式的交流途径，每个人在谈话中都可能处于某一特定的角色地位。例

如，儿童与教师的谈话、与父母的谈话、与同伴的谈话，或是个别交谈、小组交谈、集体交谈等，同一个儿童会在谈话中有不同的角色，因而也要用不同的方式来交流，包括儿童使用不同的语音、语调，不同的音量，不同的组词造句方法表达个人见解。

2. 用轮流的方式进行交谈

即要求谈话的参与者轮流交流自己的见解，让儿童学会耐心地等待他人发言结束后再发表个人意见。即使是不同的交谈类型，都需要儿童学会轮流表达个人见解。但若是两人交谈，需要一一对应地轮流说话；若是多人交谈，便要求按潜在顺序逐个说话。事实上，儿童刚学习谈话时，会抢着讲、乱插嘴或光听不说等现象。据此，教师在组织谈话活动中应有意识地培养轮流交谈的习惯。

3. 用修补的方式延续谈话

说话不是在瞬间就结束的交流方式。在交谈的过程中，往往有可能出现谈话内容中断的现象，那么交谈的参与者就交流内容要有修补延续谈话的意识和能力，从而进行一定时间长度的交谈。教师可以通过示范、提问或引导使儿童学习延续谈话的修补方法，培养和增强儿童这种意识、能力和敏感性。

第四节　学前儿童谈话活动的设计与指导

学前儿童谈话活动作为一种重要的语言教育活动类型，与其他语言教育活动相比，有其自身的特点和作用。因此，在进行谈话活动的设计、组织和实施中，我们应从谈话活动的目的、对象等方面出发进行精心策划和指导，进而创造性地完成谈话活动的任务。

一、学前儿童谈话活动的设计

任何活动要想取得良好的效果，必须事先进行精心设计和规划，从活动的目标、对象以及所具备的实际条件等出发，制订出具体可行的活动方案。学前儿童谈话活动的设计要从以下几个方面去考虑，才能取得良好的语言教育效果。

（一）选定好谈话活动的话题

谈话活动是围绕中心话题进行的双方或多方互动。所以，选定好一个好的话题是谈话活动有效进行的关键。话题是关系谈话活动能否发挥教育作用的一个关键问题，所以话题首先要鲜明，让人一看就知道本次谈话是围绕什么进行交谈的；其次，话题的确定要考虑本班儿童的语言实际经验和发展水平，符合本班的教育任务，话题范围应该是儿童生活经验之内的，这样儿童就会有内容可谈、愿意谈，为谈话活动的顺利开展提供前提条件。

（二）确定明确的谈话活动目标

目标具有导向和激励作用，谈话活动的目标要从儿童语言发展的实际水平出发，从儿童语言发展的需要出发，从情感态度、认知和能力技能三个维度进行考虑，客观全面地加以制定。目标的制定要做到明确具体，便于检测，表述口吻要一致，这样才能体现出儿童的主体地位和教师的主导作用。

（三）选择谈话活动的内容

谈话活动内容的选择是实现教育目标的手段，是将目标转化为儿童发展的中间环节，也是活动设计和活动组织的主要依据。因此，活动内容的选择是一个完整的语言教育活动设计的核心。谈话活动的话题很丰富，谈话的语境相对也比较自由，但这并不是说谈话活动的内容就可以随意选择。

1. 谈话活动的话题内容要与学前儿童感兴趣的、熟悉的生活紧密相关

谈话只有与孩子们熟悉和感兴趣的生活内容结合，他们才能就相关的经验交流和讨论，如喜欢的玩具、爱看的动画片、好玩的游戏、刚刚发生的有强烈体验的重大事件（“雾霾天气”“发生地震怎么办”）等。完全陌生的话题无法使学前儿童产生谈话的兴趣。假设谈话主题是学前儿童所不熟悉的“海啸的形成”，学前儿童便无法就这一主题进行饶有兴趣的谈话。

2. 谈话活动的话题要有一定的新鲜感

谈话活动的话题要求与某些领域相互联系，且能运用创造性的语言进行组织，也可以使用较丰富的语言去架构的生活话题，对儿童来说，比较新颖的话题深受儿童的喜爱，如“沙尘暴”“奇特的汽车”等，也可以让孩子们产生交流的愿望。

3. 谈话活动的话题可以是以前交谈过的学前儿童仍有极大兴趣的话题

对于一些话题，学前儿童是百谈不厌的，因为这些话题可以不断满足儿童的想象和创造，选择这样的谈话内容，可以让儿童体验到更多不同的交谈经验，如“聪明的喜羊羊”“我是孙悟空”等。

（四）做好谈话活动的准备工作

为确保谈话活动的有效进行，活动前必须要做好精心准备，准备工作充分、周密，活动才能按计划有序地进行，最终完成活动任务。

谈话活动的准备工作需要做到以下几点：第一，物质准备。谈话是在宽松、自由的情境中进行的，谈话的展开需要教师借助一些物质条件创设一定的情境，如花、录音机、装饰物、玩偶等。第二，经验准备。如果儿童缺乏话题方面的知识经验，就会感到无话可说，不能积极参与谈话，因此，在组织儿童围绕中心话题进行交谈时，应让儿童观察、参观、查阅资料等，以备谈话活动中所需的知识信息，使谈话有效进行。第三，语言准备。在准确发音、丰富词汇和完整地进行语言表达方面，儿童的基本语言水平是否有利于交谈，需要对此进行怎样的锻炼和提高，也需在活动之前考虑好，帮助儿童做好准备。

（五）安排科学有序的谈话活动流程

谈话活动流程是谈话活动的基本过程，从如何导入以激发儿童的谈话兴趣，到教师如何参与谈话以引导儿童进行交流，以及隐性示范新的谈话经验，如何通过提问的方式启发儿童的思维，开启儿童的智慧，使儿童畅所欲言，进行热烈的讨论和交流，充分发挥儿童的主动性，使其在参与谈话活动中提高语言水平。同时，在谈话活动进行的过程中，在运用多种谈话形式时，如何有效地发挥游戏的作用，如何有效地操作精心设计的游戏，这些都是整个活动过程中必须要考虑的。此外，活动结束时的设计也应具有很强的教育效果。在设计时，应该考虑怎么结束能促使全体儿童今后更加积极地参与谈话，而且对谈话内容经久不忘，延续到日常生活中，依然兴致很高地与他人交流。谈话活动的设计要注意以下几点。

1. 直观材料的有效运用

根据谈话活动的需要可以运用一些直观材料，这既可以集中儿童的注意力，又可以引领儿童的思维，唤起儿童的记忆，增加儿童的操作机会，激发儿童交谈的兴趣，使谈话不断拓展、延伸。

2. 通过提问使谈话逐步深入

提问是组织好谈话活动的关键，它既可以使谈话深入展开，又对儿童厘清谈话思路和提高谈话水平具有直接的影响作用。要发挥好提问的作用，关键在于所提问题的质量，问题必须要根据本次谈话的目标来确定，基于儿童的实际生活经验和思维水平进行设计。教师所提的问题应具体明确、表述清楚、具有启发性和趣味性。

3. 教师的示范和讲解

教师要在参与儿童谈话的过程中给予示范，以引起儿童的谈话兴趣，并在谈话方法和谈话内容、语言表达上起示范作用。而教师何时介入谈话，进而对幼儿进行隐性示范，应视具体情况而定。教师示范讲解时，在言语表达上要生动、形象、简练，尽量接近儿童的口语，符合本班儿童的接受水平。

4. 以游戏的方式掌握谈话技巧

要使儿童积极参与谈话活动，踊跃发言，主动与他人交流，能发表自己的观点和看法，通过游戏的形式效果最好。儿童喜欢游戏，乐于参加游戏活动，把谈话的要求融入游戏规则，能使所有儿童在参与游戏活动中积极发言，主动克服各种困难，最终使儿童掌握谈话的方法、技巧，以及谈话的规则，进而达到谈话活动的目的。

5. 小结

这里既指谈话过程中的阶段性小结，也指谈话结束时的小结。小结时除注意对儿童的谈话情况做总评外，还应对所谈内容做总结，使儿童对谈话的主题有一个明确的概念，小结时教师的语言表达力求简洁明了。

二、学前儿童谈话活动的实施步骤

学前儿童谈话活动由于独特性的目的、对象、活动方式，它的设计与组织有其特别的规律。学前儿童谈话活动的精心设计为其有效的组织实施奠定了良好基础。如何组织实施？如何取得良好的语言教育效果？具体来说，要从以下几个基本步骤出发进行组织实施。

（一）创设谈话情境，引出谈话话题

在组织实施谈话活动时，教师首先要创设谈话情境，其目的在于引出谈话话题，使儿童从开始就知道要干什么、说什么、怎么说，并激发儿童谈话的兴趣和热情，调动儿童对话题有关经验的联想，帮助儿童打开言语表达编码的思路，做好谈话的准备等，都是谈话活动不可缺少的必要环节。

创设谈话情境主要有以下几种方式。

1. 创设谈话情境——实物、直观材料

教师利用直观性实物向儿童提供与谈话主题有关的可视形象，如利用图片、玩具、模型、活动室布置等直观材料调动儿童关于谈话主题的生活经验，启迪儿童谈话的兴趣和思路。例如，在“快乐国庆节”谈话活动开始时，教师可引导儿童观察国庆节后小朋友们带来的旅游物品和照片布置的展览区角，引起他们对已有经验的回忆。

2. 创设谈话情境——语言

教师为使儿童自然地进入谈话，利用一段话以及一些问题的表述和提出来唤起儿童对谈话主题的相关回忆，调动其生活经验。如谈话活动“我难忘的礼物”，教师可以直接说：“老师有个难忘的礼物，就是妈妈送我一只宠物猫，老师特别喜欢它，因为它特别可爱、粘人、聪明。你们有难忘的礼物吗？是什么样的礼物呢？为什么难忘它呢？小朋友们说说看。”

3. 创设谈话情境——游戏或表演

教师利用游戏性或表演性的活动，如角色扮演、木偶戏或皮影等，创设与谈话内容有关的情境，激发其真实感受和引起儿童的表述愿望，进而引出话题。教师在创设谈话情境时要注意几点：一是时间不宜太长，一般3～5分钟即可。二是创设的谈话活动情境不要因为追求热闹而喧宾夺主，而应有利于儿童谈话，服务于谈话内容，紧扣谈话主题。三是从儿童的发展水平出发，为儿童所接受。

（二）引导儿童围绕话题自由交谈

为调动儿童对谈话话题的知识储备，教师要继谈话话题的引出之后向儿童提供围绕话题自由交流的机会，使他们运用已有的谈话经验，相互交流个人见解。这一步骤是儿童能否大胆打开“话题”的重要保证。教师在组织这一步骤时需注意以下几点。

1. 提供丰富的材料并增加儿童动手的机会

谈话是口语操作，也是动脑操作。如果仅仅让儿童单纯地凭着一张嘴进行交谈是不符合儿童学习特点的，只有让儿童积极参与交流，才能提高他们的对话能力和交流水平。根据儿童的活动特点，教师在谈话活动中结合话题内容，整合利用多种教具，提供实物、图片、多媒体、动画等丰富的材料，向幼儿提供与谈话主题有关的可视形象，让他们自己看、听、玩、体验等各种方式的操作活动，可以帮助儿童更好地回忆已有的生活经验，拓宽儿童的思路，使儿童能够谈得更加具体、更加深入，也更加有利于调动儿童参与活动的积极性。如谈话活动“喜欢的糖果”，可以让他们边吃边谈；谈话活动“我的一家人”，可以让他们拿着全家福的相片边看边谈。

2. 鼓励每个儿童积极参与，注意交谈中的个别差异

在儿童自由交谈时，教师要给予交谈内容、交谈对象等方面的说话自由。教师应当允许儿童围绕话题进行的任何与话题有关的谈话和想法，不做示范，不给提示，不纠正说话时用词造句的错误，让儿童充分运用已有谈话经验说出自己想说的话。教师不必过多干涉其内容，相反要让儿童想说、多说。儿童可以两两交谈、分组交谈、与教师交谈，可以自由转换交谈对象。

另外，由于儿童的发展水平具有差异，有些言语表达能力较差的幼儿却往往在自由交谈的环节中光听不说。因此教师要注意儿童的个体差异，有针对性地进行指导。一方面，

教师要坚持“交谈对象自由选择”的原则，调动每位儿童的积极性，保证谈话的气氛；另一方面，要事先综合交叉安排言语能力较差与较好的儿童在一起，带动他们一起交谈。教师要善于倾听语言表达能力较弱或较内向的儿童的谈话，让其产生“老师喜欢我”“我和他们都一样优秀”“老师觉得我说得棒”的喜悦感和自信心。总之，教师在自由交谈过程中尤其要注意个别差异，积极鼓励每位儿童参与谈话，公平对待每位儿童的谈话内容，从而真正形成双向或多向互动交流的交谈。

3. 参与谈话、观察并指导儿童的谈话情况

儿童自由交谈时，教师不能将儿童交谈视为一种“放羊”的时机而自己袖手旁观或者做与谈话无关的事情。在自由交谈过程中，教师既是指导者又是参与者。在这个阶段，教师要做好三件事：一是教师必须在场。当儿童看到教师在场时，即使教师并未说话，儿童也能感到自己所说的话的价值，从而增强说话的积极性。二是教师参与谈话。教师采取巡视的方式参与各组的谈话，在每组的巡视中做到看、听、说、评，以便产生一定的积极影响。三是教师要根据儿童的谈话情况及时观察、反馈和评价。如儿童的交谈状态、谈话的水平差异、儿童交谈问题的反馈和评价，以及教师的指导等都需做好相应的准备。总而言之，教师要在谈话活动中根据活动开展的程度和阶段的需要，灵活转变自己的角色。

（三）引导儿童逐步拓展谈话范围

教师在儿童自由交谈后，为进一步提高儿童谈话水平，要集中引导儿童拓展谈话范围，即教师通过由易到难、由近到远的谈话，向儿童展示并帮助他们学习运用新的谈话经验。特别强调的是，所谓新的谈话经验是指谈话活动目标在谈话活动中的具体化，是学前儿童要学习的谈话思路、谈话规则和谈话方式的总和。教师在设计组织谈话活动时，要避免片面理解“谈话经验”的问题，不要把一种句式或者几个词汇的学习和学习谈话经验等同起来。每一次谈话活动都应根据语言教育的要求和谈话活动的特点，寻找本次活动目标与新的语言经验点，力图从大的方面帮助学前儿童整理谈话思路，掌握一定的谈话规则，获得一些适用于谈话的交往方式。

教师在拓展儿童的谈话范围时，应当注意以下问题。

1. 从儿童的兴趣和生活经验出发

教师以拓展儿童的谈话范围为目的，所提出的问题应该是儿童感兴趣的、有一定的生活经验的，这样儿童才会有话可说。例如，在“我的宠物”谈话活动中，教师可以问：“你的宠物是什么样的？”或“它最喜欢吃什么食物？”但由于有时儿童的兴趣是盲目的、短暂的，所以主题内容的确定并不是盲目地只迁就儿童的兴趣，要在参照儿童的兴趣点和需要的基础上，以儿童的经验和认知水平为基础，充分考虑活动内容是否符合儿童的原有生活经验，是否具有可操作性和教育性。

2. 拓展的内容应更全面，注意丰富儿童的经验

谈话活动的谈话范围不能完全局限于儿童已知的生活经验，应该通过各种方式向儿童展示与话题相关的东西，即拓展儿童的经验。例如，在“可爱的动物”谈话活动中，谈过了一些常见的动物（如小狗、小猫、金鱼等）或者在动物园中能见到的动物（如老虎、大象、鸵鸟等）之后，教师可以给儿童提供一些濒临灭绝的动物图片（如金丝猴、北极熊、爪哇犀牛、墨西哥小头鼠、海豚等）。当那些平时没听说过也没见过的动物图片一一展现在

儿童面前时，他们就会觉得很有意思。这样做能激发儿童对各种各样动物的关注和好奇心，引导儿童树立保护动物的意识。

3. *在谈话过程中鼓励儿童提出问题，并选取有价值的问题进行交流*

在谈话活动中，教师往往会预设许多与话题相关的问题，这些问题能够保障活动的顺利进行。但是，儿童对于谈话的主题有哪些独特的感受或者疑问，教师则常常没有给予足够的关注和重视，以至于谈话活动结束后，小朋友们还有许多的困惑。因此，在谈话活动中，教师应该给予儿童“问”的机会，并从中发现有价值的问题，引导儿童围绕这些问题展开交流和讨论。

4. *教师隐性示范新的谈话经验*

教师在此阶段向学前儿童展示的新的说话经验不是用显性示范说给学前儿童听，或用指示的方法要求学前儿童怎么说，而是通过深入拓展的谈话范围将这种经验逐步传递给学前儿童。教师用提问、平行谈话的方法将新的谈话经验引入，让学前儿童在谈话过程中不知不觉地沿着新的思路去说，潜移默化地应用新的谈话经验，最终学会这种新的谈话经验。

总之，这一步骤直接关系儿童谈话经验的学习，关系活动目标的实现。教师在设计这一步骤的谈话活动时，应当做好充分的准备，特别全面考虑自己“说什么”和“怎么说”。倘若教师准备不充分，出现信口开河、随便说说的现象，或是干巴呆板、无话可说的局面，都将直接影响此次谈话活动的教育质量。

（四）归纳与评析谈话活动

归纳与评析谈话活动是总结性的活动环节，主要是以谈话活动为对象，收集教育活动过程中的各种信息，然后依据客观标准对谈话活动及其效果做出客观的分析和科学的判断，从而改进活动，不断提高活动效率的过程。它的主要作用在于帮助儿童巩固和深化所学的内容，可以通过语言归纳、表演、游戏等多种多样的活动方式进行归纳，将儿童学到的新的谈话经验不断地在日常生活中加以练习、实践和评析，使儿童的谈话经验得到有效迁移。

1. *谈话活动评析的内容*

（1）对儿童谈话经验与能力发展及其主体性发挥的评析。谈话活动是围绕话题有效展开的活动，是一种双向或多向互动的实践活动，儿童只有积极参与到谈话活动中才能提高对话能力，善于听和说，学会与他人交流沟通。因此，对儿童的评析要注意几点：其一，要关注通过谈话活动的设计、组织和实施，儿童的谈话经验是否有所丰富，能否有所丰富，能力发展水平是否有所提高，从而反馈教师的素质和谈话活动的成效。其二，要关注儿童参与谈话活动的情况，一方面看儿童是否愿意参加谈话，是积极主动地参与到谈话活动中，还是被动地参与到谈话活动中；另一方面看儿童在谈话过程中是积极主动发言，有自己的思想看法，还是被动发言，或者总是跟着别人说几句，说别人说过的话，没有自己的主见。通过对儿童的评析，会使教师更加关注儿童在谈话活动中主体性作用的发挥，并注重全体儿童的参与。

（2）对教师在谈话活动中素质体现的评析。在谈话活动中，对教师的评析主要包括：对教师言语素养的评价；教师在谈话过程中是否发挥了隐性示范作用；教师创设情境的能力和组织能力等如何。对教师的评价能激起教师工作的热情，也能促使教师不断反思，提高自身素质，不断改进教学。

（3）对谈话活动各方面的评析。对谈话活动的评析包括谈话活动主题是否明确，活动目标是否科学，活动内容是否符合儿童实际，活动形式是否灵活多样，活动方法是否有效，活动准备是否充分，活动过程是否有序，活动中师幼是否存在互动而且关系融洽，等等。

2. *谈话活动评析过程中应注意的问题*

对学前儿童谈话活动的评析过程，应注意以下几个问题。

（1）从学前儿童谈话活动的特点出发进行评析。

（2）在评价中应注重儿童的参与情况，以及儿童在整个谈话过程中的表现。

（3）从目标的三个维度出发进行评析，注重儿童在谈话活动中的全面发展。

（4）关注幼儿园谈话活动与其他活动的整合性。

三、学前儿童谈话活动的组织方法与指导要点

要想开展一次成功的谈话活动，离不开教师采用科学的组织方法，以及在运用方法的过程中教师相应的做法和指导。

（一）示范法

教师既可以用言语示范新的言语交往技能，也可以用非言语的形式示范言语交往规则和倾听态度。如在谈话活动“我爱喝的饮料”中，教师用“我爱喝橙汁，因为橙汁很甜，有很多果粒，夏天天气炎热时喝一杯橙汁，又凉爽又解渴。”这样的语句直接进行示范讲述。此外，教师是一个倾听者、观察者，教师在听某个儿童谈话时，眼睛注视对方，并不时地点头表示同意对方的意见，不要轻易打断儿童的谈话，并仔细观察，尊重学前儿童的发展水平，及时进行示范和隐形指导，用非言语方法进行示范，发挥其示范作用。

示范法一般在小、中班运用得较多。一般来说，示范法应在儿童充分交谈后再使用，这主要是为了避免让儿童的思维局限于教师的示范模式上。

（二）提问法

谈话是多方围绕谈话主题多次循环信息交流的过程。在谈话的推进过程中，提问是激发和推进谈话逐层深入的重要手段，也是使偏题的谈话或讨论回归主题的重要方式。开放性的问题比封闭性的问题更有利于引导儿童通过回忆并组织简短的语句进行回答，也更能促进儿童发散思维能力的培养。问题要富有启发性，并有一定的难度。日常谈话常常是通过提问法引出话题。

从话题的开展角度看，提问法有三种作用：一是唤起儿童的回忆，通过提问帮助儿童回忆并谈出所经历过的事情及印象。二是帮助儿童对某件事做出评价或判断，以使谈话的话题层层深入。例如，教师问：“你为什么喜欢吃苹果？”这样的发散性问题有助于儿童对话题做深入的思考和交谈。三是以提问方式帮助儿童始终围绕着话题进行交谈，避免跑题。提问法在谈话活动中的不同阶段都有运用。创设谈话情境阶段，通过提问以引出谈话的话题；围绕话题深入交谈阶段，通过提问使话题逐步延伸，使儿童深入地谈论自己的认识和观点。

使用提问法要注意，提出的问题要注意不同的情境中的使用方法和作用，要富于开放性、启发性且有一定的难度。在谈话活动中，教师要根据儿童个体的经验和语言发展水平

差异，设置的问题要有层次性，要对儿童的语言发展具有启发性，要发挥搭建支架者的角色作用，潜移默化地给儿童的谈话搭建支架，拓展谈话的深度和广度，从而促进每个儿童语言能力的最大限度发展。

教师的提问往往可以分为六种：一是回忆性问题，这种问题往往是封闭式的，主要涉及具体的事物和信息，通常都是时间（什么时候）、地点（哪里）、人物（谁）和结果（最后怎么样）等类型的问题；二是聚合性问题，即要求幼儿比较两种信息的异同或寻找它们之间的关系；三是发散性问题，即要求儿童预测、推理的问题，如“如果按照这个说法，你觉得结果会怎么样？”四是评价性问题，即要求幼儿对谈话对象的观点进行评价，如“你同意他的观点吗？为什么？”五是观察性问题，即要求幼儿观察和描述他自己的感受，如“你看到了这个情景，你会有什么感受？”六是解释性问题，即要求儿童对自己的观点、原因进行进一步的解释，如“你为什么产生这样的想法？”

将这六种问题按开放式问题和封闭式问题来分，回忆性问题往往是封闭式问题，后面五种都属于开放式问题。封闭式问题有助于幼儿的倾听和对谈话内容的理解，但只有开放式问题才能激发更多的儿童参与到谈话当中，并愿意表达自己的观点，对他人的看法进行评价，从而推进谈话的进展。因此，在谈话过程中，教师要注意恰当、合理地提问。①

（三）讨论法

讨论法是儿童在教师的指导下为解决某个问题、获取新知识而进行探讨、辨明是非真伪的方法。它主要是基于儿童的兴趣、爱好、特长与同伴自由交谈，相互交流探讨，形成新的认识与经验。其优点在于能更好地发挥儿童的主动性、积极性，培养儿童独立思维能力、口头表达能力。

谈话活动的特点要求谈话活动要具有宽松、自由的交流环境。在使用讨论法时可以采用分组形式，一般可为4～6人，也可自由结对，两两讨论。讨论法主要包括对有关问题看法的观点进行交流，对小组成员是否接受并提出意见的观点进行改进，以及对最终观点进行总结三个环节。教师在整个讨论过程中要发挥谈话中的巡回引导作用，即儿童的谈话反馈、总结和评价。但需强调的是，讨论法只适用于拥有较高的心理发展水平和有关知识背景的儿童中开展。

3.2 中班《早餐吃什么》谈话活动

此外，游戏法、表演法、操作法等也是儿童谈话活动开展的重要方法，教师要因时、因地、因学习对象的不同而灵活采用，使学前儿童谈话活动收到事半功倍的教育效果。

【案例分享】

小螃蟹找工作（大班谈话活动）

设计意图

本次谈话活动的设计灵感来自于故事《小螃蟹找工作》，类似的题材还有很多，如《动物职业介绍所》，假如纯粹地进行故事教学，我感觉对儿童的挑战不大，因此，萌发了设计以故事为背景线索的谈话活动的想法。

---

① 周兢. 学前儿童语言学习与发展核心经验[M]. 南京：南京师范大学出版社，2014：35.

活动目标

1．能围绕“小螃蟹找工作”这一中心话题大胆表达自己的见解。

2．积极参与讨论，愿意为坚持自己的观点尝试辩论。

3．能专心倾听，乐意动脑，积极参与谈话活动。

活动准备

1．与谈话内容有关的课件（小螃蟹，小螃蟹做餐厅服务员、理发师，小螃蟹的信件以及小螃蟹做幼儿园保安）。

2．哭脸、笑脸席卡，用于辩论的评分表和奖励贴。

活动过程

一、谜语导入，唤醒经验

谜语：身穿硬袍，手拿剪刀，走路横跑，嘴吐白泡。（打一动物）

提问：你是怎么猜出来的？（出示小螃蟹课件，验证猜谜结果。）

过渡语：小螃蟹觉得自己已经长大该独立了，准备到职业介绍所找一份工作。

提问：你知道有哪些职业吗？

小结：医生是一种职业，教师是一种职业，厨师是一种职业，生活中有许多种职业。

（评析：让儿童猜谜语并谈论有哪些职业，调动儿童原有的对螃蟹和对职业的认知经验，为之后的讨论、辩论服务。）

二、引发辩论，各抒已见

1．以故事为线索。引出谈话主题。

出示小螃蟹在餐厅当服务员的课件，讨论小螃蟹是否适合做餐厅服务员，并陈述理由。

2．调整座位，引发辩论。（按照辩论赛的形式分成面对面的两组，儿童选择笑脸和哭脸席卡就座，分成正方、反方两组。）

出示小螃蟹做理发师的课件，提问：假如小螃蟹去做理发师，你认为适合吗?为什么?

过渡并提问：有的人认为合适，有的人认为不合适，各有各的想法，各有各的道理，大家都来说一说、讲一讲。（出示笑脸、哭脸的席卡）对于小螃蟹做理发师，是否合适？你们心里有选择了吗？请用最快的速度搬起你的椅子，坐到放有相应席卡桌子的外侧。

引导语：小螃蟹做理发师，是否合适？请说出你的理由。哪一组讲得好、讲得有道理，小螃蟹就听谁的，还会送上糖果奖励贴。

儿童辩论后，教师小结：小螃蟹做理发师到底是否合适，你们说得都很有道理，小螃蟹也不知道到底听谁的，于是只好又去找工作。

（评析：本次活动以故事背景为线索，讨论小螃蟹当餐厅服务员是否合适，为儿童提供了学习的支架。紧接着撤走支架，放手让儿童以小螃蟹做理发师是否合适展开简单辩论。辩论在原则上要有正方、反方，同时要能抓住对方发言的漏洞进行反驳。为了让此环节更适合教学、更适合儿童，这里教师只要求儿童能讲出自己的观点并陈述理由。辩论不是目的，而是一种教学手段，是让儿童有充分的机会表达自己的想法。同时，教师以调整座位和奖励贴纸等多种策略来鼓励儿童想说、爱说、多说，辩论的形式符合大班儿童的年龄特征，能掀起活动高潮。）

三、阅读信件，了解小螃蟹的工作

过渡语：小螃蟹找到合适的工作了吗？你们想知道吗？小螃蟹写来了一封信，信里会给我们答案，我们一起来读信吧！

1．出示小螃蟹做幼儿园安排的课件。

提问：从照片上看，小螃蟹从事的是什么职业？猜一猜，它能做些什么呢？

2．读小螃蟹的信，了解它的工作。

总结：如果我们也像小螃蟹一样，把自己的长处用对用好，也能获得成功。

（评析：让儿童观看小螃蟹的工作照，猜测小螃蟹在幼儿园当保安可以做些什么，再次结合中心话题给儿童提供交流的机会。）

四、出示图片，尝试串编故事

师：小螃蟹第一次想当餐厅服务员，后来想当理发师，但都有合适和不合适的地方，找工作没有成功。后来终于发挥特长，成为一名出色的动物幼儿园的保安。如果我们把这个过程连起来编一编、讲一讲，就是一个非常有趣的故事——《小螃蟹找工作》。大家来试一试。

儿童串编故事，请1～2名儿童讲给大家听，并鼓励儿童回家把故事讲给爸爸妈妈听。

案例评析：本活动始终以儿童谈话在前，到此环节才将故事从幕后推到了台前。如此环环相扣、层层递进，让儿童走进主动学习的情境，充分表达了自己的见解，既锻炼了儿童的胆量，又发展了儿童的语言表达能力，使儿童想说、敢说，慢慢地说得越来越好。

下雨以后（中班谈话活动）

活动目标

1．能针对故事《今天又下雨啦》里的不同人物进行观点采择，站在别人的角度，从他人的角度看待问题。

2．能够表达自己的意见和看法以及与他人大胆地交流。

3．喜欢雨天，对生活中自己不喜欢的事物能多一些包容和理解。

活动准备

经验准备：从初春开始，儿童便注意春雨的特征，对春雨有一定的了解，也有自己的感受；很熟悉图画书《今天又下雨啦》，对人物特征与性格有一定的认识。

物质准备：绘本封面图、动物头饰（故事里的小鸭、小猪、小花猫、公牛）、公牛生气的三页绘本图片。

活动重难点

活动重点：儿童能表达自己的意见和看法，并且和其他儿童或者老师大胆交流。

活动难点：儿童能去自我中心化，站在别人的角度去看待问题。

活动过程

一、出示绘本封面引出话题

1．小朋友，前几天我们阅读了绘本《今天又下雨啦》，请看绘本封面，故事发生在什么天气呀？

2．图画上的动物们喜欢雨天吗？你怎么看出来的？

小结：小动物们刚开始的时候都不喜欢下雨，因为下雨它们就不能出去玩，只能待在家里。图画上它们的表情都是不开心、郁闷的。

二、自选头饰，相互讨论，剖析小动物们内心的想法

1．请你选择一个故事里你最喜欢的动物头饰，现在你就变成它了。你和你周围的小朋友说一说，如果你是它（小鸭、小猪、小花猫、公牛），你喜欢雨天吗？为什么？

2．请各个动物上台来说说自己为什么喜欢或者不喜欢雨天。

小结：（此小结根据儿童谈论的情况而定）例如，小鸭喜欢雨天，因为小鸭喜欢游泳，喜欢水；小猪说它喜欢雨天，因为小猪长得胖胖的，很怕热，下雨天气会很凉爽，雨很温柔……或者小花猫说它不喜欢雨天，因为下雨会弄得到处湿漉漉的，打湿了毛会不舒服，还不能出去玩……（这里一定要根据儿童的谈话来总结，帮助儿童采择观点。教师可以引导孩子们从各种动物的生理特点进行分析。）

三、出示公牛三次生气的图片，讨论公牛生气的原因以及解决方法

1．公牛三次生气脸分别变成了什么颜色？——蓝色、橘色、红色。

说明公牛越来越生气，最后暴怒了。

2．公牛每次为什么生气？三次生气的程度相同吗？你怎么看出来的？越来越生气的原因是什么？（可能是在外玩耍的动物越来越多，声音越来越大，且一次又一次吵到他，所以他生气了，也可能是其他原因。以儿童讨论为准，言之有理即可。）

3．讨论解决方案：小朋友们分成四个小组，每组分别扮演一种角色，小鸭组、小猪组、小花猫组分别讨论怎么做才能让公牛不生气（如小声一点儿玩、走远一点儿玩或者邀请他一起玩等）。公牛组讨论我怎么才能不生气（如尝试听音乐、欣赏下雨或者加入它们一起游戏等）。

四、表演：公牛别生气了

请小鸭、小猪、小花猫和公牛组的成员上台来合作表演，它们用什么方法让公牛不生气，公牛做出相应的回应。

五、集体讨论春雨带来的美丽与烦恼

1．现在你喜欢春雨吗？为什么？

2．我们能不能尝试喜欢自己原来不喜欢的事物？具体怎么做？

活动延伸

和爸爸妈妈一起走进春雨，在春雨里做游戏，感受春雨的美好。

【本章练习】

在学前儿童谈话活动中，当儿童进入“围绕话题自由交谈”阶段，教师的职责和任务主要表现在（　　）。

A．教师不必在场　　　　B．教师让儿童随便谈话

C．教师不必参与谈话　　D．教师要观察儿童谈话情况

【真题再现】

（2019年·山东廊坊）[多选题]

谈话活动是幼儿园语言教育的重要形式。以下哪些是关于谈话活动特点的阐述？（ ）。

A．谈话活动拥有一个有趣的中心话题

B．谈话活动注重多方的信息交流

C．谈话活动拥有宽松的交谈氛围

D．谈话活动中教师起间接引导作用

【模拟测试】

试以“奇妙的水果王国”为主题，开展一次中班幼儿的谈话活动。

第三章参考答案

【拓展阅读】

幼儿园谈话活动问题分析及其有效开展策略研究①

孔露、卢清

一、幼儿园谈话活动问题分析

语言作为幼儿园教育的五大课程教学领域之一，在谈话活动的组织中存在诸多问题。

（一）师幼关系处理不当

师幼关系是幼儿园教学活动中一对最基本、最重要的关系，师幼关系的状况直接影响活动开展质量的高低和幼儿的健康发展。但在开展谈话活动中，一些教师仍然对自己起到什么样的作用和幼儿到底处于怎样的地位以及如何正确处理师幼关系，没有一个清晰的认识，容易在活动的开展中造成“一言堂”“离题千里”“听说分家”等问题的产生。例如，有些教师说得多而幼儿说得少，个别幼儿说得多而部分幼儿说得少；幼儿谈话偏离主题，教师引导不及时；幼儿只乐意自己说，却不愿听别人讲，容易造成局面的混乱，严重影响谈话活动的秩序和效果。

（二）内容选择脱离幼儿

在教育活动的内容选择上，应注重让现有知识与幼儿的生活世界相沟通，与幼儿的经验、需要相联系，而不单是纯粹从知识或学科本身的结构或重点、难点出发。显然，在选择谈话活动内容时，必须坚持以幼儿的生活经验和兴趣为出发点。而很多幼儿园教师在进行谈话活动内容的设计时，基本上是为了照顾教师的设计便利和课本的安排程序，忽略了幼儿在内容选择中的主体地位。

---

① 孔露，卢清．幼儿园谈话活动问题分析及其有效开展策略研究[J]．教育教学研究，2014（12）：119-122．有删节。

（三）活动情境缺乏创设

陈鹤琴先生曾说："注意环境，利用环境，环境是最好的教具。"可见从某种程度上说，环境就是教育，创设良好的宽松的语言交往环境，可以促使幼儿"有话可谈""有话敢谈""有话乐谈"。环境包含物质环境和精神环境，要有室内环境的设计，更要有和谐氛围的营造。而很多幼儿园教师在开展谈话活动时，由于自己的意识不明确或害怕麻烦，往往忽视了情境创设的重要性。例如，某幼儿园大班教师在开展谈话活动"快乐的国庆节"时，活动准备非常简单，只是让幼儿带来外出游玩的照片，将照片或纪念品粘贴在展板上，然后就开始引导幼儿结合自己的照片与同伴交流。无疑孩子对着自己的照片有很多话要说，可是他敢大胆地谈吗？他能快乐地交流吗？可能孩子会对自己的照片说出一二，但交流的兴趣是否会持久呢？对幼儿语言上的发展是否真的起到有效帮助呢？这些问题都是值得我们思考的。

二、幼儿园谈话活动开展的有效策略

（一）内容选择的趣味性

陈鹤琴曾指出：幼稚教育期内的幼儿具有好群、好玩、好奇、可教的特征。因此，在选择谈话活动内容时，必须要考虑幼儿的生活经验、兴趣和需要。幼儿对于自己感兴趣的事情更乐意去交谈和探讨，教师应随时关注幼儿活动，捕捉幼儿的兴奋点，抓住各种表达的机会，鼓励幼儿表达自己的感受。例如，某幼儿园教师在周一进行"周末有趣的事"主题谈话活动时，教师期待孩子们谈商店里琳琅满目的商品、公园里的欢乐、动物园里的兴趣等，结果发现孩子们谈得比较多的是来来往往的人，老人、小孩、叔叔、阿姨等。于是这位教师就抓住幼儿的兴趣点，以"人群"为小主题进行谈话，孩子们踊跃发言，谈了很多他们所见的一些人和事，取得了很好的效果。

当然，主题内容的确定也不能只迁就幼儿的兴趣，有时幼儿的兴趣是盲目的、短暂的。正如林崇德所讲的："说话所涉及的内容范围应该是幼儿生活经验之内的，具备的知识应该是比较丰富的；说话的内容与范围应具体、明确、有教育意义。"以幼儿的经验和认知水平为基础而做出的内容选择，才会更有可能符合幼儿的兴趣点，这样的兴趣是长久的、稳定的和有意义的。

（二）活动情境的创设性

《幼儿园教育指导纲要（试行）》中指出："语言能力是在运用的过程中发展起来的，发展幼儿语言的关键是创设一个能使他们想说、敢说、喜欢说、有机会说并能得到积极应答的环境"，"创造一个自由、宽松的语言交往环境，支持、鼓励、吸引幼儿与教师、同伴或其他人交谈，体验语言交流的乐趣，学习使用适当的、礼貌的语言交往"。

第一，要注重物质环境的创设。在创设谈话活动的物质环境时，必须以主题活动开展的需要为线索，创设丰富多彩的活动环境。例如，某幼儿园教师在进行"我喜爱的小动物"主题活动环境创设时，先请幼儿从家里带来自己喜爱的小动物的玩具或模型，然后在班级的一角布置一个与小动物有关的活动区角。如贴上各种各样的小动物简笔画照片、剪纸等，放几种不同类型的手工作品，如有彩泥捏的大象、彩纸卷的乌龟、废旧纸杯做的小猪等。在这样的环境里，我们看到有教师的作品，也有幼儿的作品；有平面的作品，也有立体的作品；有观赏性的作品，也有操作性的作品。步入这样精心设计的情境中，幼儿如同走进了一个动物王国，每个孩子都被吸引着、激励着，迫切地等待着与同伴分享自己喜爱的小动物。

第二，要注重精神环境的创设。精神环境主要是指一种心理氛围，具体表现在教师与幼儿、幼儿与幼儿之间的相互作用和交往方式等方面。在谈话活动中，要想使每个幼儿敢谈、乐谈、畅谈，就要建立民主平等的师幼关系和友好合作的同伴关系，创设和谐自由、健康安全的心理环境。教师在和幼儿谈话过程中，要多一些鼓励、肯定和欣赏的态度，尽量给幼儿创造条件，让他们多交流、多合作，尽最大努力地创设一个自由、宽松、融洽、有序的谈话氛围。

（三）幼儿参与的主体性

幼儿是谈话活动的主体，各方面工作的配合与布置不仅要考虑幼儿的需要和兴趣，而且在谈话活动进行中还要充分尊重和体现幼儿参与的自由性和主动性。据研究，4 岁以后的幼儿语言有了一定的主动性，他们不再仅仅由成人启发引导着说话，更多的时候，他们自己会“有话想说”“有话可说”。因此，在开展谈话活动时，教师要尽量创造条件，给幼儿提供自主地展示自我的机会。例如某幼儿园中班开展“我的爸爸”谈话活动时，引导幼儿围绕“我的爸爸”主题自由交谈。以分组交流、集体分享、角色扮演的形式逐层展开，充分体现了幼儿在活动中的主体性地位。

（1）分组交流。当引出谈话主题后，教师可以进行分小组谈话。小组交流是一种最能体现幼儿主体性的教学组织形式。分组时，教师可以让幼儿自由结合，这样形成的小组可以确保谈话的氛围是和谐融洽的，有利于发挥幼儿谈话的积极性。在小组谈话时，教师尽量作为旁听的角色轮流参与幼儿的谈话，主要是了解幼儿关注的是什么、谈论的深度怎么样、谈话经验的积累程度等问题，尽量不要去纠正幼儿谈话活动时出现的词句错误，不要做示范，以免影响幼儿充分表达自己想法的兴趣。

（2）集体分享。集体分享为每位幼儿提供了一个平等自由展示自我的平台。如果说小组谈话中有个别幼儿说得少或内容有错误，那么集体分享给他们一个表达或改正的机会；如果说小组谈话中个别幼儿没有谈尽兴，那么此时的集体分享则给他们一个更加广阔、更加有挑战性的舞台。在集体分享前，教师必须先做好示范谈话，把刚才小组谈话中出现的问题给予简单提示。

（3）游戏激趣。游戏是幼儿的基本活动。幼儿在游戏中学习，在游戏中健康成长。游戏对于幼儿的意义犹如事业、工作对于成年人的意义一样，幼儿只有在游戏中，主体性才能得以真正的体现。幼儿在游戏中不仅练习了语言的交流，而且增加了“动作”机会，更加有利于调动幼儿的兴趣和参与的主动性。

因为，此年龄段幼儿的语言还具有模糊性、重复性、独白性特征。口语表达的主动性、连贯性、简洁性等方面还有待进一步发展，所以，在尊重幼儿谈话主体地位的同时，教师还应该间接参与幼儿的谈话，了解其谈话内容，间接引导谈话活动的深入进行。另外，为了保证谈话活动顺利有序地进行，还应该让幼儿充分了解和学习谈话的基本规则和技巧。幼儿进行谈话时，不仅需要掌握倾听、理解别人谈话等能力，而且还需要懂得人际语言交往的基本规则。例如，别人讲话时要保持安静，不要乱插嘴；别人讲话时要注意听，等小朋友讲完后再发言；从别人的谈话中捕捉有用的信息等。如果幼儿不能有效掌握这些基本的谈话原则和技巧，那么幼儿谈话活动的主体性地位也是难以得到保障的。

（四）教师角色的灵活性

教师在谈话活动中应担当什么样的角色？如何合理高效地发挥教师在活动中的作用？笔者则认为教师在谈话活动中的角色与地位不能用简单的一句话概括，根据活动开展的程度和阶段需要，教师要学会灵活地转变自己的角色。

在谈话活动开始前的准备过程中，最多的时候教师应该担当的是决策者或主导者的角色，特别是在环境的创设、活动主题的最终敲定、活动的设计与安排等方面。虽然教师在活动的准备中要尽量考虑幼儿的身心发展特点和兴趣需要，也要广泛听取家长和其他教师的建议，但是结果的产生还是离不开教师最终的拍板敲定。在活动进行中，教师应该担当引导者、参与者、合作者等多种角色。当活动进行到精彩纷呈时，教师此时应该把自己当作小朋友中的一员，忘我地参与其中；当活动遇到死结难以深入进展时，教师此时应该站出来把自己当作一位大朋友，给幼儿适当的点拨和引导，使活动继续顺利进行。

在谈话活动告一段落时，教师应该担当反馈者、总结者、评价者的角色。教师对幼儿进行指导与评价，这对激发幼儿的谈话热情、帮助幼儿养成倾听的习惯、提高幼儿语言运用能力是极其有效的。在活动的总结和评价中，教师不要太在意幼儿交流中出现的小错误，要给予幼儿出错的权利，应把他们的错误作为了解他们思路或经验水平的机会。教师要尽量多鼓励和肯定幼儿的优点，不断激发他们参与谈话的积极性。

谈话活动中的追问

应彩云

无论怎样的课程，谈话活动是不可或缺的。科学课程总要谈谈“发现了什么”，艺术课程也得谈谈“感受了什么”，社会情感课程更离不开谈谈“应该做什么”，所以，我们每天都期待一场良好的谈话活动的出现。

可是，孩子的谈论和回答往往不在话题中，这会使我们有些着急。尤其在教育目标明确的集体活动中，通常一句毫无防备的追问，要么不顾孩子径直地“走自己的路”，要么“跟随”孩子走进了云里雾里。

其实，我发现：防备孩子可能的“万变”的回答，只需稳住阵脚，“不离其宗”地追问，谈话活动便峰回路转，重回理想状态。这“宗”就是教师预设的活动目标。为了做到“不离其宗”，我们需要把握好追问的时机和策略。

其一，对表述不明确和不准确的谈论进行追问，因为此时的孩子大多已忘了事件的主旨，追问能使孩子的表述更加直接而明确。如主题“我爸爸”中有一个“爸爸爱我”的活动，一个孩子很深情地描述：“一天，很晚了，爸爸起床，帮我擦席子，用冷水不行，又烧热水……”为了使谈话活动紧凑而有效，我追问：“爸爸为什么晚上起床擦席子？”“因为我身上痒痒的。”我深情地激发：“是啊，爸爸为你，觉也不睡擦席子，真爱你啊！”

其二，对顾左右而言他的谈论进行追问，因为此种情形大多是由于孩子不够专注或对话题不理解而产生的，追问既保护了说话者的积极性，又保证了活动的顺利进行。如在一次交流“爸爸的模样”的谈话中，一个孩子说：“我爸爸长得高高的，他喜欢吃方便面，那个方便面……”这时，我们应该及时打断他的喋喋不休而追问：“哦，你爸爸的样子是高高的吗？”

其三，对从众性的谈话进行追问，因为这种现象大多发生在表达能力强弱不等的孩子之间，追问能打破弱小者对强势者的依赖，而使孩子间的谈话出现新的视角。如在描述爸爸时，一个孩子说：“我爸爸是高高的。”接下来竟有三个孩子都跟着说了这句话。此时，教师追问：“你们的爸爸哪里长得不一样？”引导孩子转变话题去发现不同。但是，我们有时也会因追问不当，而使所谈话题离主题越来越远。

孩子们在谈论爸爸的模样，一个孩子说：“我爸爸高高的，他喜欢吃方便面，他吃了辣的，还觉得要吃甜的。”此时教师追问：“吃方便面能让人长高吗？”孩子的谈话开始“误入歧途”：“能的，因为它能吃饱啊！”又一个孩子反驳：“才不能呢，方便面是垃圾食品。”众多的孩子纷纷议论：“能的，地震的时候，人们都吃方便面的，不吃会饿死的。”“地震的时候，还可以吃树皮呢！”“是呀，地震的时候，家具也可以吃呢！”……

可见，教师的追问要直达目标。尤其当孩子的谈论丰富而不够直接时，教师的追问可以使谈论的话题主旨清晰。因此，追问的第一策略是要削枝强干直达目标。

有一次，孩子们在谈论“下雪天，什么让我们觉得很冷？”一个女孩说：“爸爸平时很忙，总是等我睡着了才回家。下雪了，爸爸就很早回家和我们一起吃晚饭了。”我追问：“那天，妈妈烧的饭菜是热热的吗？”“是，有热热的鸡汤。”我深情回应：“是啊，下雪天，爸爸早早地回家和你们一起吃热腾腾的晚饭，下雪天真冷啊！”

孩子每一次谈论，与话题总有千丝万缕的联系。当孩子正不着边际地力图由此及彼地表述着他曾经有过的经历时，教师的追问可以揭示事件的内在关联，使谈话“拨开云雾见真意”。因此，追问的第二策略是要帮助孩子整理思维，明确谈话要点。

在绘本教学活动“小威向前冲”中，我们一起谈论“你在什么方面是高手”，孩子们说：“我们画画都是高手。”于是，我用“除……之外，其他的……”的句式来启发孩子还应该关注自己在其他方面的擅长，使孩子的谈话内容更加丰富多彩。因此，追问的第三策略是当孩子的谈话内容趋向一致时，追问可以引发孩子新的视角。

教师的追问可以帮助孩子建构清晰而简洁的思维方式，提高孩子的语言表达能力。而教师教学中的有效追问更是实现课堂教学目标的有效保证。

资料来源：选自浙江学前教育网．http://www.06abc.com/topic/20100514/51331.html.

第四章　学前儿童讲述活动

【本章导读】

讲述活动是一种以培养儿童独立构思和表述一定内容的语言能力为基本目的的语言教育活动，讲述活动可以给儿童提供积极参与命题性质的实践机会，在学前儿童语言教育中扮演着重要的角色。在进行活动设计与组织之前，有必要了解讲述活动的基本知识。本章主要论述了学前儿童讲述活动的概念及其价值；明确了学前儿童讲述活动的主要特征；阐述了两种不同的分类标准；最后从讲述活动的设计要求、结构与步骤、采用的主要方法等三个方面为幼儿教师科学设计讲述活动进行了较详细的论述，并提出了相应的指导方法。

【学习目标】

1．理解学前儿童讲述活动的概念、作用及分类。

2．掌握学前儿童讲述活动的主要特征。

3．根据讲述活动的设计要求、结构与步骤等，学会科学地设计讲述活动，并做相应的指导。

【学习重点与难点】

学习重点：讲述活动的目标、特点以及讲述活动的设计步骤。

学习难点：根据讲述活动的设计要求、结构与步骤等，学会科学地设计讲述活动，并做相应的指导。

【思维导图】

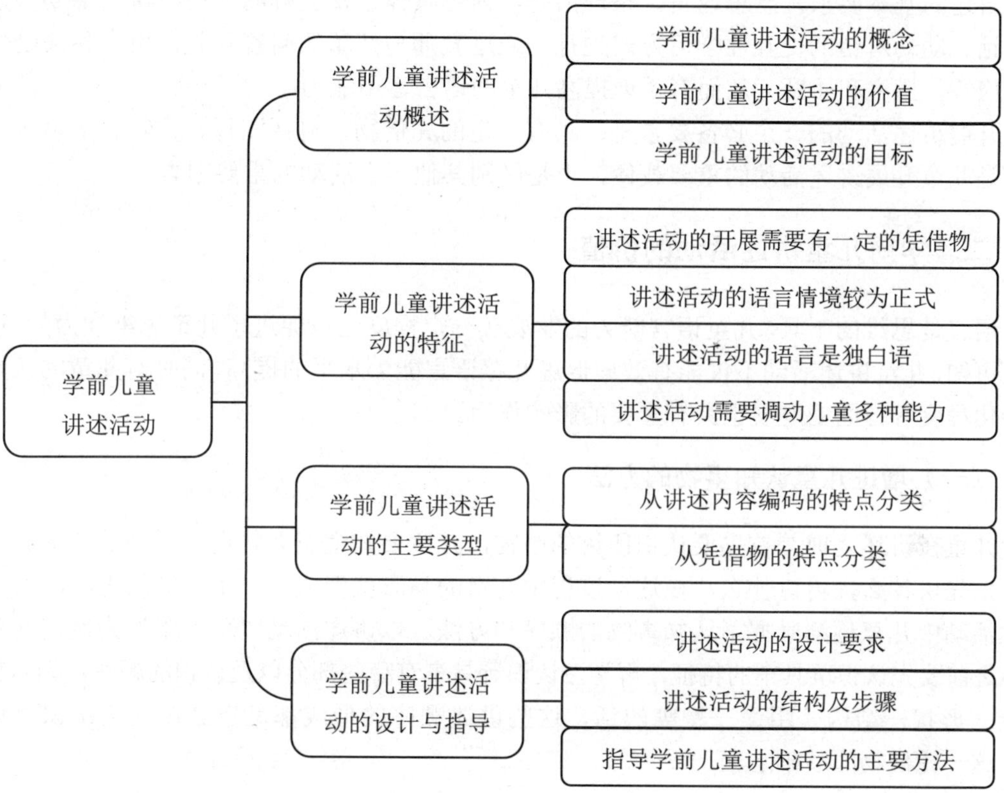

第一节　学前儿童讲述活动概述

讲述活动是学前儿童语言教育的一种重要组织形式，在学前儿童语言教育中扮演着重要的角色。但实际上，学前儿童讲述活动在幼儿园的组织与设计实践中问题仍然层出不穷，对其形成的原因进行深入剖析，就会发现，教师之所以在活动设计中出现这样或那样的问题，最重要的原因是教师对讲述活动的本质、特征及自身的一些规律认识不足。因此我们有必要对学前儿童讲述活动的一些基本问题深入进行探讨，以期达到提高学前儿童讲述活动效率的目的。

一、学前儿童讲述活动的概念

讲述是一种独白语言，要求讲述者独立构思并组织讲述内容，客观真实地表达对讲述内容的认识。学前儿童讲述活动是一种有目的、有计划培养儿童语言表达能力的语言教育活动。在儿童语言教育中占据着重要的地位，对儿童言语目的性、独立性、连贯性和创造性的发展具有重要的影响作用，与谈话活动相比，讲述活动对儿童的思维、记忆、想象等方面的能力要求更高。

讲述的基本要求是意思连贯，条理清楚，内容具体丰富、鲜明生动。讲述活动多以师幼对话、幼幼对话的交互性学习方式进行。通过教师与儿童的问答互动，引导和鼓励儿童积极应答、探究和质疑，从而有效地提高儿童的语言运用能力。

开展讲述活动的一个必备要素是：具有一定的凭借物，包括图片、实物、情境等。凭借物是儿童开展讲述活动的重要载体，也是区别其他语言活动的重要因素。①

二、学前儿童讲述活动的价值

语言是思维的工具，儿童语言能力的发展在一定程度上也促进了儿童思维能力的发展，由此可知，儿童讲述活动不仅能有效地促进儿童语言能力水平的提高，同时对儿童的认知、社会化程度等方面的发展也具有重要的影响作用。

（一）增进儿童认知事物的方法

儿童在讲述之前，首先要认识所讲的事物，儿童要知道怎么将自己看到的凭借物讲述出来，先讲什么，再讲什么，在这一过程中儿童的脑海就形成了一个大概的思路，所以在讲述活动中儿童逐渐掌握了认知事物的顺序和方法。以讲述活动“玩具车”为例，儿童在讲述之前要先认识玩具车的特征，再学习认识玩具车有哪些部分以及认识的顺序，如名称—颜色—形状—结构—用途—赞美的话，这些讲述顺序的形成都是建立在儿童认识“玩具车”这一凭借物的基础之上。

（二）发展儿童的思维和想象能力

儿童在开展讲述前，首先要观察和分析事物，了解事物发生、发展的因果关系，思考人物在不同状态下的思想感情。如在情境表演讲述时，儿童不仅要在表演后马上将内容讲述出来，还要记住人物、情节和人物的对话、动作以及事件发展的过程，根据情境中的人、事、物的分析，经过一定的推理、判断、分析猜测出人物的内心情感体验和心情，然后组织语言并表述出来，这对锻炼儿童的思维能力和想象能力具有重要的作用。

（三）锻炼儿童的独白语言能力

儿童的语言能力是在运用过程中发展起来的，发展儿童的独白语言是讲述活动的重要目标。在讲述活动中，教师为儿童提供一定的独白讲述的氛围和环境，儿童则根据自己已有的经验对事物提出自己的见解，并用连贯清晰的语言表达出来，让听者明白。在讲述中，儿童有机会在集体面前独自讲述自己的想法，通过自己的理解和构思将一事、一物、一个人讲清楚，儿童独白语言表述能力在这个过程中逐步得到发展。通过教师的语言指导，儿童表述的内容逐步达到完整、清楚，最后符合语言表述的基本要求。例如儿童独立讲出《胆小的老鼠》的故事，教师则通过提问“为什么说老鼠胆小？表现在哪里？”等引导儿童组织语言。

---

① 韩映虹．学前儿童语言教育与活动指导[M]．长沙：湖南大学出版社，2015：66.

（四）有效整合儿童的生活经验

儿童语言的发展可以拓展其认知范围，因为语言具有概括性和调节作用，这两者可以使儿童的认知加工逐步具有随意性和自觉性。相对来说，讲述活动对儿童生活经验的积累要求较高。首先，就凭借物来说。在讲述活动中，当需要讲述的凭借物一旦出现，儿童就需要快速提取已有的经验并聚焦到凭借物的某一点上，进行相关内容的讲述。[①] 其次，就主题来说。在讲述中，一旦确定主题，儿童就会迅速组织已有经验。将“听来”的内容“融入”讲述中，尝试对讲述内容进行拓展、解释或者验证，对与主题相关的内容进行整合加工，也就在讲述中整合了自己的生活经验。特别是在叙事性讲述中，儿童通过听他人叙事和自己叙事参与社会文化活动，事件与时间的交织使其积累大量的生活经验。

（五）促进儿童社会性的发展

《指南》提出，学前儿童语言教育要提高儿童独立构思与清楚完整表达的意识和能力，如在集体面前自然大方地讲述、能运用正确的语言内容和形式进行讲述等。儿童在讲述过程中会表达自己对人物的感受、情绪、认知和意愿，并且时常伴随丰富的肢体语言，如表情和手势等，这有助于儿童对情绪、情感的认知和管理，促进儿童良好品质的养成。同时，儿童的语言发展帮助他们表达对外部世界、他人和自己的认识，表达自己的愿望，从而促进儿童社会性的发展。

想一想

你还记得幼儿园语言教育目标的具体内容是什么吗？

三、学前儿童讲述活动的目标

讲述活动目标在学前儿童讲述活动中起着引领作用，讲述活动目标恰当与否关系着讲述活动质量的提升。因此教师应该从实际出发，制定科学合理、难易适中、注重导向性的儿童讲述活动目标。

（一）制定讲述活动目标的基本策略

在制定讲述活动目标时，需要根据一定的依据和结构来制定。

1. 制定学前儿童讲述活动目标的依据

学前儿童讲述活动的目标要有章可循，活动目标要具体，便于检测与评价。

1）依据《纲要》制定目标

《纲要》对儿童语言发展提出了明确的要求，为教师制定科学合理的语言教育目标提供了可操作的依据。教师在制定讲述活动目标时，应该将教育内容的各个部分、各个方面转化为儿童学习的语言教育目标。首先，认真阅读并理解《纲要》提出的要求，如“儿童的语言能力是在运用的过程中发展起来的”“儿童的语言学习具有个别化的特点”“教师与儿童的个别交流，儿童之间的自由交谈，对儿童语言的发展具有特殊的意义”等，要求教

① 李紫阳．幼儿园餐前讲述活动的价值探析[J]．山东教育，2018（32）：4-6.

师在进行语言教育时，要重点关注儿童交谈、倾听、理解、表达的能力，在运用中促进儿童讲述能力的发展。其次，教师还要认识和了解《纲要》对儿童讲述活动教育的内容，如“教给儿童本民族的语言符号系统，在我国主要是指现代汉语的语音、词汇、语法及表达方式等”“儿童学习运用语言，也包括语言能力的实践训练……”等。将《纲要》规定的内容和要求融入讲述活动教育目标当中，使《纲要》的要求更具体，更具有操作性。

2）依据《指南》制定教育目标

《指南》在语言领域中对不同年龄阶段的语言讲述活动提出了不同的教育要求，要求教师对不同年龄阶段的儿童提供不同难度的教育内容，并且《指南》是在遵循儿童的发展规律和学习特点、关注儿童身心全面和谐发展与尊重儿童发展的个体差异的基础上发展起来的，具有一定的时代性与科学性。教师在制定讲述活动的教育目标时，应以《指南》为教育目标。那么，在讲述活动的教育目标中应着重强调儿童对语言的运用能力，为儿童提供宽松、自由的语言交往环境，同时也要提高儿童情境判断和理解的能力、提高儿童的思维能力。在教育中尽可能使儿童语言的发展符合《指南》中提出的“认真听并能听懂常用语言；愿意讲话并能清楚地表达；具有文明语言习惯”三个方面的目标。

2. 讲述活动目标的结构

从儿童语言教育目标的结构来看，可以将儿童讲述活动目标分为纵向层次性结构和横向的分类结构。对于纵向结构，我们可以将儿童讲述活动的目标分为：总目标—年龄阶段目标—具体活动目标。对于横向结构，我们可以将讲述活动目标通过倾听、表述、语言习惯三大块来体现，而每一块又包括“知识与技能”“过程与方法”“情感、态度与价值观”三个维度。以表述为例，《纲要》中明确要求“乐意与人交谈，讲话礼貌”“能清楚地说出自己想说的事”。第一步我们需要先制定表述的总目标“乐意与人交谈，讲话礼貌，并能清楚地表达自己”。再结合学前儿童语言教育的实际，从“知识与技能”“过程与方法”“情感、态度与价值观”三个维度对表述的总目标进行分解。知识与技能目标——能用语言清楚地表达自己内心的想法，能主动与人交谈；过程与方法目标——在交流的过程中能使用文明语言；情感、态度与价值观目标——喜欢与人交谈，有礼貌地、注意力集中地讲述某事物。当然，学前儿童语言发展具有个体差异性，针对不同的发展水平，儿童目标的实现应有所侧重。

（二）讲述活动的总目标与年龄阶段目标

学前儿童讲述活动以促进儿童的发展为主要目标。也就是说，制定的目标一方面要适应儿童已有水平的需要，符合儿童语言发展规律，考虑儿童语言发展的个体差异，制定符合儿童已有的知识经验和学习能力的学习目标，也能够从儿童最近发展区出发，让每个儿童语言都能在原有的水平上得到进一步的发展。另一方面，目标应着眼于促进儿童语言讲述能力的发展，落实到学前儿童对讲述内容、语言形式和语言技能的掌握上，在儿童已有经验的基础上提炼目标。所以应该从儿童的年龄特点和发展水平出发，由浅到深、由易到难、循序渐进地提出教育目标。

1. 讲述活动的总目标

讲述活动是以儿童语言表述行为为主的语言教育活动类型。在讲述活动中，应着重培养儿童以下三个方面的能力。

1）培养儿童感知、理解讲述对象的能力

儿童讲述开始之前，首先要通过观察凭借物，利用概念、判断、推理等多种思维形式，获得对凭借物的认识。在这一过程中，儿童需要社会参与、协调与加工工作，并不是一种简单的听说活动。由此可见，讲述活动对儿童感知、理解讲述对象的能力具有重要的促进作用。

2）培养儿童独立构思与清楚完整表述的意识、情感和能力

讲述活动为儿童提供了独立构思和清楚表达的语言环境。在讲述活动中，儿童可以通过以下三个方面提高自身的语言水平。

（1）在集体场合自然大方地讲话。儿童在集体面前讲话的意识在 3 岁时开始萌生，并通过不断地学习得以发展。例如，儿童第一次在集体面前讲话时，他们的音量很小，动作忸怩、不自然，完全不像在游戏和个别活动时那样大方。在讲述活动中，通过教师的指导，儿童逐步学会如何在集体面前大声地讲话。在集体面前大声讲话，有以下几点要求：一是敢于在集体面前说出自己的想法；二是乐于与他人分享自己的观点，说话积极；三是在集体面前自然大方；四是说话大声，咬字清晰，语音、语调、语速正常。

（2）使用正确的语言内容和形式进行讲述。由于儿童的语言发展水平相对较低，特别是对小班的儿童来说，他们对连贯讲话都存在一定的困难，儿童在学习语言的过程中，难免会出现语音、语法、词汇方面的错误。因此，在讲述活动中注意要求儿童使用规范化的语言，引导儿童不断地纠正错误，以提高儿童正确使用语言内容和形式的水平。

（3）有中心、有顺序、有重点地讲述。以独白语言为主要表达方式的讲述活动提高了儿童有中心、有顺序、有重点讲话的意识和能力。有中心地讲述，指的是围绕主题进行讲述，不跑题、不偏题；有顺序地讲述，指的是儿童要学会按照一定的逻辑规律来组织表达自己的口语语言，增强讲话的清晰度、条理性；有重点地讲述，要求儿童抓住时间或事物的主要特征，传达最重要的信息。

3）培养儿童掌握对语言交流信息清晰度的调节技能

通过心理语言学的有关研究成果分析，我们可以知道儿童在运用语言与人交往的过程中，需要不断增长个体对交流信息清晰度的调节技能，以提高自身各方面能力。在讲述活动中，儿童可以通过以下三个方面提高对交流信息清晰度的调节水平。

（1）增强对听者特征的敏感性。对听者的敏感性指的是个体能根据听者的特征来调节自己的说话内容和形式，并让对方理解和接受，是提高交流信息清晰度的重要保证。4 岁前的儿童对听者的特征不敏感，其主要原因是这一阶段的儿童以自我为中心，儿童之间没有真正的交流，儿童既不注意别人说什么，也不关注别人是否在听讲。但是儿童对听者的敏感度可以通过教育的方式得到增强，儿童通过教师有目的、有计划的引导，他们的语言交流清晰度的技能在这一过程中会得到逐步的提高。学前儿童讲述活动就是通过让儿童在集体面前讲述具有条理性的内容，提高儿童对别人言谈的关注，思考自己与别人所说内容之间的关系，努力使听众对自己讲述的内容产生兴趣，并能为他们所理解。于是儿童就可能逐渐学会把握听者的特征，从而提高敏感性。

（2）增强对语境变化的敏感性。对语境变化的敏感性指的是儿童能根据语言环境的变化来调节语言表达方式，这也是保证交流信息的清晰度，促使听者理解讲述内容的重要方式。在学前儿童讲述活动中，要求儿童使用不同于其他场合的语言进行交流。因为在人的

交往中即使是在同一范围，其语境不同，那么说话的方式也就需要改变，这使得每一次具体的讲述活动都对儿童提出了感知语境变化的具体要求。在这一学习过程中，儿童感知语言变化的敏感性也得到了锻炼，儿童根据语言环境变化调节自己表达方式的能力也就得到了提升。

（3）增强对听者反馈的敏感性。对听者反馈的敏感性指的是儿童在运用语言进行交往时，儿童需要学习根据听者所做出反馈，及时调整自己的说话内容和方式，帮助儿童提高语言清晰度和交流效果的有意语用技能。掌握这一语言技能，需要儿童获取两方面的能力：一是及时发现听者的信号，捕捉讲话人的中心思想，并做出相应的反应。二是讲话人要能够根据听者反馈的信息对所说内容进行修正。对于学龄前的儿童来说，修正能力正处于初级阶段，当他们听到自己不理解的讲述内容时，他们的反应多半是沉默或是多次重复前面说过的话；当他们听到自己熟悉的事情时，儿童的反馈情况相对会较好，他们能根据听到的内容进行再编码，通过修正和解释，听者能听懂儿童的表达也多一些。

在讲述活动中，儿童要在集体面前大胆地说话，说话的语音、语调正常，句子完整，并且能在教师的提示之下，及时发现自己在讲述过程中的不足。还能够按照要求进行修补，最后提高儿童在讲述中集中注意力倾听对话的反馈，并根据反馈及时调整和修正自己的讲话内容，提高其灵活运用语言的能力。

2. 讲述活动的年龄阶段目标

教育家布卢姆说：“有效的教学始于准确地知道希望达到的目标”。因此，教师在实施儿童讲述活动之前应综合考虑各种资源和影响因素，确定有效的儿童讲述活动目标，以形成相应的讲述活动设计及教学策略。儿童的发展具有个体差异性，因此学前儿童讲述活动的目标设计要从儿童的年龄特征为出发点，以儿童为本，针对性地进行目标设计。以下是小班、中班、大班的讲述活动目标。

1）各年龄阶段儿童讲述能力的发展现状

（1）小班

- 学会倾听成人与同伴的讲话，能集中注意力倾听他人讲话并做出回应。
- 能听懂日常用语；词汇丰富，学会运用能理解的常用词（主要是名词、动词、人称代词和形容词）来交流。
- 愿意表达自己的需要和想法，必要时配以手势。
- 能用简单的句子讲出图片的主要内容。
- 能在成人的提醒下礼貌用语，讲话时注意力相对集中，能注视对方的眼睛。

（2）中班

- 在与他人讲话时，能有意识地提取与自己相关的内容。
- 能根据情境判断不同语音、语调所表示的不同意思，并且能根据情境的需要调节自己的音量、语音与语速。
- 儿童的词汇得到了进一步的发展，能够掌握和运用更多的名词、动词、形容词、代词，学会使用副词（如“非常”“目前”等）和连词（如“且”“和”等）大胆回答问题，能基本完整地讲述自己的所见所闻和经历的事情。
- 能用新学到的词汇融入自己的讲述活动当中，并且用较为完整的句子清楚表达自己的所见所闻和经历的事情。

- 能主动地使用文明的语言，不说脏话和粗话。

（3）大班

- 在他人讲话时能集中注意倾听，能主动回应他们的问答。
- 当听到自己不能理解和有疑问的地方时，能主动提出自己的困惑，并寻求解决。
- 能够结合情境理解一些较为复杂字形的句子，例如表示因果、转折、假设等类型的句子。
- 儿童的词汇更为丰富，最为明显的特征就是儿童掌握了大量的实词，学会描述事物时用不同程度的形容词（如“多的”“比较多的”“最多的”）来描述。
- 还学习了一些常用的虚词，如介词（如“为了”“除了”“自从”等）、连接词（如“因为”“所以”“如果”等）。
- 能用情感语言表达自己的心情和所见所闻，能有序、连贯、清楚地讲述意见、事情。
- 能比较完整和连贯地讲述图片的内容，说话态度自然，语病逐渐减少。
- 能根据对方的情绪变化调整自己的说话语气，并能根据环境使用恰当语言。
- 懂得讲话的次序，不会在别人讲话时随意打断。

2）学前儿童各年龄阶段讲述活动目标（见表 4-1）

表 4-1　学前儿童各年龄阶段讲述活动目标

小班（3～4 岁）	中班（4～5 岁）	大班（5～6 岁）
1．能有兴趣地运用各种感官，按照要求去感知讲述内容 2．理解内容简单、特征鲜明的实物、图片或主要事件 3．愿意在集体面前讲述 4．能正确地说出讲述内容的主要特征或主要事件 5．能安静地听老师或同伴讲述，并用眼睛注视讲述者	1．养成先仔细观察，后表达的讲述习惯 2．逐步学会理解图片和情境中展示的时间顺序 3．能主动地在集体面前讲述，声音响亮，句式完整 4．学习按照一定的顺序讲述实物、图片和情景的内容 5．能积极倾听别人的讲述内容，发现异同，并从中学习好的讲述方法	1．通过观察、理解图片与情景中蕴含的主要人物关系和思想感情倾向 2．能有重点地讲述实物、图片和场景，突出讲述的中心内容 3．在集体面前讲话态度自然大方，能根据场合的需要调节讲述的音量和语速 4．讲述时语言表达流畅，没有明显的停顿现象，用词、用句较为准确

【拓展阅读】

正确区分谈话活动与讲述活动

谈话活动和讲述活动是幼儿园语言教育领域常见的两种不同类型的活动。在幼儿园语言教育实践中，经常有教师将这两种不同类型的活动混淆，以致削弱了幼儿语言能力培养的效果。在这里，编者拟深入分析谈话活动和讲述活动的不同，帮助教师正确区分两种不同活动类型，以提高幼儿园教育质量。

一、两种活动混淆的主要表现

1．活动目标混淆

谈话活动和讲述活动是幼儿园语言教育领域的两种基本活动类型。它们虽然都是培养幼儿语言表达能力的基本途径，但是又各有侧重。谈话活动的目标是通过创造良好的语言环境，组织幼儿围绕一个中心话题进行交谈，借以指导幼儿学习倾听他人说话，帮助幼儿了解和掌握与他人交流的方式、规则，提高幼儿与人交往的能力。它的中心目标是提高幼儿与人交谈的语言能力。讲述活动的目标则是通过围绕一个凭借物（如图片、实物等），为幼儿创设不同于日常交谈的语用情境，组织幼儿积极进行命题性质的语言表述，以帮助幼儿逐步积累独立构思和完整连贯表述的语言经验。它的中心目标是培养幼儿独立构思、独立表述的独白语言能力。在幼儿园教育实践中，常常有教师在确定活动目标时忽视了这两种活动在活动目标上的不同侧重，造成活动目标混淆。例如，在看图讲述活动“礼物船”中，教师设计了下列目标：发展想象力，学会有序观察图片，提高专心倾听同伴讲述的能力。这一目标设计混淆了谈话活动和讲述活动，既没有凸显谈话活动重视培养幼儿倾听他人说话、习得与他人交流的方式和规则的目标，也没有显现出讲述活动对提高幼儿完整、连贯讲述能力的侧重。

2．活动方式混淆

谈话活动是教师引导幼儿围绕一个中心话题，在已有经验的基础上进行的互动交流活动。它通常要求交谈双方转换角色，轮流表达，及时反馈。而讲述活动是要求幼儿围绕一个凭借物独立构思，独立表达，强调表达要清楚、连贯，重点要突出，主题要鲜明。两者不应混为一谈。然而，在幼儿园教育实践中，常有教师在确定活动方式时出现混淆，借谈话活动之名行讲述活动之实，或者相反。例如，谈话活动“梦”有两个活动环节，先是教师组织幼儿分组讲述自己曾做过的梦，教师巡回指导，再是请部分幼儿在全体幼儿面前大声讲述自己的梦。整个活动都是幼儿讲述，教师巡回指导，鼓励幼儿将话说完整，要求幼儿表述连贯、具体等，看不到谈话活动应有的交流互动特色。

3．语言表达要求混淆

谈话活动和讲述活动最明显的区别在于对幼儿语言运用能力的要求不同。和讲述活动相比，在谈话活动中幼儿更加随意、自由，语言表达不强求规范、严谨。如果幼儿在谈话过程中出现发音不标准、用词不恰当、语法不规范等问题，教师不必刻意纠正，更不要让幼儿跟随教师进行多次重复练习，以免打击幼儿说话的积极性。教师可以用正确的表达方式看似随意地说一遍，暗示幼儿发现自己的错误，学习正确的表达。而讲述活动则要求幼儿语音准确、用词恰当、语法严谨、表达规范。在幼儿园教育实践中，常有教师忽略了谈话活动和讲述活动对幼儿语言表达要求的不同。例如，在谈话活动“假如我是孙悟空”的集体谈话环节，教师要求幼儿连贯表述孙悟空的本领。又如，在看图讲述活动“住所的变化”中，教师要求幼儿以接龙的形式描述图片中呈现的住所变化。

在幼儿园语言教育实践中，除了上述三个方面外，在语用情境创设、对凭借物的运用等方面也存在着谈话活动和讲述活动混淆的现象。例如，谈话活动要求创设一个相对宽松自由、能够畅所欲言的语用情境，而讲述活动则要求语用情境相对正式、严肃。然而，许多教师在实践中将两者混为一谈。

二、正确区分两种活动

为了更好地开展语言教育活动，发展幼儿的语言能力，教师有必要正确区分两种不同类型的活动，以便在不同活动中选择适宜的活动内容，选择适当的活动方式，培养幼儿语言能力的不同方面，最终促进幼儿语言能力的全面发展。根据上述分析，谈话活动与讲述活动至少在以下几个方面存在明显区别。

1．活动目标

谈话活动注重创设幼儿运用口头语言与他人交流的机会，其主要目标可以定位在：（1）提高倾听能力，并能及时从中捕捉有效的语言信息。（2）学习围绕一定的话题进行交谈，并能不断扩展谈话内容，层层深入，充分表达个人见解。（3）掌握基本的语言交谈规则，如选择适合个体角色的语言、轮流表达等，以提高语言交往水平。

讲述活动侧重于提高幼儿清楚、完整、连贯表述的能力，其主要目标可以定位在：（1）学习感知、理解讲述对象——凭借物。（2）提高独立构思与清楚完整表达的意识和能力，如在集体面前自然大方地讲述、能运用正确的语言内容和形式进行讲述等。（3）提高讲述调节技能，如针对听者的特征和听者的反馈等调整讲述方式。

2．活动方式

从活动方式看，谈话活动是在幼儿已有经验的基础上进行交谈，包括围绕某一主题的谈话活动和开放性的讨论活动等。而讲述活动则是组织幼儿针对一个凭借物（如图片、实物等）进行独立讲述，包括实物讲述、图片讲述、经验讲述等。相比较而言，讲述活动的计划性会更强一些。

3．对幼儿的语言表达要求

虽然谈话活动和讲述活动都要求幼儿进行口头语言表达，但是谈话活动比较宽松、自由，语言形式不拘，以说明想法为目的；讲述活动则需要幼儿运用独白语言，要求语言规范、严谨、有条理。虽说幼儿年龄尚小，但是他们在讲述活动中同样需要调动多种能力，如观察凭借物、提取已有经验、组织语言等，以便为未来进行正式的讲座、报告等做先期准备。

4．凭借物的运用

在讲述活动中，凭借物是幼儿讲述的基础。谈话活动有时也需要一些凭借物，但在这两种不同的语言活动中，凭借物的作用有所区别。

在讲述活动中，凭借物是幼儿讲述的依据，幼儿要运用语言描述凭借物。对凭借物的描述可以做内容方面的充实，但不能任意修改凭借物的主要特征。凭借物有限定幼儿讲述范围的功能。而在谈话活动中，凭借物的出现往往是为了创设一种谈话情境，以引出有趣的话题。在谈话活动中，幼儿只要不跑题，随便谈什么都可以，换句话说，可以在主题范围内尽情发挥。例如，在两种活动中呈现同样一组图片，如果是在讲述活动中，幼儿只需要用语言描述图片上的内容；而在谈话活动中，幼儿可以根据所呈现的图片，将自己看到的、听到的、想到的所有与之相关的内容都讲出来。

此外，讲述活动需要幼儿具备大量的生活经验。当凭借物出现后，幼儿要迅速搜索已有经验，逐渐聚焦到凭借物的某一点上，讲述相关内容。而谈话活动则侧重让幼儿做发散性思维。当幼儿看到凭借物后，要由一个联想到许多，充分调动相关生活经验，最大限度地丰富谈话内容。

讲述活动的语言表达是对凭借物的再现，因此要求幼儿以正规的独白语言进行描述，强调语言运用的准确性。谈话活动则是以凭借物为依托，旨在促成幼儿之间宽松、自由的交流，主要强调幼儿在表达时要言之有物，同时要重视与他人的互动交流。

三、两种活动的实施要点

综上所述，谈话活动和讲述活动在活动目标、活动方式、对幼儿的语言表达要求以及凭借物的运用等方面存在明显差异。教师正视这些差异，把握谈话活动与讲述活动的不同实施要点，合理设计并组织活动，有利于促进幼儿的语言发展。

1．谈话活动

在开展谈话活动时，教师可以引导幼儿围绕话题自由交谈，充分调动幼儿的已有经验，鼓励幼儿与同伴交流个人见解，促进幼儿倾听和语言表达能力的发展。在幼儿自由交谈时，教师一定要亲临谈话现场，让幼儿体会到教师对自己说话的重视。教师可以参与谈话，与小组或个别幼儿交流，并对幼儿的谈话进行必要的反馈和指导。与此同时，教师要仔细观察幼儿，了解幼儿的已有经验及个体差异，为进一步指导或推动活动的开展做准备。

教师还要注意引导幼儿逐步拓展谈话范围，向幼儿展示或帮助他们学习新的谈话技能，促进幼儿谈话水平的提高。所谓新的谈话技能，是幼儿要学习的谈话思路和谈话方式的总和。教师可以在与幼儿交谈过程中引入新的谈话思路，隐性示范新的谈话方式，让幼儿在谈话活动中潜移默化地习得新的谈话技能。因此，教师要特别注意思考自己“说什么”和“怎么说”，因为这会直接关系幼儿能否习得新的谈话技能，影响谈话活动的教育质量。

2．讲述活动

在开展讲述活动时，教师要注意引导幼儿感知、理解讲述对象，即凭借物，为之后的讲述做准备。在明确交代讲述活动的要求后，教师要为幼儿提供充分的机会和时间，让幼儿完整、独立讲述。在幼儿讲述期间，教师最重要的任务是注意倾听，发现幼儿的闪光点和问题。随后，通过示范、提示或讨论等方式引进新的讲述技能，帮助幼儿厘清讲述思路，学会新的讲述方式。

在讲述活动中，教师还需要为幼儿提供巩固和迁移新的讲述技能的机会，以帮助幼儿更好发展。例如，教师可以组织幼儿在学习讲述一个凭借物后，用同样的思路讲述另一个类似的凭借物，也可以引导幼儿在原讲述内容的基础上，换一种思路进行扩展讲述，还可以让幼儿尝试运用新的讲述方式重新讲述，等等。通过实际操练，可以促进幼儿讲述能力的不断提高。

资料来源：张明红．正确区分谈话活动和讲述活动[J]．幼儿教育，2011（09）：24-26．

第二节　学前儿童讲述活动的特征

讲述活动是幼儿园常见的活动，在活动中主要培养儿童的口语表达能力，锻炼儿童讲话的完整性与逻辑性，对锻炼儿童的思维逻辑能力和想象力具有重要的影响作用。讲述活动在组织过程中具有明显的独特性，主要表现为以下几个方面。

一、讲述活动的开展需要有一定的凭借物

学前儿童的讲述活动需要一定的凭借物，这是学前儿童讲述活动的独特之处。其主要原因是学前儿童的思维以具体形象思维为主，他们的所说、所想都与眼前的事物有着密切的联系，再加上本身的知识经验和生活经验积累不足，在讲述活动中为儿童提供凭借物，一方面为儿童讲述的内容和范围提供方向，另一方面有利于儿童厘清讲话思路，使其有话可说，讲述语言更聚焦，更具指向性。例如教师让儿童讲述“快乐的国庆节”，儿童就会按照图片所展示的内容叙述时间、地点、人物、事情的经过与结果以及自己的感受等，图片这一客体为儿童的讲述活动提供了讲述思路。儿童讲述活动中的凭借物多种多样，但都是与儿童生活息息相关，包括教师准备的或儿童为自己准备的图片、情景、实物或生活经验等，如表 4-2 所示。

表 4-2　讲述活动中的凭借物

凭借物的种类	常见凭借物举例
实物	植物、动物、玩具、生活用品、文具等
图片	绘本、印制或绘画的图片、照片等
场景	商场、电影院、菜市场等，包括户外场景和某一具体活动的情景等
多媒体课件	PPT、Flash 等
动画片	《黑猫警长》《小猪佩奇》《熊出没》《哆啦 A 梦》等
音乐	音乐剧、音乐情景等
绘画	教师自己绘制的图片、儿童与教师共同绘制的作品、儿童自己的绘画作品等
材料	纸盒、报纸、矿泉水瓶、回形针、积木等

（一）凭借物出现的原因

凭借物作为儿童讲述活动的独特要素，其出现主要是基于以下两个方面的需要。

其一，满足儿童学习的需要。儿童的记忆与成人的记忆不同，由于儿童已有经验和表象积累不足等实际情况的限制，导致儿童在讲述活动中不可能完全凭借记忆进行讲述，因此需要一定的凭借物，帮助儿童明确讲述要求，根据凭借物搜索记忆中的经验，从而促进儿童语言组织与表达能力的发展。

其二，学前儿童讲述活动具有集体性，无论人数的多少，儿童都需要在集体面前进行讲述，没有凭借物，儿童讲述的主题将会五花八门，无法集中讲述主题，讲述活动就难以开展。因此，组织讲述活动就需要运用一定的凭借物，明确讲述的中心内容，为儿童的讲述活动提供集体指向，让儿童在相同或相似的内容中构思、表述个人的见解，从而促进相互交流。

（二）谈话活动与讲述活动两者凭借物的区别

虽然凭借物是讲述活动的一个突出特点，但目前许多的谈话活动也存在类似的凭借物，也要求儿童围绕凭借物推动谈话活动的进行，那么这两种活动的凭借物有何区别呢？

1. 凭借物发挥的作用不同

在讲述活动中，儿童要用语言再现凭借物的内容，有什么说什么，语言可以稍加充实

和丰富，但是不能任意进行修改，也就是“所现即所讲”，对讲述的内容起到限制的作用。在谈话活动中，凭借物主要是引出中心话题，创设谈话情境，儿童只需要围绕这一主题进行谈话即可，内容不受限定，儿童的谈话可以在主题之内尽情发挥，此时的凭借物主要起到维持谈话主题的作用。

2. 对儿童思维的要求不同

讲述活动需要儿童在凭借物呈现了以后，尽可能地搜索以往的生活经验和感受，从而逐渐将凭借物组建到点、线、面或情节中，重视儿童对生活经验的积累。谈话活动的凭借物则侧重于发挥儿童的发散性思维。当儿童看到眼前的凭借物后，思维能够灵活跳跃，由一个联想到许多，充分调动相关的生活经验来最大限度地丰富谈话内容。

3. 对语言的要求不同

讲述活动是通过语言表达再现凭借物，因此重视儿童运用语言的准确性，要求儿童用正规的独白对凭借物进行描述。谈话活动的语言则是以凭借物为依托，促进儿童宽松、自由的交谈，强调言之有物地与多方进行信息交流。

二、讲述活动的语言情境较为正式

所谓的语言情境也就是语言的环境，它包括语言因素，也包括非语言因素。语言的运用与语境密不可分，语境对语言的理解有重大影响，从交际场合的角度来看，不同情境下所使用的语言不同，在一定的场合中说话、说什么和怎么说，既与这个场合所说的内容有关，还与这个场合中他人说话的方式方法有关。人们会根据场合的需要不由自主地调整自己的说话范围、说话方式和说话风格，以适应这一特定场合的要求。如果这是一个相当严肃的交际场合，参与说话的人就应当感受到这一语境的特点，则会用相对严肃的话题、方式和风格说话。

讲述活动的场合相比于宽松、自由的交谈而言，其场合比较正规，不仅要求儿童能在小组中发表自己的见解和看法，还要求儿童在集体面前用规范的语言大胆表达自己的认识。因此儿童在讲述活动中要较完整地构思谈话内容，有头有尾，逻辑清晰地表达，尽可能避免在讲述过程中出现东拉西扯，随意性太大的现象。例如，同样是谈论与秋天有关的内容，在谈话活动中，儿童可以随便谈论：“我看到树叶黄了，只要秋风轻轻地一吹，树叶就会落下，每到秋天老师就会带我们到户外捡起秋天的落叶，然后在美工区做成粘贴画，真好玩……”而在讲述活动中，儿童则要根据图片内容来说：“秋天来了，树叶变黄了，秋风轻轻地一吹，树叶就会随风起舞，真是好看极了……”总之，讲述活动必须要根据语言环境要求，针对具体语言凭借物的实际，组织语言表达的内容与方式，运用正规的语言风格说话。因此，学前儿童讲述活动要为儿童提供一种学习与运用都相对正式的语言场合。这种正式的语言场合主要表现在：第一，语言规范。这要求儿童在讲述时需要运用较为完整、连贯、清楚的语言。第二，环境规范。这要求教师在组织讲述活动之前，要精心设计和准备语言环境，鼓励儿童运用已有经验，使用较为规范的语言来表达自己对某人、某物的认识，进而培养儿童在集体场合清楚、连贯地表达自己见解的能力。

三、讲述活动的语言是独白语

讲述活动有别于其他语言活动最为显著的一个特点就是在活动中要求儿童使用独白语言进行表达。独白语是一种有组织的语言，它具有较强的连贯性、逻辑性和论证性等特点，并要求在语法结构上完整和严密。独白语又是一种随意性很强的语言，它是在大量内部语言的基础上进行的，要求讲话者在表达以前做出周密的考虑，并善于把没有特殊逻辑语法结构的、片断的和简略性的内部语言转化为外部语言，还要求讲话者把自己能明白的意思转化为展开的、具有规范语法结构的、能为他人理解的语言形式。独白语还是一种“表演性”很强的语言，它要求讲话者具有正确的“表演”意识和能力，注意在讲话时做到以情激情。① 其次，讲述活动是集体参与的，在交流中往往会出现一人讲多人听的现象，讲述的对象往往是不明确的，并且在讲述的过程中话语时间相对较长，且彼此间所说的一段话是相对独立、各自成篇的，在这样的语言交流环境中有利于促进儿童独白语的发展。

讲述活动中儿童独白语言中的口头表述的形成要经历这样的一个过程：从独立完整编码到独立完整发码。所谓独立完整编码，即儿童按照要表达的内容选择词汇、组成话语，这是由讲述活动的特性所决定的。讲述活动实质上是要求儿童独自完成一段完整话语的过程。例如，在讲述“快乐的中秋节”时，儿童要根据图片或者已有的经验在脑海中预设，先讲什么，后讲什么，用什么词，怎么讲，大致做一个“腹稿”，提炼讲述的重要事件与逻辑顺序，再组织凝练语言，最后在大家的面前讲出来。因此，讲述语言的要求比谈话的语言要求更高，它是建立在一般交谈语言的基础上进行再重组与整合，使话语更具完整性与逻辑性。

四、讲述活动需要调动儿童多种能力

在讲述活动中，儿童要对某一事物进行讲述。在开始讲述之前就要观察和理解凭借物，再借助对凭借物的认识和已有的生活经验，构思、组织独白语言，最后清楚完整地表达。但是讲述活动具有相对正式的语言情境，不同的讲述内容有不同的逻辑顺序和讲述方式，这些都要充分调动儿童的观察力、记忆力、想象力和思维能力等，通过多种能力的配合使儿童完整讲述，所以对促进儿童认知能力的发展、培养儿童的口语表达能力和发展儿童的思维能力和想象能力具有重要的影响作用。例如在图片讲述活动“贪吃的小老鼠”中，首先需要儿童运用观察和分析综合能力，观察图片，分析梳理图片内容，了解大致的故事情节；其次，需要儿童借助已有的生活经验和头脑中储存的词汇理解故事内容，对图片上都有谁、他们在做什么进行描述；最后，运用思维推理能力思考故事人物的内心世界与对话，思考画面的人物、背景、事件等诸多因素之间的联系，知道故事中小老鼠在干什么，它为什么要这么做，会发生什么状况，进行联想与想象。

4.1　讲述活动的特征

想一想

学前儿童谈话活动的特征主要是什么？

---

① 李军靠. 教师课堂独白语运用问题探析[J]. 教育探索，2006（4）：86-87.

第三节　学前儿童讲述活动的主要类型

讲述活动的应用类型对讲述活动的内部差异起到决定作用，探讨讲述活动的主要类型，将有利于讲述活动的设计与实施。讲述活动根据不同角度进行划分，其形式各不相同，主要从讲述凭借物和内容特点进行分类。

一、从讲述内容编码的特点分类

从讲述内容编码的特点来分，讲述活动可以分为描述性讲述、叙事性讲述、说明性讲述和议论性讲述四种。

（一）描述性讲述

描述性讲述，即用生动形象的语言把人物的状态、动作或物体以及景物的性质、特征具体描述出来。在学前阶段，儿童学习描述性讲述的重点在于初步尝试使用具体、生动、形象的词语说话，同时抓住事物的主要特征进行描述。[①] 例如讲述“我们身体里的‘洞’”，要求儿童具体描述我们身体的“洞”有哪些，是什么样的，它们的作用是什么，“洞”需要藏起来吗，为什么，等等。又如讲述“夏天的池塘真热闹”，要求儿童描述夏天的池塘里有什么，它们有什么特点，为什么池塘会这么热闹，自己看了照片以后的感觉是怎么样的，等等。其次，教师在描述性讲述活动中，要注意引导儿童观察情境中人物的细节和动作、心理的变化，根据情境的变化进行描述。例如，观察物体时侧重于整体形态与一些细节的特征。而描述人物时教师应聚焦在如何引导儿童抓住人物的主要特征上，循序渐进地帮助儿童分析情境中人物的心理。

（二）叙事性讲述

叙事性讲述也叫作经验性讲述，要求儿童用口头语言将人物的经历、行为或事物的发展变化过程讲述出来，在讲述过程中要求儿童将事情发生、发展的先后顺序说明白，并且要说清楚事件中的人物、时间、地点和事情发生的缘由。在儿童阶段，虽然儿童的叙事性讲述能力得到迅速的发展，但从整体上看儿童的能力水平还不是很高，因此学前阶段只要求儿童按顺序清楚简洁地讲述事件即可。儿童叙事的主题多种多样：可以是儿童生活中发生和经历的事件，如秋游、玩滑梯、吃粽子等刚刚发生的事件，也可以是已经发生一段时间的事件，如寒假里的春节趣事、暑假里的水上乐园的感受等，通过儿童的回忆、再唤经验进行讲述。儿童叙事性讲述有两种形式：一种是按照第一人称“我”的口气，把事情的经历和个人见闻讲给别人听；另一种形式是以第三人称叙事，讲述“他”“她”“他们”经历的事情。

---

① 张晴，刘巧云，贺晓琴，等. 语言障碍儿童讲述能力训练范式的设计[J]. 中国听力语言康复科学杂志，2016，14（6）：465-468.

（三）说明性讲述

说明性讲述，指的是在较正式的语境中使用简单明了的语言把事物的形状、特征、功能等解说清楚，具有简洁性、精确性、客观性、逻辑性等特点。从儿童阶段开始重视培养使用说明性语言进行讲述的能力，对儿童学习书面语言、发展语文素养有重要的意义。[①]《指南》对学前儿童表达能力的发展和培养提出了明确的要求，指出教师在语言培养中要注意发展儿童的以下能力：一是儿童愿意表达自己的需要和想法；二是儿童讲述要连贯；三是儿童能有序、连贯、清楚地讲述一件事情。[②] 综上所述，可以看出“有序”“连贯”“清楚”正是说明性讲述的核心经验和能力。因此在组织说明性讲述活动时需要引导儿童用简单明了的语言，把事物的形状、特征、功能等解释清楚。在说明性讲述活动中，要重视培养儿童准确使用规范的说明性词句的能力鼓励儿童以独白语言的形式进行说明性讲述，培养儿童理解说明性讲述的内容和组织方式的能力。因为说明性讲述不像描述性讲述需要使用生动形象的形容词来讲述，说明性讲述只需要表述清楚事物的状态，交代清楚其特点、来源即可。例如讲述“我爱我的卷笔刀”，儿童只需要说明卷笔刀是什么样的，是用什么材料做的，里面有什么，卷笔刀有什么作用，等等。

（四）议论性讲述

议论性讲述指的是以议论的方式为主进行讲述。议论是讲道理或论是非，议论性讲述是通过讲观点、摆事实来说明自己赞成什么或者反对什么。学前阶段，由于儿童的逻辑思维水平不高，议论能力还不够强，所以他们只能进行初步的议论性讲述。如讲述“我喜欢晴天还是下雨天”，儿童可以结合自己的生活经验及个人兴趣爱好摆明自己的观点，举例子说一说，自己究竟喜欢什么天气，原因是什么。这种讲述活动有利于提高儿童的语言逻辑水平，发展他们的逻辑思维能力。

二、从凭借物的特点分类

在讲述活动中使用什么凭借物，实质上是运用什么教育手段的问题，根据凭借物的特点可以将讲述活动的类型分为以下几种。

（一）看图讲述

看图讲述是指儿童要在观察和理解图片内容的基础上，以图片提供的线索为依据，运用恰当和完整连贯、有条理的语言表达图片内容的一种教学活动。这类活动教师提供的图片包括：教师自己制作的图片、边讲边绘画的半成品图片、人手一套图片以及印刷出版的图片等。看图讲述凭借物是一种平面的具象画面，是一种暂停形象，因此教师在指导儿童讲述时，需要帮助他们联想图片之外活动的形象和连接的情节。

根据图片的运用和对语言上的不同要求，看图讲述还可以分为以下几种。

---

① 文灵芝. 在科学探索活动中发展儿童说明性讲述能力[J]. 当代教育理论与实践，2014，6（12）：10-11.

② 中华人民共和国教育部. 3～6 岁儿童学习与发展指南[M]. 北京：首都师范大学出版社，2012：14-18.

1. 描述性的看图讲述

这种讲述方式不仅要求儿童观察图片中事物的主要特征，还要求观察图片的细节部分，并且运用自己储存的知识与经验分析事物之间的关系与联系，并用恰当的词汇与句子描述图片的内容以及描述对象的心理状态。

2. 创造性的看图讲述

创造性的看图讲述，一方面要求儿童讲清楚图片的主要内容和次要内容，并根据图片上的线索将内容编成简短的有情节的故事；另一方面还要求儿童发挥自己的想象力和创造力，创编出图片未表现的内容，并用连贯的语言表达出来。如创编出画面内容发生之前和发生之后的故事情节，编出无法在画面中反映的内容，包括：为什么（原因、动机）、怎么想的（心理活动）、情绪情感等。教师在组织此类讲述活动时，需要为儿童提供合适的讲述对象，除了图片外，还可以为儿童提供生活中常见的带有色彩、故事情节图片的物品，如文具盒、书包、卡通套餐等，为儿童进行故事的创编提供表象。

3. 排图讲述

排图讲述主要是通过给儿童提供一套无序的图片，让儿童根据画面的内容，结合自己对画面的理解与想象，拼出各种各样的画面，构成一个有情节的、完整的故事，并将故事情节在集体面前清楚地讲述出来，从而达到训练儿童判断和推理等思维能力的目的。在此过程中，教师给儿童提供同样的图片，但是不同的儿童可能会摆出不同的序列，主要的原因是儿童理解与思维结果的不同，因此他们所构编的故事也就千差万别。排图讲述的图片数量通常是2～6张为宜，图片内容和图片间的关联辨别度可逐渐加深。儿童在这种讲述中一般要涉及以下几个问题：什么图片该排在什么位置，为什么；排列后的图片上有哪些人物，在干什么，有什么特点；等等。由于儿童是根据图片的联系和规律进行排列，所以儿童在表达时会出现表示因果、递进、转折等意思的连词，如“不仅……而且……”等。这种讲述活动除了以集体形式进行外，还可以投放到活动区供个人或小组操作。

4. 拼图讲述

拼图讲述是看图讲述的拓展，在拼图讲述活动中，教师不是直接提供讲述的凭借物，而是向儿童提供各种构图材料，如塑料几何图形、吹塑纸做的各种形象、贴绒、立体图片等。其中有人物、动物、花草树木、天气情况、不同的地点等，以及一张大的背景图，儿童可以按照一定的主题，根据自己的兴趣与意愿将图片摆在背景图上，构成一个个完整的、有情节的故事，并将它们清楚地表达出来，这种方式既培养了儿童的口语表达能力，也锻炼了儿童的创造性思维。在这种讲述活动中，儿童可以自己独立拼图，也可以由几个儿童合作拼图并创编完整的故事，其形式灵活多变，充分发挥了儿童的主动性。在活动中，图片中的形象、场景的设置和故事的构思完全是由儿童的爱好和想象而定，符合儿童心理发展的特点，实现在讲述活动中动手、动脑、动口的目的。

5. 绘图讲述

所谓绘图讲述是将绘画、泥工、折纸等手工活动与讲述活动结合起来的一种活动。与拼图讲述相比，拼图讲述注重的是“拼”，也就是把老师提供的材料拼成一个完整的故事情节并进行讲述。而绘图讲述则需要儿童根据自己的生活经验，结合自己掌握的相关知识，独立构思，将材料绘成一个有情节的内容并讲述出来，它既保留了拼图讲述动手、动口、动脑的特点，又兼顾了面向全体、因材施教的长处，这对儿童的想象力、创造力、绘图能力和编构故事能力的发展具有重要意义。由于绘图讲述是由儿童自己制作的，因此刚开始开展这种活动时，可以分两次进行，由浅入深地提高儿童绘图与讲述能力。第一次活动主要准备绘制材料，如绘画、捏泥等；第二次活动安排讲述。等到儿童对这两种活动形式熟悉了以后，再将二者结合在一次活动中。但是要注意的是，对不同年龄的儿童要求应该有所区别，小班儿童允许他们先绘图后讲述，而中班儿童可以让他们边绘图边讲述，大班儿童则应该培养他们先讲述后绘图的能力。

4.2　看图活动讲述设计

（二）实物讲述

实物讲述是呈现实物引导儿童进行讲述的一种活动，它包括真实的物品、玩具、教具、动植物、日常生活用品和外在的自然景物等。这种讲述活动要求儿童充分调动自身的观察能力，感知、理解实物并将实物的基本特征、用途、使用方法等多方面内容清楚地描述出来。在日常教学中，实物讲述活动容易与科学教育活动相混淆，与科学教育活动相比，就儿童言语发展目标来说，实物讲述活动侧重描述、倾听等，而科学教育活动着重强调儿童对这种实物的认识。也就是说，实物讲述是在已经熟悉这种实物的基础上进行，以便为儿童进行讲述提供经验积累，如“菊花”讲述活动，就应该在儿童充分了解菊花的外形特征、颜色、味道、生长习性等方面内容后进行，否则教师就需要花大量的时间与精力引导儿童认识菊花的外形特征、颜色、味道、生长习性等，最后冲淡了讲述活动中的语言目标，导致本末倒置。

（三）情境讲述

情境讲述活动是指儿童通过对情景表演的观察和理解来进行讲述的一种活动，对儿童的观察力、注意力、记忆力、思维能力和想象力的发展具有重要的影响作用。情境表演既包括真人表演的情景、木偶表演的情景、真人与木偶共同表演的情景，也包括通过录像或计算机展示的情景等。在情境表演结束后，儿童在教师的帮助下，通过回忆马上将表演中的人物、情节、人物的对话、动作、事件的发展经过以及人物内心情感情绪的体验和心理动态准确地讲述出来，因此教师在进行情境创设时要充分考虑儿童的思维特点，从儿童的经验入手进行情境设计，尽可能让大部分儿童在短时间内能够看懂、看明白情景表演的内容，同时表演情节不能过于曲折复杂，角色也不需要追求量大与过于丰富，否则就会影响后面讲述的效果。由于这种讲述活动的难度较大，因此一般在小班后期或中班早期才开始进行。

（四）生活经验讲述

生活经验讲述是指儿童以个人的见闻作为主题进行讲述的一种活动，儿童需要将自己经历过的、见过的，具有深刻印象或者感兴趣的事情，围绕着一个主题，用完整、连贯、有条理的语言进行讲述，这要求儿童不仅具备较高的语言组织和概括能力，同时还要求儿童正确感受和理解社会生活、人与人之间的关系。[①] 这要求儿童根据自己的理解，将自己

① 卢伟．学前儿童语言教育活动指导[M]．3版．上海：复旦大学出版社，2013：101.

的所见所闻的事情通过整理加工，然后选用恰当的句子连贯地、有条理地叙述，有一定的难度，一般在中班、大班开展较为适宜。

第四节　学前儿童讲述活动的设计与指导

讲述活动的设计与指导是教师成功开展讲述活动的前提。作为一名教师，必须要知道讲述活动是如何开展的，讲述目标如何制定，讲述主题、内容如何选择，如何组织，采用何种方法，以便提高讲述活动的质量。

一、讲述活动的设计要求

在开展讲述活动之前，需要先对讲述活动进行设计和计划。讲述活动的设计要求主要从以下几个方面来体现。

（一）目标要求

一个活动设计得好坏取决于目标的确立是否准确、到位，重点是否突出。就讲述活动而言，在制定具体活动目标时，应注意以下几个方面。

1. 所确立的目标要准确、详细

教师所制定的目标一定要与本次活动的主要内容紧密相连，目标的制定尽可能做到细、小、实，克服套话连篇、形式主义的倾向。如这样制定目标："发展儿童的口语表达能力，锻炼儿童的思维能力"，这样的目标过于宽泛，针对性不足，应改为"能完整、连贯地表达自己的内心想法，能创造性地讲述画面的内容"等。

2. 所确立的目标要重点突出

在确立目标时，要重点突出"表述目标"。目标的设置不宜过多，2～3 条为宜，最多不超过 5 条，目标的设置重点和难点内容要突出，让人从目标中就可以了解到本次活动的重点和难点。如大班儿童拼图讲述活动"快乐拼拼图"可以这样制定教育目标：

（1）会使用七巧板拼图，并用完整的语言讲述自己拼的是什么。

（2）尝试在图形拼图的基础上添画及创编小故事，提高想、拼、画、讲的综合能力。

（3）积极参与活动，体验拼图讲述的乐趣。

3. 所确立的目标要全面

讲述活动的目标不但要重点突出，还要全面地反映本次活动的内容。在讲述活动中，不仅要考虑言语方面的目标，还要顾及其他方面的目标。如大班儿童看图讲述活动"花草树木笑了"的目标为例。

（1）能按照一定的顺序，用较连贯的言语、恰当的形容词描述对花草树木的认知和感受。

（2）敢在集体面前大胆地讲述。

（3）儿童在活动中能耐心地倾听他人讲述。

（4）在观察画面、理解讲述画面内容中，知道爱护花草树木的道理。

（二）内容选择的要求

在选择讲述活动的内容时，应注意以下几点。

1. 内容选择的多向性

在选择讲述活动的内容时，要尽可能地拓宽内容选择的范围，从生活中，儿童喜闻乐见的事物中选择有用的内容作为教材的补充，例如在图片讲述活动中，讲述的内容可以是日常生活用品中带有的图片、教师自己绘制的图片、打印出来的图片，还可以是儿童与教师一起绘制的图片，等等，由于这些图片内容较为新颖，又与儿童的生活息息相关，因此他们对这些图片很感兴趣，讲述的积极性也就得到了提高。

2. 内容选择要符合讲述活动的特点

讲述活动中语境较为正式，使用独白语进行讲述。对儿童来说，独白语初步形成，发展水平相对较低，因此教师所选择的内容篇幅不能过长，情节不能过于复杂。例如，教师不能用长篇图书作为儿童讲述的内容。此外，所选的内容还要适于儿童运用独白言语，例如，以下的一些选题就更适合于在谈话活动中进行："我们的活动室""我喜欢的书"等，因为这些选题没有固定的凭借物，话题形式自由。除此之外，儿童的讲述活动还与讲述的氛围和交往的环境有关，如果儿童能够在轻松愉快的讲述氛围中与同伴和教师进行交流，那么效果会更好，更能吸引儿童的语言表达。

3. 内容选择要符合儿童的身心发展特点

儿童的发展具有个体差异性，教师在选择讲述内容时要充分考虑儿童身心发展特点，要从儿童的知识经验和言语经验的发展水平出发慎重选择活动内容。具体来说，看图讲述活动图片的色彩要鲜明协调，人物形象突出，背景情节不宜复杂；图片内容积极健康，有助于对儿童进行品德和知识教育；等等。在生活经验讲述活动中，选择的内容应该与儿童的早期经验密切联系在一起，包括儿童家庭生活的经验、同伴交往的经验与学校和社会互动的经验，题目要具体、贴近儿童生活，如"我的奶奶"，在情景表演中，要注意情节不要太复杂，表演时间不宜过长，人物不要太多，对话简单，方便儿童讲述。

二、讲述活动的结构及步骤

讲述活动的设计和组织具有一定的规律。一般而言，讲述活动的结构包括以下几个步骤。

（一）感知和理解讲述对象

感知和理解讲述对象是开展学前儿童讲述活动的第一步，是指儿童通过感官获得对讲述事物的认识。教师在这一步骤中重点是指导儿童观察、感知和理解讲述对象，以便为讲述打好认识上的基础。儿童感知讲述对象主要通过视觉汲取资讯，无论是看图讲述、实物讲述，还是情景表演讲述，都需要儿童先仔细观察图片、事物、情景表演来了解讲述对象。当然也不排除从其他感觉通道获得认识，如听觉、触觉、味觉、嗅觉等。例如讲述活动"认识水果"，教师会先让儿童观察水果的形状，摸一摸水果的皮肤，尝一尝水果的味道，最后让儿童讲述自己的感受和经历。

在感知和理解讲述对象中，教师要把握好三个要点：第一，依据讲述类型的特点感知和理解讲述对象。不同的讲述类型有不同的活动目标，感知的重点和角度也不同，需要教师用不同的方式引导儿童感知和理解讲述对象。如叙事性讲述应重点感知、理解时间发生的过程顺序以及人物在其中的作用。描述性讲述重点观察物体或人物的状态、动作、特征以及像什么等。第二，根据凭借物的特点引导儿童感知和理解讲述对象。教师在组织观察活动时要抓住凭借物的特点引导儿童进行感知与理解。第三，依据具体活动要求的特点感知和理解讲述对象。每一次活动要求是不一样的，有时要求儿童学习有中心、有重点地讲，有时要求有顺序地讲。所以教师要根据活动的具体要求，指导儿童观察和理解。

（二）运用已有经验自由讲述

这是儿童自由发挥的阶段，教师要在儿童感知和理解讲述对象的前提下引导儿童运用已有的经验进行讲述，促进儿童经验的迁移。在这一步骤中，教师应尽可能放手让儿童自由讲述，给予儿童更多讲述的机会和时间，改变以往单一的活动组织形式，运用集体讲述、分组讲述、个别交流讲述等多种方式组织活动，提高儿童参与讲述的兴趣。教师在指导儿童开展这一活动时，需要注意以下几点：第一，在讲述前，教师需要明确讲述要求，提醒儿童要围绕感知和理解对象讲述；第二，在讲述中，教师需要注意倾听儿童讲述的内容，发现儿童的“闪光点”与不足之处；第三，在整个讲述活动过程中，教师要注意介入儿童讲述活动的时机，不需要给予儿童过多的干预性指导，而是需要安静聆听，在聆听中，教师可以适当运用插问、提问等方法引导儿童讲述，避免在活动中过度干扰，降低儿童讲述的积极性。

（三）引进新的讲述经验

经过上一步骤“开放性”的讲述之后，教师应将活动导入“收”的程序，为儿童引入新的讲述经验。新的讲述经验指的是讲述思路和讲述经验，它是每次讲述活动学习的重点。在这一环节中教师制定活动目标时，要考虑上次活动的重点、解决的问题、目的达成情况，并在此基础上给儿童提供新的讲述经验。新的讲述经验主要是指以下几个方面。

1. 讲述的思路

讲述的思路指的是教师在引进新的经验时，要帮助儿童厘清讲述的思路，促进儿童讲述活动的完整性和说话的条理性。帮助儿童将凭借物的基本内容讲述出来，避免在讲述中出现漏讲一些重要的人物、事件等现象。如在看图讲述“小红伞”中，教师可以按照这样的思路进行讲述：“请小朋友认真观察图片，看看故事发生在什么时间，谁在什么地方，发生了一件什么事，小兔在家里做什么，看到天空乌云密布，小兔会想到什么，做什么（你是怎么知道的）”等。

2. 讲述的基本要素

在讲述中，教师要帮助儿童厘清讲述的基本要素，即人物、时间、地点、事件的起因、经过以及结果等。相对于学前儿童来说，他们在讲述时，倾向于讲述显性的内容，对内隐的、需要推测的内容讲述得相对较少。例如人物的情绪变化、当时情境中的感受等。所以教师在讲述中要注意引导儿童重视这部分的内容，并将他们准确地表达出来，力求全面性。

3. 讲述的基本方法

讲述的基本方法主要是指观察、感知凭借物的哪些部分是重点内容，要多讲，哪些部分是次要内容，可以少讲。当然这种讲述方法对学前儿童分析、概括等思维能力的要求较高，因此一般在中班后期才开始培养。在实物讲述中，要教给儿童按照一定的顺序进行讲述的方法。此外，有些讲述活动教师可以用示范法、提问法、讨论法和评议法等引导儿童的讲述思路。

一般来说，引进新的讲述经验有很多种方式，归纳起来有以下几种。

第一，教师示范新的讲述经验。教师可以在儿童自己讲的基础上，提出新的讲述思路，引发儿童新的讲述经验，如大班儿童绘图讲述活动“美丽的花园”，儿童自己绘图讲述之后，教师可以在图画上增添小路、楼房、人物、动物等，构成一个合理的画面，丰富图画的情节，并将内容讲述出来，引导儿童再次丰富讲述内容。运用这个方法，教师要明白示范是为了给儿童提供讲述思路，而不是要求儿童一字不漏地模仿，以免挫伤儿童讲述的积极性和创造性。

第二，教师通过提示引进新的讲述经验。在这类活动中，教师在表面上顺着儿童的讲述内容，实际上通过提问、插问不断改变儿童的讲述思路，提供新的讲述内容，扩散儿童的讲述思维。例如，在情境讲述活动中，当儿童自由讲述后，教师通过提问：“小朋友，这个故事我们还可以怎么表演？给我们讲一讲，好吗？”

第三，教师与儿童一起讨论新的讲述思路。教师可从分析某一位儿童讲述内容入手与儿童一起归纳新的讲述思路。例如，讲述“菊花”，教师说：“刚才××小朋友讲得真好。他在讲述菊花时，是有先后顺序的，他先讲了什么？再讲了什么？最后讲了什么呢？小朋友先讲菊花的颜色；再讲花瓣的形状；接着讲菊花的味道；随后讲菊花开放的季节；最后讲菊花的作用与使用方法，对吗？……”教师说这段话时，边问边答和儿童一起分析讨论，帮助儿童理清讲述的顺序，引进新的讲述经验。

（四）巩固和迁移讲述经验

在讲述活动中，引进新的讲述经验是讲述活动的核心。但是，仅仅引进新的讲述经验，并不能保证儿童就能真正获得这些新的讲述经验，只有经过巩固性练习和迁移性练习，才能促使儿童讲述水平不断提高。接下来就要给儿童提供实际操练新经验的机会，巩固获得的经验。巩固和迁移新的讲述经验，有一些具体做法。

一是由A及B。当儿童学习了一种新的讲述经验后，教师立即提供同类不同内容，让儿童用A的思路去讲述B。例如，儿童已经学习了《狮子和兔子》的故事，教师可以提供类似的故事，如《黄鼠狼和小鸡》图片，让儿童运用讲述《狮子和兔子》图片中的思路：野兽一追捉小动物一小动物求救并逃跑一最后小动物……来讲述《黄鼠狼和小鸡》的图片：“有一天，一只小鸡在草地上捉虫子。突然，从树背后窜出了一只黄鼠狼，它吼叫一声，张开锋利的爪子向小鸡猛扑过去……这时刚好一个老猎人看见了，举起枪‘呼’的一声，把黄鼠狼打死了，小鸡被救了，老猎人把小鸡送回家了”。这样，儿童通过讲述同类内容不同对象的图片，巩固并迁移了已获得的讲述经验。

二是由A及A。在教师示范新的讲述经验并帮助儿童厘清思路后，让儿童尝试来讲同一件事、同一情景。例如，学习讲述《狮子和兔子》的故事后，让儿童开个小小故事会，向同伴、老师介绍故事情节。在这一活动中，教师要尽可能避免儿童绝对模仿和复述别人的话。

三是由 A 及 A1。也就是教师在原讲述内容的基础上，为儿童提供一个扩展或延伸原内容的讲述机会，使儿童的讲述经验得到创造性的运用。例如，儿童在学会讲述《狮子和兔子》图片的基础上，教师将图片中的狮子抓小兔、兔子奔跑、小鹿救小兔的画面制作成可移动卡片，并增加一些背景和其他角色，让儿童进行排图讲述。教师可启发儿童根据自己对图中故事的理解和想象将卡片进行排序，用不同的思路，从不同角度去设计其中的情节，做较广泛的迁移性讲述。

总之，在四个步骤的讲述活动组织中，有一个内在的完整的组织程序。每一次儿童学习新的讲述经验，都在每次活动中获得操练、实践，以及巩固、迁移，并且在下一次讲述活动中再次尝试运用。通过这种“滚雪球”的积累过程，儿童的讲述能力会不断得到发展。

4.3 讲座《讲述活动的设计与组织》【刘莲】

三、指导学前儿童讲述活动的主要方法

指导学前儿童讲述活动的方法多种多样，其中主要有以下几种。

（一）示范法

示范法是讲述活动中需要经常运用的方法。所谓示范法，就是教师对讲述的对象进行清楚、有条理、生动的描述，从而为儿童提供模仿的范例。

1. *示范法在讲述活动几个阶段的运用*

（1）学习新的讲述经验阶段：此阶段需要教师示范新的讲述经验，如讲述思路、基本方法等。

（2）集中倾听阶段：对不善于讲述的儿童提供帮助，如通过提问、插问引出儿童的讲述活动。

（3）在巩固和迁移阶段：教师可以在儿童迁移新的讲述经验时为个别儿童做示范，帮助他们顺利实现迁移。

2. *使用示范法的注意要点*

（1）示范性讲述要简明、生动、突出重点。首先，教师在开展讲述活动时要精心准备、重点突出、讲述详略分明、语言生动有趣、对话简短。其次，对于不同的讲述类型需要使用不同的示范方式，在看图讲述和生活经验讲述中，教师的示范性讲述要涉及人物、地点、事件、结果等诸多要素，既要做静态的描述，也要对人物对话、内心独白等动态进行描述；在实物讲述中，要重点讲述凭借物的外表特征、用途及功用，还要在讲述中渗透有顺序、有条理进行讲述的基本方法。

（2）示范性讲述不是样板。教师的示范性讲述只是为儿童提供一种思路、一种方法，不需要儿童完全模仿教师的讲述一字不差地复述出来。相反，教师应该鼓励儿童在模仿的基础上发挥自己的思维能力，围绕讲述对象对讲述内容加以创造，激发儿童的创新意识。

（3）示范性讲述形式要多样化。示范性讲述既可以由教师做，也可以由儿童做，还可以将儿童精彩讲述部分通过录音、录像的方式记录下来，以方便儿童在活动区活动中能反

复地听、反复地学习。

（二）提问法

提问是教学活动中最直接、最常用的一种师幼互动交流方式。在当前我国幼儿园教学中，教师提问仍然是教学活动中重要的教学环节。准确、灵活的提问有助于儿童理解讲述的对象，帮助儿童尽快获得新的讲述经验。

1. 提问法在讲述活动几个阶段的运用

（1）感知和理解讲述对象阶段。这个阶段一般以开放性提问为主，主要目的在引出讲述对象的同时帮助儿童感知与理解。例如，在讲述活动“好听的声音”中，就需要教师在播放录音前对儿童进行开放性的提问，如“小朋友，你们早上听到过的声音有哪些？”

（2）运用已有经验自由讲述阶段。这一阶段教师的提问就显得尤其重要。因为，在这一阶段教师可以通过提问的方式将儿童在自由讲述时的内容加以确定，防止儿童的讲述偏离中心。例如，在绘图讲述“我的家乡”时，教师可以这样提问：“你的家乡都有什么？是怎么画出来的？是什么形状？为什么会画它？”教师通过提问的方式大致确定儿童讲述的范围和内容，有效阻止儿童讲述时“跑题”的现象发生。

（3）学习新的讲述经验阶段。在这一阶段中，教师的主要任务是为儿童提供新的讲述思路，可以通过提问的方式对儿童进行启发诱导，让儿童在不知不觉中掌握新的讲述经验。在这一过程中教师要防止对幼儿的讲述进行直接的示范，阻碍儿童语言思维的发展。

2. 使用提问法的注意要点

（1）有目的、有次序地进行提问。提问时要注意紧紧围绕讲述对象进行，抓住主题，防止跑题。除此之外，提问还要重视问题的顺序性，应从整体到局部，从主要情节到次要情节，由浅入深，层层递进地提问。

（2）提问应照顾不同层次儿童的发展水平。儿童语言的发展具有个体差异性，因此，教师在提问时应该注意提问的层次性，应设置一些诸如“有什么”“在干什么”等相对简单的提问，还需要设置一部分有一定难度的问题，如拼图讲述中可以提问：“除像老师这样拼之外，还可以怎么拼？”又如看图讲述“气球飞起来了”中，可以这样提问：“最后谁救了小兔子？小兔子得救后会跟小鸟说什么？”这些问题有利于发散儿童的思维，促进儿童的想象力和逻辑思维能力的发展。

（3）提问后要多进行积极的回答。提问后的应答是教师重要的外显行为。教师对儿童的回答不仅需要及时的反馈，而且还需要进行具体的、鼓励性的积极应答，提问后的积极应答对儿童具有进一步的引导作用。[①] 在提问后的积极回应值得注意的是，教师的应答需要具体化，最好能够将应答继续引申到问题上并鼓励儿童主动质疑，在应答中发展儿童的质疑精神。

（三）提供讲述提纲

这一方法主要用于经验性讲述和创造性讲述，指的是教师规定儿童的讲述内容、要点和讲述的顺序。儿童的年龄不同，对其讲述提纲的要求也不同，5 岁多的儿童学习讲述时，

① 夏媛媛. 幼儿园语言教育活动中的有效提问策略[J]. 佳木斯职业学院学报，2015（9）：264-265.

如果离开提纲，可以不打断他的讲话，待其讲完，再指出其不连贯、不完整的地方。对6岁多的儿童，要培养其注意倾听教师提出的提纲的习惯，按提纲讲述。

（四）组织集体讲述内容

这种方法实质上是创编、续编故事的内容并进行简述，主要用于创造性讲述的最初阶段，看图续编故事和创编故事用得较多。做法是先让儿童三三两两地按照提纲讨论怎样讲好，然后教师请小组的代表把编好的内容讲出来。这种方法既有优点也有缺点，其优点就是带有一定的竞争性，能调动儿童的积极性，同时可以较自然地体验凭想象讲述，可发展儿童的想象力。这种方法的缺点就是在讲述中你一言我一语，言语表达缺乏一定的连贯性。

（五）评议法

评议法主要运用在自由讲述和集中倾听两个阶段。在自由讲述阶段主要评议儿童的基本讲述情况，为下一步学习新的讲述经验奠定基础。在集中倾听阶段进行的是具体评议，评出儿童讲述中有价值的部分，通过评析帮助儿童掌握讲述技巧。在评议中要注意以下问题。

第一，讲述活动需要及时进行评议，目的在于使儿童模仿教师肯定的某些讲述的特点。所以评议的着眼点不是在于肯定个别儿童讲述的优点，而主要是对以后的讲述产生影响，故评议一般不放在讲述活动结束时，应在儿童讲述后及时评议。

第二，评议的方式需要多种多样。评议可以由教师评，也可以由儿童相互评。在儿童相互评议时，教师要启发儿童发现别人讲得好的部分，从而为最后一个阶段（巩固和再学习阶段）奠定基础。

【案例分享】

农味飘香（大班看图讲述活动）

（一）活动目标

1．了解家乡的特色小吃，知道小吃的制作过程。

2．倾听教师的指导问题，能够注意倾听同伴的讲述。

3．运用已有的生活经验连贯、完整地表述。

4．尝试使用丰富的词汇进行讲述，学习在讲述中使用首先、接着、然后、最后的连接词。

（二）活动准备

1．邀请函。

2．讲述图片PPT、视频。

3．讲述活动需要的图片流程图。

做一做

选择你喜欢的主题，尝试设计一个讲述活动。

（三）活动过程

1．情境导入

（1）以邀请函作为导入对象，引起幼儿的好奇和兴趣，引导幼儿说出古镇有哪些美食，有什么特色，从儿童的生活经验出发引导儿童讲述。

（2）出示图片，引导儿童学习观察并简单讲述图片的基本内容。

提问：图片上是什么？在什么地方？这么多美味的小吃，你最喜欢吃哪个？说一说你为什么喜欢吃？你知道是怎么制作的吗？

2．经验回顾

让幼儿回忆已经开展了的农家乐活动，运用已有经验引导幼儿进一步认识食品的制作工序。

提问：我们参加过的农家乐活动中，也制作过一些古镇小吃，你们都做过哪些？

3．完整讲述

出示幼儿在农家乐的视频，引入小吃的制作过程。

（1）播放视频。在播放视频前设置问题：老师播放视频了，请小朋友看清楚，在视频中你们做了哪些小吃？

（2）结束视频。提问：刚刚我们在视频中做了哪些小吃？

4．讲述梳理

（1）说出美食节评委对小朋友做的美食的需求，激发幼儿讲述的兴趣。

① 提出需要选出小朋友做的食物参加美食节的信息，引起幼儿讲述的积极性。师：美食节上的评委说想从小朋友做的小吃中选出一种送到美食节给其他人分享。你们说选谁的食物最好呢？

② 提出评委的要求，引出幼儿对美食工序的讲述。师：美食节的评委说，想要参加他们的美食节，就必须要说一说你们的小吃是怎么做的，怎么做才会好吃，现在老师就请小朋友来说一说，请想去的小朋友举起你们的小手。

师：你做的是什么？是怎么做出来的？用的是什么材料？除了这个材料，我们还有什么材料？玉米粉可以变成什么？地瓜粉可以变成什么？米粉可以变成什么？

最后教师总结：小朋友们真棒，会做这么多古镇的小吃，但是我们在制作时，任何的米粉都要用温水，不能用热水，也不能用冷水，用热水会怎么样？用冷水会怎么样？

（2）展示美食的制作流程图，整体感知美食制作过程，引导幼儿有中心、有顺序地进行讲述。

① 集体讲述，教师出示流程图。师：刚刚老师把你们说的这些全都藏在了这本小吃大全里，根据流程图完整地说一说，清楚地告诉评委们，你做的小吃，首先做什么—接着做什么—然后做什么—最后做什么。

② 个别讲述，抽取小朋友进行讲述。师：有哪个小朋友愿意分享你做的小吃？请举起你们的小手。你做的是什么？是怎么做的？

教师小结：原来我们的食物需要经过这么多道流程才能做出来，它们一定很美味。

（3）对自己的食物进行宣传，帮助幼儿进行创造性讲述。

① 师：现在评委还在犹豫不知道选谁，你们推荐一下自己做的食物，做同一种食物的小朋友为一组，讨论一下推荐的理由。

② 讨论结束后，以小组的形式让儿童说出推荐的理由。为儿童的讲述提供轻松的语言环境，同时有利于促进儿童语言的进一步发展。

（四）活动延伸

师：我们的食物太棒了，让我们把它们全部带到美食节吧！

4.4 大班讲述活动 农味飘香教研课

案例评析

整个活动通过设置情境、经验回顾、完整讲述和讲述梳理四个环节，层层递进，锻炼学前儿童的讲述能力。通过情境导入，帮助幼儿回忆自己已经参加过的农家活动，引导幼儿说出古镇小吃的种类、小吃的特色，掌握小吃的制作，等等，帮助幼儿全面掌握讲述对象。通过支架搭建，提供凭借物——视频，为幼儿提供讲述的思路，教师还通过一连串填空式的提问，如“你做的是什么？是怎么做出来的？用的是什么材料？除了这个材料，我们还有什么材料？玉米粉可以变成什么？地瓜粉可以变成什么？米粉可以变成什么？”引导幼儿对语言进行构思，接着教师出示小吃制作流程图，引导幼儿使用连接词——首先、接着、然后、最后这些关联词进行完整构思，让幼儿有句可讲。

整个活动的设计层层递进，教师首先计划幼儿的兴趣，让幼儿根据自己的经验讲述自己感兴趣的古镇小吃，接着通过经验回顾让幼儿学习完整的语言，讲述小吃的特色及制作过程，然后借助教师提问、视频与图片凭借物做物理提升。最后以小组叙事性的讲述形式巩固和提升完整讲述的经验，教师通过这样层层递进的环节设置，引导幼儿在已有经验的铺垫下，学习和掌握新的讲述经验。

【本章练习】

1．在讲述活动中，感知和理解讲述对象的主要途径是（　　）。

A．观察　　B．表述

C．倾听　　D．情境表演

2．关于集体场合讲述的具体要求，以下说法不正确的是（　　）。

A．勇于在许多人面前说出自己的想法

B．乐于跟别人分享自己的观点

C．和平时讲话的音量、语调基本一样

D．在集体面前说话很大方

3．儿童语言讲述活动的最后一个步骤是（　　）。

A．引进新的讲述经验　　B．巩固和迁移新的讲述经验

C．运用已有的经验进行讲述　　D．感知和理解讲述对象

【真题再现】

（2012 年上）[单选题]

儿童时期的语言学习主要是（　　）的学习。

A．阅读训练　　B．书面语言

C．口头语言　　D．识字教学

【模拟测试】

1．幼儿园讲述活动有利于培养儿童有中心、（　　）和有重点说话的意识和能力。

A．有趣味　　B．有特色

C．有顺序　　D．有经验

2．在幼儿园的一日生活中有很多环节能够用来开展非正式的叙事性讲述活动，其中不包括（　　）。

A．日常交流中的叙事性讲述　　B．角色游戏中的叙事性讲述

C．过渡环节中的叙事性讲述　　D．集体教学中的叙事性讲述

3．在较正式的语境中使用简单明了的语言把事物的形状、特征、功能等解说清楚，这种讲述属于（　　）。

A．描述性讲述　　B．叙述性讲述

C．说明性讲述　　D．议论性讲述

4．幼儿园通常所开展的讲述活动一般应具备的主要特征不包括（　　）。

A．有一定的凭借物　　B．有相对正式的语境

C．旨在锻炼儿童的独白语言　　D．提高儿童学习书面语言的兴趣

5．讲述活动为儿童所提供的语境是（　　）。

A．相对随意的　　B．相对个人的

C．相对非正式的　　D．相对正式的

6．讲述的独白言语特性，要求儿童的口头语言表述经历一个（　　）过程。

A．从独立完整发码到独立完整编码　　B．从谈话活动到表述活动

C．从表述活动到谈话活动　　D．从独立完整编码到独立完整发码

第四章参考答案

【拓展阅读】

儿童叙事性讲述核心经验的学习

一、儿童叙事性讲述核心经验的构成

国外已有研究发现，儿童叙事水平主要包括叙事微观结构（microstructure）和叙事宏观结构（macrostructure）两方面。叙事微观结构主要指讲述所运用的词汇和句法结构，如句子总数、句子长度、词汇广度等；叙事宏观结构主要指内容的组织，包括叙事结构、叙事顺序、事件数量、叙事观点、清晰度等。由此，本研究从微观结构与宏观结构两个层面提出儿童叙事性讲述核心经验的三个构成要素。

（一）运用丰富的词句进行讲述

儿童在语言学习过程中积累了丰富的词汇，如名词、动词、形容词、副词等，以及多

样化的句型，如陈述句、疑问句、感叹句等。儿童进行叙事性讲述时，需要围绕主题选择恰当、丰富的词汇和句型清晰地进行表达，包括：说出事件中人、事、物的名称及关系，使用动词讲述人物的行为，使用不同句式进行讲述，运用形象的词句生动地讲述等。

（二）有条理地组织讲述内容

有条理地组织讲述内容，能更清晰地呈现叙事结构与叙事顺序，让听者了解事件发生的来龙去脉，具体包括：围绕主题讲述相关事件；交代清楚事件中的人物、背景、事件的发生、发展等；说明事件之间的关系；完整、有顺序、有重点地讲述；等等。

（三）感知独白语言的语境

叙事性讲述语言属于独白语言，需要讲述者独立构思并在集体面前清楚地表达。这就要求儿童能够感知在集体面前进行讲述与日常谈话中的说话是不同的，并且愿意在集体面前进行讲述，能清楚有效地传递信息，能借助简单的表情、动作、语气等形象地讲述，在讲述时能表达自己的观点以增强叙事的情感色彩等。

二、儿童叙事性讲述的教育指导策略

（一）把握各年龄段儿童叙事性讲述的学习与发展目标

儿童的叙事性讲述能力是随着儿童年龄、语言、认知等方面的发展而发展的，并表现出一定的阶段性特征。美国 Berman 等人的研究表明，2 岁左右的美国儿童开始和大人一起叙述过去生活中的故事和经验，但叙述内容较为简短，缺乏条理性，且依赖于大人的提示和帮助；3～4 岁的儿童能够在没有大人的协助下独立叙述，叙事内容能够提及两个以上的事件，还会使用表示时间的词语和指称语；5～6 岁的儿童能够叙述较长且完整的故事，并能用恰当的语言对事件与事件之间的关系进行说明。本研究对某一幼儿园小、中、大班各 3 个班级的 60 名儿童进行随机抽样调查，梳理了各年龄段儿童叙事性讲述核心经验的典型表现，如表 4-3 所示。

表 4-3　学前儿童叙事性讲述核心经验

3～4 岁	4～5 岁	5～6 岁
1．愿意在集体面前讲述 2．能说出事件相关的人、事、物的名称及简单关系，能讲述简单的行为动作 3．能围绕主题讲述发生了什么事 4．语句简短但比较完整	1．能大方地在集体面前讲述 2．能基本完整讲述自己的所见所闻和经历的事情，语言比较连贯 3．能围绕主题讲述几个相关事件，有顺序地讲述 4．能使用几种不同的句式讲述 5．能简单讲述人物心理和对话 6．能使用形象的词句讲述，并能借助表情和动作形象表现	1．能有序、连贯、清楚、完整地讲述一件事情 2．能围绕主题讲述清楚几个事件及其关系，有重点地讲述 3．词句丰富，关注描述细节 4．讲述时能使用常见的形容词等修饰成分，语言比较生动 5．讲述中能表达自己的观点和评价

教师必须了解与分析各年龄段幼儿已有的叙事性讲述核心经验水平，在此基础上，根据幼儿的不同特点与发展需要，明确幼儿叙事性讲述核心经验的学习与发展目标，循序渐进地促进幼儿叙事能力的发展。

（二）创设叙事性讲述的语言运用情境

幼儿的语言能力是在运用的过程中发展起来的。因此，教师应抓住幼儿园一日生活中的各种契机，为幼儿创设学习与运用叙事性讲述的语言情境，让幼儿在宽松而真实的情境中积累叙事性讲述的经验。

1．在日常交流与游戏中引发幼儿叙事

在日常交流与游戏中，教师也可以为幼儿创造叙事性讲述的机会：与幼儿聊聊正在做的事情或玩的游戏；聊聊周末发生了什么有趣的事情；询问幼儿某件事情的经过……在这样的过程中，不仅让幼儿有机会学习教师运用的叙事语言，同时为幼儿提供了叙事性讲述的机会，为促进幼儿叙事性讲述核心经验的学习与发展奠定了基础。

2．在图画书阅读中引导幼儿叙事

图画书讲述对幼儿叙事讲述能力的发展有着积极的影响。在幼儿阅读图画书的过程中，教师可以鼓励与引导幼儿独自叙述图画书的故事内容，如说出图画书中的人物及其关系；描述人物的动作及表情；猜测角色的心理和对话；叙述图画书中的故事情节；表达对图画书中人物或事件的观点；续编或创编故事；等等。教师可以每天让 1～2 名幼儿在集体面前介绍自己最喜欢的一本图画书，还可以在阅读区活动中引导幼儿与同伴分享图画书。

3．开展叙事性讲述的专题活动

教师可以选择幼儿感兴趣的、有丰富生活经验的内容，利用幼儿园一日活动的过渡环节，如晨间、就餐前后、午睡后、离园前等，开展叙事性讲述的专题活动。如“报告新发现”“每日趣闻”“有趣的旅行”“图书推广会”“故事大王比赛”等，每天由不同的幼儿轮流进行讲述，为每个幼儿提供在集体面前叙事讲述的机会。

4．开展叙事性讲述的集体教学活动

叙事性讲述集体教学活动是一种有目的、有计划地培养幼儿叙事语言能力的教育活动。幼儿园常见的叙事性讲述集体教学活动主要包括看图讲述活动和情境讲述活动。教师可以选择幼儿感兴趣的图片或木偶戏、皮影戏、无声动画等表演情境作为叙事性讲述的凭借物，在分析幼儿已有叙事性讲述经验水平的基础上，设定发展目标，引导幼儿在活动中学习与运用相应的讲述经验进行讲述，帮助幼儿获得更高层次的叙事性讲述经验。

（三）搭建有效的支架策略

支架理论是由美国著名心理学家与教育学家布鲁纳等人在吸收并发展俄国心理学家维果斯基“最近发展区”理论的基础上提出的。支架理论认为，儿童的学习既是一个主动建构的过程，也是一个需要成人适时适当介入，提供支持和帮助的过程。“支架”就是用来支持幼儿学习的一种教学策略系统，它提倡根据幼儿的发展需要和身心特点采用有效的教学策略，因而被广泛地运用到幼儿园的教育教学活动中，是一种适宜且有效的教学干预方式。因此，幼儿开展叙事性讲述的过程中，教师可以运用提问与材料帮助幼儿搭建有效的支架，促进幼儿叙事性讲述核心经验的学习与发展。

1．通过提问引导幼儿独立构思与语言表达

提问是幼儿叙事讲述过程中成人发挥支架作用的一个非常关键的策略。研究发现，“母亲在共读时多提具体细节的问题，儿童复述故事的成绩就更好”。因而，幼儿进行叙事性讲述时，教师应精心设计提问，以帮助幼儿构思与表达。

一方面，通过提问帮助幼儿构思叙事性讲述的具体内容，包括人物、事件背景、事件发展过程等。例如，幼儿讲述“有趣的旅行”时，教师可以设计提问：“你和谁一起去旅行？去哪儿旅行？发生了什么有趣的事情？”引导幼儿围绕讲述主题组织具体的讲述内容。再如，在大班幼儿看图讲述活动“奇怪的洞”中，教师引导幼儿讲述六张图片故事时提问：“小老鼠来到了哪里？发现了什么？小老鼠为什么要钻进去？最后发生了什么？”

另一方面，通过提问引导幼儿生动形象地开展叙事性讲述。教师不仅可以通过提问提示幼儿对细节进行描述，也可以通过提问引发幼儿猜测人物的心理与对话，还可以引导幼儿表达自己的观点与评价，使幼儿的叙事性讲述更加生动形象，增强情感色彩。如在中班幼儿看图讲述活动“大狮子和小老鼠”中，教师引导幼儿观察第二张图片时提问：“狮子放了小老鼠吗？小老鼠获救后，心情怎么样？他会对大狮子说什么？大狮子是什么表情？他为什么哈哈大笑？他可能会说什么？”这样能帮助幼儿在接下来的完整讲述中，加入角色表情、心理、对话的内容，使叙事性讲述更加生动有趣。再如，在中班幼儿看图讲述活动“猴子学样”中，教师围绕目标中“重点讲述角色的动作与表情”提问：“图片中老爷爷与小猴子之间发生了什么事？老爷爷和小猴子的动作、表情是怎样的？”幼儿在教师提问的提示下，能重点观察到角色的动作与表情，并尝试着讲述出来。

2．运用材料帮助幼儿学习与巩固讲述经验

教师在叙事性讲述时为幼儿提供图片、手偶等操作性材料，不仅可以增加讲述的趣味性，还可以帮助幼儿学习与巩固新的叙事经验。例如，在大班幼儿看图讲述活动“奇怪的洞”中，教师给每个幼儿发放故事图片和对话框，引导幼儿边操作对话框，边讲述图片故事，巩固讲述角色对话的经验。再如，在大班幼儿看图讲述活动“父与子”中，教师可以提供爸爸和儿子的手偶材料，让幼儿边操作手偶，边模仿爸爸和儿子的语气，有感情地进行叙事性讲述。

资料来源：宋苗境．幼儿叙事性讲述核心经验的学习与探索[J]．东方宝宝（保育与教育），2015（12）：48-50．

第五章　学前儿童听说游戏

【本章导读】

《纲要》中指出："创造一个自由、宽松的语言交往环境，支持、鼓励、吸引幼儿与教师、同伴或其他人交谈，体验语言交流的乐趣，学习使用适当的、礼貌的语言交往。""语言能力是在运用的过程中发展起来的，发展学前儿童语言的关键是创设一个能使他们想说、敢说、喜欢说、有机会说并能得到积极应答的环境""要鼓励幼儿大胆、清楚地表达自己的想法和感受，发展儿童语言表达能力和思维能力。"听说游戏的教育目标以培养儿童倾听和表述能力为主，符合《纲要》中的要求，活动内容主要集中在儿童听和说的理解和表达方面。听说游戏是为培养儿童倾听和表述能力而专门设计的，用游戏的形式组织的语言教育活动。

本章从听说游戏的概述出发，主要从三个方面入手，首先介绍了学前儿童听说游戏的概念和作用；其次，讲述了学前儿童听说游戏的特征以及主要类型；最后，讲述了如何进行学前儿童听说游戏的设计与组织，将理论运用于实践中。

【学习目标】

1．初步了解和掌握学前儿童听说游戏活动的概念，语言游戏与听说游戏的主要区别；了解幼儿园听说游戏的分类及教育作用。

2．理解学前儿童听说游戏的特征和主要类型。

3．能够设计幼儿园听说游戏活动方案并组织实施，熟练掌握上课基本环节。乐于将自己的设计思路和组员进行分享，愿意参与听说游戏活动的模拟实践。

【学习重点与难点】

学习重点：能够设计幼儿园听说游戏活动方案并组织实施，并能熟练运用到实际教育活动中。

学习难点：理解学前儿童听说游戏的特征，乐于将自己的设计思路和组员进行分享，愿意参与听说游戏活动的模拟实践。

【思维导图】

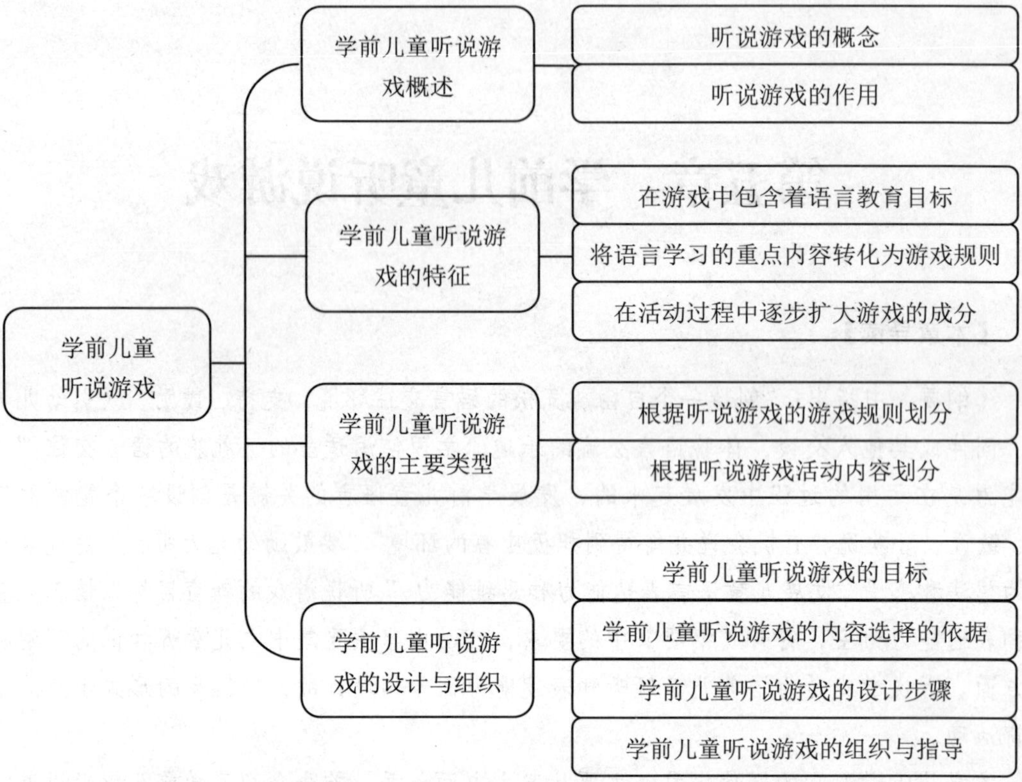

【情境导入】

认识五官（小班听说游戏）[①]

一、活动目标

1．大胆练习“鼻子”“眼睛”“嘴巴”“耳朵”“头”的准确发音，学习句子“这是我的×××”“这是什么”。

2．能较准确地理解语音和实物的对应关系，能听到指令并准确地找到对应的五官。

3．能积极地参与到听说游戏“认识五官”的活动中，喜欢在自主游戏中尝试并创造新的游戏玩法，同时，能增强遵守游戏规则的意识。

二、活动准备

认识五官的音乐，用于涂五官的娃娃头像每人一张。

三、活动过程

1．谈话导入

教师：（教师出示缺少五官的娃娃图像）小朋友们，你们看看这个娃娃缺少什么？我们来帮帮他，大家说，我来贴。

贴好后，教师说：“这个娃娃很开心，今天就带领大家玩一个游戏。”

① 资料来源于河南省信阳学院幼儿园王文文老师的执教。

2．基本过程

（1）教师讲解“认识五官”游戏规则，并示范游戏玩法和规则：教师说“眼睛”，小朋友们就很快地指眼睛；教师说“嘴巴”，小朋友们就很快地指嘴巴。每次都指对的小朋友，教师就请他上来和教师一起玩。

（2）引导小朋友尝试游戏，孩子们依次进行游戏，教师说“眼睛”，请全班小朋友像教师一样指着眼睛，教师任意说出五官，让小朋友们练习，教师巡回指导。

（3）组织小朋友们自主游戏，两人一组，一名小朋友说五官的名称，另一名小朋友指出五官。

3．介绍游戏新玩法

教师：一名小朋友说眼睛、耳朵、鼻子、嘴巴，另一名小朋友边指边说“这是眼睛”“这是耳朵”“这是我的眼睛”“这是我的耳朵”。如果答错了或指错了，小朋友就相互交换，游戏重新开始。

4．游戏结束

小结游戏活动，并播放音乐，在音乐中孩子们给娃娃涂五官。

5．活动点评

（1）儿童能够遵守游戏规则并积极地融入游戏中，有利于促进儿童的注意力发展。

（2）根据儿童自身发展的条件，再加大游戏的难度，增加了游戏的自主性，也发展了儿童的语言表达能力。

在上述这个听说游戏案例中，教师一定要引导儿童进入角色，营造游戏气氛，达到创设游戏情境的作用，同时，要注意向小朋友们介绍游戏规则时，一定要清晰明了。在这个典型的听说游戏案例中，我们能感受到听说游戏的基本结构，具体有哪些呢？让我们一起开启本章的学习吧！

第一节 学前儿童听说游戏概述

一、听说游戏的概念

听说游戏是一种特殊形式的语言教育活动，与通常我们所理解的游戏有较大区别，在此需要明确一下听说游戏的概念。

严格地说，听说游戏不是儿童自发组织的游戏，而是由教师设计组织的、儿童有兴趣自愿参加的教学游戏。如果仔细推本溯源，游戏这个名词尽管有多种定义和分类方法，在英文里却有 play（游戏）和 game（规则游戏）两个不同的概念。广义的游戏（play）包含了角色游戏、结构游戏、表演游戏和规则游戏等，狭义的游戏则将规则游戏（game）排除在外。而我们所讨论的听说游戏恰恰是由教师设计来组织儿童学习语言的规则游戏。若将它归属于游戏的话，也只能列入规则游戏的范畴之内。听说游戏，我们认为它具有游戏的特征。根据美国游戏研究专家诺伊曼（Neuman，1975）的观点，游戏与活动的基本区别主要在于以下几个方面。

（1）是否由主体内部控制。活动由外部控制，而游戏则是由内部控制的特征。

（2）真实性。活动具有真实的特点，而游戏在很大程度上是假想的现实，游戏中的人、事、语言均有假扮转换的可能。如将木棍当成枪，或扮演动物、小朋友的角色，等等。

（3）是否由主体内部产生动机。活动是由外部动机产生的，是教师组织安排儿童参加的，而游戏则有明显的内部动机，由儿童自发地开展和参与。但是毫无疑问，听说游戏的教育活动提供了由外部控制转向内部控制、由真实转向假想的情境条件，也提供了儿童在活动中由外部动机激发转换为内部动机的机会。

由此，我们可以明确“听说游戏活动”与传统意义上的“游戏”的区别，其表现主要有如下几个方面。

第一，由教师设计的半活动半游戏的教学形式。听说游戏是语言教学的游戏，而不是语言游戏，语言游戏是指儿童在语言发展过程中自发地玩弄和操练语音、语词的一种现象。例如，一名6～7个月的健康正常的婴儿，独自玩耍时，心情非常舒服愉快，有时嘴里会发出一连串的音节“a-ba-bo-a-bagu-bei-bigu”。又如，一名3～4岁的儿童在与同伴一起游戏时，嘴里念念有词地拿同伴的名字为题说：“张鑫豪是一只小猫，小猫、小猫、小猫猫，猫妈妈骂小猫，小猫呜哇、呜哇、哇哇叫。”这些口头语言游戏带有明显的自发言语的特点，有玩弄操练口语的性质，并且是无意义的、非具体指向性的语言活动，这种语言现象很大程度上带有自娱自乐的意味，符合游戏的主要特征。

两者进行比较发现，听说游戏由教师设计组织，有清晰的语言学习指向目标，有明确的语义内容，因而与上述的语言游戏定义有很大差别，只能将它称之为语言教学游戏。

第二，以培养儿童倾听和表述能力为目标的语言教学游戏活动。在区分了听说游戏与其他游戏的差别之后，我们可以认为，听说游戏的教育目标以培养儿童倾听和表述能力为主，活动内容主要集中在儿童听和说的理解和表达方面。听说游戏是为培养儿童倾听和表述能力而专门设计的，用游戏的形式组织的语言教育活动。

第三，由教师组织的规则游戏。儿童自发游戏的规则往往可以内隐于行为过程中，也可以是游戏本身的显性规则，且随意性较大。而听说游戏活动属于儿童规则游戏的其中之一，其规则是由教师根据具体的语言教学目标设定的，儿童在游戏中必须遵守。听说游戏的规则有助于提高游戏的趣味性，并促使儿童付出一定的努力按照规则实现自己的目标。例如，小班“买东西”的游戏规则为：儿童要能正确说出自己要买的东西名称，才能获得要买的物品；如果发音不正确，要请其他小朋友帮助，重新发音正确后，才能获得所要买的物品。

二、听说游戏的作用

听说游戏的作用具体体现在其教育目标上，既然是教师设计组织的教学规则游戏，其教育目标也很明确，具体表现在听和说两个层面上。

（一）听说游戏活动语言教育目标的结构分类

1. 倾听能力的培养

“倾听”是对他人口头语言的有意识、有分析地听，是儿童感知世界和理解世界思想的一种基础语言运用能力。在学前教育阶段是进行儿童语言教育的启蒙阶段，对儿童进行倾听行为的培养、指导，有助于学前儿童了解语言内容，提高其语言运用技巧和交际能力。

学前儿童的倾听能力是随着年龄的增长而逐渐发展的，具体表现在：从无意识到有意识倾听转变；对倾听内容的逻辑分析能力不高；对所听内容的理解有所进步，可以联系上下文的意思进行倾听。这些表现决定了教师对儿童倾听能力的培养应着重于汉语语音、语调及语义的基本理解层面，帮助儿童逐步建立起倾听技能。

儿童倾听能力分类如下。

（1）意识性倾听，即按照预定目的，运用语言思维，保持并集中注意力去倾听。

（2）目标性倾听，即根据语言目标，探寻结果的倾听。

（3）辨析性倾听，即分析语言内容，具有逻辑的倾听。

（4）理解性倾听，即把握语言信息，连接前后文，联系语境的倾听。

（5）判断推理性倾听，即运用逻辑思维推断事物结果的倾听。

2. 表述能力的培养

“表述”是儿童有意识、有目的、有方法地说，是儿童运用特定语言内容、语言形式及方法进行表达和交流的行为。表述能力的培养是学前儿童语言教育目标的重要组成部分。

在学前儿童语言习得阶段，学习正确恰当的口语表达，从语音、语法、语义以及语用四个方面掌握母语的表达能力是儿童表述能力发展的重点。儿童语言表述能力的发展趋势如下。

（1）从口头到书面，从随意到规范。例如，儿童从说“我要吃瓜瓜”到“我要吃西瓜”或“请给我西瓜吃”。

（2）从语音到语义，从模仿到理解。例如，儿童从会喊“爸爸、妈妈”到理解自己与爸爸、妈妈之间的关系。

（3）从语词到句型，从零碎到完整。例如，从“药药、苦、不吃”到“因为这种药味道很苦，所以我不想吃”。

（4）从个人到集体，从独自说话到交谈。例如，从自言自语到自如大方地跟别人对话以及在集体中与更多的人进行语言交流。

3. 听与说的结合

《指南》的语言发展目标中将倾听与表述能力同时培养，事实上，听和说两种技能的培养是同时进行、密不可分的，听说游戏大致可以采取以下两种结合方式。

（1）先听再说：先听语言材料或他人说话，再根据教师的活动规则按照一定的语言形式进行口语表达。

（2）听说交替：游戏情节需要听，教师就根据听的内容决定说的内容；再根据说的内容及时更新听的目标，循环往复，从而加深对语言信息的理解，提高语言表达能力。

例如，听说游戏活动往往可以结合起来形成“听音传话”游戏，就是老师让一位小朋友说一句话，然后让小朋友们依次往下传，再通过最后一个小朋友所说的话来判断所传语句的准确性。

（二）听说游戏活动语言教育作用的主要特点

听说游戏活动中所表现的语言教育作用一般具有以下几个特点。

1. 目标具体明确，帮助儿童按制定的规则进行口语表达练习

儿童在参与听说游戏的过程中，需要按照一定的规则进行口语表达练习，在执行游戏规则的活动中自觉地参与规范语言的学习，掌握规范的口语表达能力。

听说游戏是按照一定的规则进行的语言练习，表现在以下三个方面的主要作用。

（1）发音方面的复习巩固练习。在听说游戏中包含着儿童语音学习的目标，着重在为儿童提供练习发音的机会，其目的是使儿童复习巩固他们近期的发音学习。成人可以根据儿童语音学习的以下四个方面开展活动。

第一方面是难发音的练习。对于学前阶段儿童某些近期所学的语音难点，采用听说游戏的方式去练习这些语音要素，会产生较好的预期效果。例如，学前阶段儿童普通话发音的难点主要有 zh、ch、sh 和 r 等辅音。教师可以根据儿童的实际情况，选取这些声母与一定韵母相结合的音节来帮助儿童学习。

第二方面是方言干扰音的练习。一定区域方言都有可能对学前儿童的普通话学习产生干扰，影响他们正确的发音。例如，有些地方方言 L 和 n 不分，an 和 ang 不分，说普通话时往往有可能将南（nan）说成 lan。在听说游戏中，儿童能够有足够的机会进行比较，并在快乐的气氛中练习发准这些受方言干扰的语音，产生对这些语音正确发音的敏感性和兴趣。

第三方面是声调的练习。普通话声调对儿童发音也有很重要的意义，因而准确念出普通话声调同样是儿童语音学习的重要方面之一。用听说游戏练习各种相似音和声调要素，让儿童在辨别游戏活动中听与说，在听与说活动中提高分辨能力，从而准确地发出声调。

第四方面是发声用气的练习。学前儿童刚刚进入幼儿园时，还有相当一部分人不能很好地掌握说话用气的方法，因此，说话时有气喘吁吁的感觉，尤其在表述长句子时，还有上气不接下气的情况。听说游戏的发声用气练习可把练习用气作为活动的目标内容，培养儿童正确的用气方法，以便说话的发声更加自然，更趋向于正常。

（2）扩展练习词汇。学前儿童语言学习的重要方面之一还包括积累大量词汇和增加口语表达的内容。一般情况下，儿童的词汇量获得是在日常生活经验的积累过程中逐步迅速地增长起来的。用听说游戏的活动方式帮助儿童学习词汇，是专门地提供儿童对词汇学习敏感程度的机会，这类集中学习词汇的听说游戏，着重引导儿童积累以下两个方面的词汇学习经验。

第一方面是同类词组词的学习经验。听说游戏往往让儿童做同一类词汇，如何扩词练习，实际上也是向儿童提供某一类词的使用范例，鼓励儿童在听说游戏过程中按照一定的规则去组织扩展。例如，“什么样的云”的听说游戏，要求儿童用一定的形容词描述云，在学习过程中，儿童可根据规则创造性地运用词汇进行描述练习。

第二方面是不同类词搭配的学习经验。词汇的搭配通常与语言习惯和经验有关，是一种社会约定俗成的表现，但也有一定的规则。例如，量词有明显的搭配规则，到大班阶段，儿童对量词开始产生一定的敏感性，在这个时期给他们提供听说游戏的机会，可以很好地

帮助他们掌握一般量词的使用方法。此外还有介词（方位词）的学习，等等，都可以通过听说游戏的活动产生良好的教育效果。

（3）尝试运用句型。学前阶段儿童在语言学习过程中大量地积累句型，这是他们句法习得和发展的重要阶段。一般而言，学前阶段的儿童将从简单句过渡到合成句水平，儿童阶段后期开始进入理解嵌入句的水平。无论是简单句，还是合成句，均有多种类型的句式，要理解、掌握并且熟悉运用都需要经过一定情境的练习。儿童在日常生活中可能获得运用句法的机会，而听说游戏有意识地帮助儿童练习，让他们通过专门的集中练习，迅速地把握某一种句法的特点和规律，并在尝试运用过程中提高熟练使用的水平。例如，在大班听说游戏“盖楼房”中，儿童通过用“……越来越……”和“……越……越……”的句式学习句型。在游戏中学习句型，有一定的激励机制的存在，儿童会有很浓的兴趣。

2. 在听说游戏中提高儿童积极倾听的水平

听说游戏为儿童提供的是一种不同于其他语言学习的情境，儿童在参与学习时具有更多的主动性和自主性，因而有利于他们积极倾听水平的提高。

这里特别指出的是，在儿童语言学习的活动中，听与说是一直相伴而存在的。以游戏的方式组织的听说游戏活动，对儿童积极倾听能力的提高具有特殊作用。教师在思考听说游戏的目标时，应对儿童提出以下几点要求。

（1）听懂教师的讲解，理解游戏的规则。在组织听说游戏开始时，教师首先要向儿童提出游戏的规则要求，接下来安排活动的任务，并对任务做出解释，讲解并示范游戏的规则。这一过程对儿童的倾听提出了具体要求，儿童能否听懂教师布置的任务、理解游戏的规则，直接影响儿童参与游戏的状态。因此，这对儿童的倾听能力具有一定的挑战性。因此，倾听能力的培养将有利于提高儿童在所有的交往场合的倾听水平，甚至对儿童进入小学阶段之后的学习都具有十分重要的意义。

（2）听懂游戏的指令，把握游戏进程。在游戏过程中，儿童随时需要把握游戏中传出的指令信息，做出相应的反应。例如，在“金锁锁银锁锁”的听说游戏中，念完儿歌，即是一个指令，要求问“这是什么锁”，开锁人听后立刻予以回答“这是××锁”。所有的指令信息一环套一环，儿童在游戏中必须敏锐地感知，否则将无法进行游戏。恰恰是这样一些要求，可促使儿童自觉地、主动地去倾听、捕捉指令信息。

（3）准确把握和传递有细微差别的信息，提高倾听的精确程度。有的听说游戏专门设置倾听的“圈套”，要求儿童辨别某几个相似音的差异，做出相应的反应，诸如 z、c、s 和 zh、ch、sh 的辨别活动即属于这一类；有的听说游戏要求儿童准确传递信息，错了便会闹出笑话，如“我这样对你说”的传话游戏活动。这些活动把倾听要求的重点放在准确把握和传递信息上，可以较好地提高儿童倾听的精确程度，最终对他们完整的倾听能力培养产生良好的作用。

3. 培养儿童在语言交往中的机智性和灵活性

作为特殊的语言交往场合，听说游戏对儿童运用语言与人交际有一种特别的挑战，使儿童机智灵活地使用语言的能力得到较好的锻炼。因此，在听说游戏活动中培养儿童语言的机智性和灵活性，是教师在设计组织这类活动时应考虑的一项目标。

对儿童在听说游戏中提高语言交往的机智灵活性的培养，从根本上说，是提高儿童在语言交往过程中反应敏捷的能力，着重可从以下几点考虑。

（1）迅速领悟游戏语言规则的能力。由于听说游戏将儿童语言学习的重点内容转换为游戏规则贯穿活动始终，那么儿童掌握游戏规则的过程，在某种意义上便意味着掌握语言规则的过程。在听说游戏中，儿童需要迅速领悟游戏规则，否则就无法顺利参与游戏。在这种场景的激励下，儿童就会迅速领悟交往要求的场合，并逐步参与游戏活动。

（2）迅速调动儿童已有语言经验编码的能力。听说游戏是一种活动的进程，儿童在游戏活动过程中需要根据一定的规则迅速调动个人已有语言经验并进行编码。在活动过程中儿童没有细思慢想的时间，思维及语言活动太慢，游戏便要受到阻碍，因此，听说游戏活动可以迅速调动儿童已有语言经验编码的训练。

（3）迅速形成以符合规则要求方式的表达能力。听说游戏的规则要求儿童按照一定的规范方式说话，并且没有太多的时间琢磨讲话内容，所以，一切都是在短暂的直接感知的状态下说出来的，儿童在领悟语言经验编码的同时，也获得了快速反馈信息的机会。这样，就培养了语言快速应答能力。

综上所述，听说游戏作为一种特殊形式的语言教育活动，为儿童的语言发展提供了某些特别机会的同时，也促进了儿童听说、思维等方面能力的提高。教师借此机会可以促进儿童的语言学习，为儿童语言能力的整体提高创造良好的学习环境和氛围。

5.1 游戏及听说游戏的概述

第二节　学前儿童听说游戏的特征

听说游戏作为一种特殊形式的语言教育活动，主要具有如下几个方面的特征。

一、在游戏中包含着语言教育目标

听说游戏中包含的语言教育目标有一定的特殊性，每个听说游戏都包含对儿童语言学习的具体要求。教师对听说游戏活动的设计，会根据近阶段儿童语言发展水平和语言学习需要设定语言教育教学任务，再通过游戏活动将这些要求逐步落实。

（一）听说游戏包含的语言教育目标具有具体性

通常情况下，听说游戏对儿童提出的语言学习要求非常具体，甚至达到单一和细微的地步。例如，大班语言活动“说相反”，教师用听说游戏的方式来帮助儿童学会倾听和表达。这种活动把“在生活情境中能正确感知，说出正反义词。在掌握正反游戏规则与玩法中，掌握快速语言反应或表达能力”作为目标任务。但还需兼备“讲话礼貌，注意倾听对方讲话，能理解日常用语，能清楚地说出自己想说的反义词，能听懂和会说普通话”等具体目标。因此，在听说游戏中包含的单一而具体的语言教育目标，实质上却对儿童语言能力有多方面的培养及提高的作用。

（二）听说游戏包含的语言教育目标具有练习性

听说游戏往往不对儿童提出某个新的语言学习任务，更多的是根据近阶段儿童语言学习的重点需求设计游戏活动，让儿童在游戏中复习巩固已学的语言内容，掌握一定的语言知识，真正获得这一方面的语言运用能力。仍以大班语言活动“说相反”为例，这种游戏的进行与儿童该阶段语言发展水平以及语言学习需要有关，也与对儿童普通话学习要求有关。如果在小班进行这种听说游戏，由于小班儿童不具备“生活情境中能正确感知、说出正反义词”的能力，他们无法参与这样的游戏。只有大班儿童接近词语饱和状态，可以通过此次说相反的听说游戏活动，使儿童的词汇量与生活经验很好地对接，开展有关的听说游戏便给他们提供了练习的机会，让他们在生动活泼的游戏活动中复习巩固已学内容，真正达到掌握语言快速反应和表达能力的目标。

（三）听说游戏包含的语言教育目标具有含蓄性

一般的语言教育活动，大多直接将学习任务呈现在儿童面前，而听说游戏则将教育目标贯彻在游戏活动之中，让儿童边玩边说，不知不觉地完成学习任务，达到教育活动的要求，这是听说游戏独有的优势。听说游戏是一种其他语言教育活动所不能替代的活动形式。

二、将语言学习的重点内容转化为游戏规则

凡是听说游戏都带有一定的游戏规则。听说游戏中的规则并不是凭空制定的，而是教师根据具体的语言教育目标，选择适当的语言学习内容，将活动的语言学习重点转化为一定的游戏规则。在开展听说游戏时，儿童必须遵守一定的游戏规则，按照规则进行游戏，在活动中提高听说能力。

以听说游戏“猜猜乐”为例，该游戏以对答的形式帮助儿童学习用简短、形象的词语形容和描绘一种事物。教师制定的游戏规则是：可以说出这个物品的外形，包括形状、颜色、大小、材质等，还可以说出这个物体的作用，不要让其他的小朋友看见，猜中的小朋友交换角色继续游戏。教师示范游戏玩法。在图片中抽出一张，不给儿童看见，然后对儿童描述图片上的物品。请儿童猜测这个物品是什么，最后验证猜测是否正确。猜对了的小朋友上台尝试，能猜对的小朋友交换角色后继续进行游戏。教师在游戏过程中引导儿童进行游戏，帮助儿童理解、掌握游戏的玩法和规则。

由此可见，教师要求儿童掌握的语言学习重点孕育在游戏的规则之下，通过整个听说游戏活动过程去达到活动目的。

三、在活动过程中逐步扩大游戏的成分

幼儿园听说游戏的活动兼有活动和游戏的双重性质，从活动组织形式上看，具有从活动入手，逐步扩大游戏成分的特征。听说游戏活动带有明确的学习任务。活动开始时，教师需要帮助儿童理解活动的内容，交代游戏的规则，并且示范游戏的玩法。然后，教师带领儿童开展游戏，在儿童熟悉游戏规则，逐步掌握游戏玩法后，再放手让儿童独立进行游戏。听说游戏活动以活动的方式开始，又以游戏的方式结束。教师的主导作用在开始时体

现得十分鲜明，而后随着儿童熟悉水平的提高而逐渐减少，直至儿童完全自主地进行游戏。实际上，听说游戏存在着以下由活动逐渐向游戏过渡的三种转换。

第一，由外部控制向内部控制转换。听说游戏刚开始时，教师主导创设游戏情境，交代游戏规则，示范游戏的玩法，儿童只是被动观察听讲、思考。当他们产生兴趣后，会不由自主地跟随教师参与游戏，在掌握规则之后，尝试自己游戏，最终完全主动积极地投入游戏中。这一过程实际上是由外部控制转换为内部控制的过程。

第二，由真实情景向假想情景转换。无论教师如何提供游戏的场景，在听说游戏刚开始时，儿童所处的仍然是真实情景。教师向儿童交代活动内容，解释活动规则，甚至示范游戏玩法，此时儿童均以旁观者的身份进行观察、思考，所有的一切对他们仍然是真实的环境。随着儿童自己参与游戏，他们开始扮演某一角色，并想象可能有的情节、动作、物品、语言，于是儿童所处的环境便发生了变化，成为假想的情景，听说游戏活动因此发生由真实情景向假想情景的转换。

第三，由外部动机向内部动机转换。与其他教育活动一样，儿童刚开始参加听说游戏时，外部动机决定了他们参与的积极性。然而随着儿童在游戏中自主的成分越来越高，他们对听说游戏规则的掌握和游戏内容的熟练程度加深，他们的主动性、积极性逐渐得以充分发挥，在活动中的内部动机也越来越明显。因此，在听说游戏活动中，同样有外部动机向内部动机转换的过程。

第三节 学前儿童听说游戏的主要类型

听说游戏是以培养儿童倾听和表达能力为核心的语言教育活动。按照不同的划分标准，听说游戏可以分为不同的类型。

一、根据听说游戏的游戏规则划分

听说游戏也是一种游戏，故有一定的游戏规则。按照是否具有竞赛性质，可以将听说游戏分为竞赛性质的听说游戏和不具有竞赛性质的听说游戏。

（一）竞赛性质的听说游戏

游戏中儿童如果听准了、说对了，达到了学习要求，就会体会到与同伴集体游戏的乐趣。上面举例所说的“猜猜乐”就属于竞赛性质的游戏。当儿童用正确的语言内容和形式说出形容某一事物的话，自己就可以与别人交换角色，享受成功的快乐。否则便要继续扮演同种角色，重新经历相仿的学习过程。这种竞赛性质的游戏规则在听说游戏中产生激励效应，可以促使儿童更主动、积极地投身于游戏活动。

（二）不具有竞赛性质的听说游戏

不具有竞赛性质的听说游戏，但同样能产生激励效应。如小班听说游戏“小白兔吃青草”，教师扮演兔妈妈，带小白兔们到外面去吃青草，儿童边跳边念儿歌：“小白兔，跳跳跳，一跳跳到草地上，吃吃吃，吃青草，吃吃吃，吃个饱。”反复念后，一只大灰狼跑出来大吼一声“大灰狼来了”，扮演小白兔的儿童必须纷纷地跑到妈妈身边蹲下，表示回到家受到了妈妈的保护，否则就会被大灰狼吃掉。这样的听说游戏也可以对儿童产生很大的吸引力。虽然游戏规则看似不直接与儿童说什么有关，但儿童知道念儿歌之后会有大灰狼跳出来，然后追逐逃跑，念儿歌与后面的追逐活动密切连接在一起。因此，游戏规则便激励儿童全身心投入活动，儿童会饶有兴趣地反复玩这个游戏，最后达到语言教育的效果。

二、根据听说游戏活动内容划分

儿童的倾听与表达涉及语言的语音、词汇、句子和语法等几个方面，因此，根据听说游戏的活动内容，可以分为下面三种类型的听说游戏。

（一）语音练习的听说游戏

这类游戏是以练习儿童正确发音，提高儿童辨音能力为目的的一种活动。它的形式和结构都较为简单。在听说游戏中，着重为儿童提供练习发音的机会，以利于儿童学习或复习巩固发音。可以让儿童着重练习他们感到困难或容易发错的语音，也可以组织儿童进行方言干扰音、普通话声调及发声用气的练习等。常见的有绕口令、儿歌等的训练。

1. 绕口令练习

绕口令练习是指将若干双声、叠词词汇或发音相同、相近的字、词有意集中在一起，组成简单、有趣的语韵，要求快速念出，所以读起来使人感觉到节奏感强，妙趣横生，是一种锻炼儿童口齿清晰灵活的有效方式。案例 5-1 就是一个典型的绕口令练习活动。

【案例 5-1】

猫　和　包

小宝拿包追小猫，
小猫喵喵叼走了包，
小宝追猫去要包，
小猫叼着包和小宝藏猫猫。

1．活动目标

（1）初步了解绕口令的特点，能在图标的帮助下熟练地朗诵绕口令。

（2）尝试根据自己的学习方式逐步减少图标记忆绕口令，喜欢朗诵绕口令。

（3）提高对语言表达技巧的兴趣，培养思维的敏捷性。

2．活动准备

（1）根据绕口令内容制作图标：小宝、小猫和包。

（2）图片一：小宝、小猫和包。

（3）图片二：每一张都画有小宝、包和猫，共四张（排列顺序各不同）。

3．指导要点

（1）活动要点：理解内容，学习背诵绕口令。

（2）活动难点：准确发音，能快速朗诵绕口令。

（3）指导重点：通过图标、游戏等方式引导儿童学习绕口令并找出读音相近、容易混淆的字。

4．活动过程

（1）图片激趣。

出示图片一：小宝、小猫和包。

提问：这是什么？它们之间究竟发生什么有趣的事？（将绕口令《猫和包》以故事的形式讲给儿童听，帮助儿童理解内容。）

“有一天，小宝拿自己的包去逗这只小猫，小猫生气了，把小宝的包叼走了，小宝去追小猫，小猫叼着包和小宝玩起了藏猫猫。”

（2）欣赏绕口令。首先，教师示范朗诵绕口令；然后教师提问：“你听到了什么？”根据儿童的回答将图标按照绕口令的格式摆放出来，回答问题的儿童可以得到贴贴。接下来，教师带领儿童练习绕口令，并提问：“你们有没有发现这个绕口令中有的字读音很相似呢？跟老师把这些读音相似的字念一遍（宝、猫、包、叼）。”

（3）练习读准相近音。击鼓传图标。（把儿童分组后，第一位小朋友拿好图标，鼓声一响便开始传图标，鼓声停止后，图标在谁的手上，谁就站起来大声念出来。）

（4）借助图标学习绕口令。首先，教师逐渐减少图标，帮助儿童记忆绕口令内容；然后，让儿童不使用图标学习绕口令；接下来，教师引导儿童看儿童用书，练习朗诵。

（5）绕口令比赛。教师说：“小朋友们，下面要找几个小朋友跟着老师一边拍手一边念。”先找几个小朋友上来，一边念一边加快速度。然后，教师带领全班儿童一起一边拍手一边念。

5．评价要素

（1）是否能准确发音，并能不间断地快速朗诵绕口令。

（2）能否积极、富有兴趣地投入绕口令的游戏中。

2. 儿歌练习

儿歌，是以学前儿童为主要对象的具有民歌风味的简短诗歌。它是儿童文学中最古老、最基本的体裁之一。它一般比较短小，句式多样，富有变化，节奏鲜明，朗朗上口，易念、易记、易传播。它的优美旋律、和谐节奏和真挚情感可以给儿童以美的享受和情感熏陶。儿歌既是美感和情感教育的有效文学形式，也是儿童乐于接受的语言训练形式。案例 5-2 为一个儿歌听说游戏活动。

【案例 5-2】

幸福拍手歌

如果感到幸福你就拍拍手
如果感到幸福你就拍拍手
如果感到幸福就快快拍拍手呀
看哪大家都一起拍拍手
如果感到幸福你就跺跺脚

如果感到幸福你就跺跺脚
如果感到幸福就快快跺跺脚呀
看哪大家都一起跺跺脚
如果感到幸福你就拍拍肩
如果感到幸福你就拍拍肩
如果感到幸福就快快拍拍肩呀
看哪大家都一起拍拍肩

1．活动目标

（1）学习儿歌《幸福拍手歌》，感受歌曲活泼快乐的情绪，感知音乐中的节拍变化。

（2）训练儿童的肢体反应能力，增强儿童的人际交往互动能力。

（3）在参加活动中引导儿童集体合作意识、创编歌词和对舞蹈动作的创编能力。

2．活动准备

（1）歌曲范唱和伴奏。

（2）课件（爸爸把宝宝举高高的图片和妈妈亲宝贝的画面）。

3．指导要点

（1）活动要点：感受音乐作品欢快的情绪。

（2）指导重点：用恰当的肢体语言表现这种情绪，创编歌词及动作。

4．活动过程

（1）图片导入（播放课件）。

老师："今天，老师和小朋友一起感受一下什么是幸福？（展示第一张课件）这张图片中小朋友说他爸爸把他举得高高的，他觉得特别幸福；（展示第二张课件）这张图片中小朋友说她妈妈亲她的时候，她觉得特别幸福，小朋友们，你觉得什么时候你最幸福呢？"儿童自由交流。

（2）欣赏歌曲及创编。

首先，教师播放歌曲，并拍手打节奏｜×× ×｜×× ×｜，让儿童们听，并说："歌曲中小朋友们感受到很多幸福，他们用什么动作来表达幸福呢？"听完后，教师提问："谁来给大家说说，他们用什么动作来表达幸福的？"儿童："拍拍手、跺跺脚、拍拍肩"。

其次，教师引导儿童个人创编动作，教师配进歌词。

最后，再次听音乐，让儿童们听着音乐和教师一起做动作（拍拍手、跺跺脚、拍拍肩）。熟练后，教师把儿童分成几个小组，由小组伴随歌曲创编动作（教师适时指导）。

5．评价要素

（1）是否能感知音乐中的节拍变化和活泼快乐的情绪。

（2）能否积极、富有兴趣地投入游戏中。

（二）词汇练习的听说游戏

这类游戏以丰富儿童的词汇和正确运用词汇为目的。学前阶段儿童语言学习的一个重要方面是大量积累词汇，增加口语表达内容。应该说，学前儿童的词汇是在日常生活中逐步积累的，几乎没有任何一个研究能确切知道一个儿童每天究竟能习得多少词汇。用听说游戏的活动方式帮助儿童学习词汇，是专门考察儿童对词汇敏感程度的方式之一，这类集中学习词汇的游戏着重引导儿童练习词汇运用。幼儿园常见的词汇练习游戏有正话反说（做）、词语开花、词语接龙等。

1. 正话反说（做）

目的：丰富反义词。

玩法：教师说一个词，儿童能快速说出意思相反的词，并做出与指令相反的动作。如教师说“高”，儿童说“矮”或“低”，并做动作。其他的正反义词练习还有：左转—右转、上—下、大—小、好—坏、轻—重、高兴—难过等。

2. 词语开花

目的：培养儿童思维的发散性、流畅性和变通性。

玩法：将儿童分组，每组派一位代表说一个字，然后本组用这个字组词，教师进行记录，比一比哪一组说得多。如花、水、火等。

3. 词语接龙

目的：学习字头接字尾的组词形式；体验正确说出词汇后的快乐心情。

玩法：教师说出一个词语，儿童就词语最后一个字为另一个词语的起始字说出词语。例如：运动—动作—作业，依次类推。

（三）句子和语法练习的听说游戏

学前阶段儿童在语言学习过程中大量积累句型，按语法规则组词成句，这是他们习得并进一步提高语法水平的重要阶段。一般来说，学前儿童已经掌握简单句并逐渐过渡到提高复合句水平。要儿童理解、掌握并且熟悉运用这类句型，都需要经过一定的练习。学前儿童在日常生活中可能获得运用句法的机会，而听说游戏有意识地帮助儿童练习，可以让他们通过专门、集中的学习迅速把握某一种句法的特点、规律，并在尝试运用过程中提高使用水平。

1. 我问你答

目标：理解并正确运用连词“如果”，丰富儿童的词汇；学会使用“如果……喜欢……”的句型完整的句子。

玩法：适合儿童两两组对进行游戏。

例如：

儿童 1：如果你是小鸟，你喜欢什么？

儿童 2：如果我是小鸟，我喜欢在天空中飞来飞去。

2. 学说简单句

目标：学说简单句“××爱吃××”；指导小动物喜欢吃什么食物，能正确地给小动物喂食物。

准备：小动物转盘（猫、狗、兔子、小羊）、肉骨头、小鱼、萝卜、草的图片。

玩法：教师与儿童一起玩转转盘，老师念儿歌：“转转盘，转转盘，拨一拨，转一转，小朋友们认真看，小动物们要吃饭”。转盘停止时，儿童说出小动物的名称，说出小动物喜欢吃的食物，并将手中的食物图片送给小动物，例如说：“小花猫爱吃鱼。”反复玩，直到图片送完为止。

3. 看谁说得好

目标：要求儿童运用恰当的形容词来描绘图片，并编成一句完整的话。

准备：太阳、老奶奶、小弟弟、猴子等图片若干套（每组一套）。

玩法：

（1）教师逐张出示图片，要求儿童用已经学过的形容词描述图片内容。如描绘“太阳”，可以用“火红的”“金色的”“火辣辣的”等词语形容；描绘“老奶奶”，可以用“满头白发的”“满脸皱纹的”等词语形容。

（2）让儿童任意摸一张图片，并根据图片内容编一句话。例如，摸到“小弟弟”，可以说：“聪明的小弟弟想出了一个好办法。”当摸到“小猴子”时，可以说：“淘气的小猴子什么也没有学会”。

规则：图片只能任意抽取，不能挑选；组词造句不能重复别人说过的话。

4. 描述练习的游戏

这类游戏以训练儿童用比较连贯的语言具体形象地描述事物，提高口语表达能力为目的。它要求儿童语句表达完整、连贯，具有一定的描述能力。如大班听说游戏活动“金锁锁银锁锁”，让儿童念儿歌，以对答的形式帮助儿童学习用简短而有节奏的词语形容和描述一件事物，这类游戏主要在大班进行，如案例 5-3。

【案例 5-3】

小青蛙捉害虫

我是一只小青蛙，捉虫本领大。胳膊伸一伸，腿儿蹲一蹲。腰儿转一转，眼睛仔细看，害虫找到了，跳起来吃掉它。

活动目标

1．感受欢快的音乐形象，模仿青蛙跳、捉虫的动作。

2．喜欢听音乐做游戏。

3．懂得青蛙是保护庄稼的益虫。

活动准备

1．农田背景的一幅图、纸质害虫若干、青蛙胸饰每人一个、音乐。

2．活动前让儿童认识青蛙和了解青蛙的习性。

活动过程

1．开始部分

教师扮演青蛙妈妈，儿童扮演小青蛙，伴随音乐一起走进教室。

2．基本部分

教师播放音乐《小青蛙捉害虫》，并提问：“捉害虫的时候为什么动作要轻，不能发出声音？”让儿童做出动作给妈妈看看，你是怎样捉害虫的？（让儿童用肢体动作表现出来）接下来，教师示范青蛙跳、捉害虫的规范动作后，让儿童练习这些动作。

3．结束部分

在教师引导下，儿童做游戏“小青蛙捉害虫”，儿童一边唱儿歌《小青蛙捉害虫》，一边做模仿动作，来到农田，蹲下来，做好捉害虫准备；当教师说轻轻跳过去捉害虫时，儿童模仿青蛙捉害虫的姿态，靠近害虫跳跃，捉住害虫，并假装吞食。

4．同类词与不同类词的游戏

儿童通过专门集中的学习，能在较短时间内把握同类词与不同类词的使用。

目标：要求儿童能在较短时间内把握同类词与不同类词的使用。

准备：一个快递包裹。

玩法：适合儿童两两成对进行游戏。

快递员：叮咚！

儿童：谁呀？

快递员：我是送快递的。

儿童：快递从哪里来呢？

快递员：快递从“北京”来呀！（城市名称每次都要更换）

儿童：快递送给谁呀？

快递员：快递送给××呀！

5.2　小班听说游戏“小雨点，沙沙沙”

第四节　学前儿童听说游戏的设计与组织

教育活动的组织与实施过程是教师创造性地开展工作的过程。幼儿园听说游戏活动设计和组织，有其独特的规律。听说游戏具有游戏和活动的双重性质，按照一定的思路去设计、组织活动，通过游戏更好地实现“培养儿童倾听和表述”的语言能力教育目标。

一、学前儿童听说游戏的目标

其他的语言教育活动一般都开宗明义，将学习任务直接呈现在儿童面前，听说游戏的教育目标具有内隐的特点，让儿童边玩边说，不知不觉地完成学习任务，达到本次活动的教育要求。幼儿园听说游戏活动各年龄段的具体目标如表5-1所示。

表5-1　幼儿园听说游戏活动各年龄段的具体目标

年　龄　段	具体目标的内容
小班	1．乐于参加游戏活动，在游戏中大胆地说话 2．发准某些难发的音，初步掌握方位词以及人称代词，学习正确运用动词 3．在游戏中尝试按照规则用简单句说话 4．养成在集体活动中倾听别人说话的好习惯，能听懂并理解较简单的游戏规则
中班	1．在游戏中巩固练习发音，正确运用代词、方位词、副词、动词、连词和介词等 2．能说简单而完整的合成句 3．能听懂并理解多种游戏规则 4．学习较迅速地领悟游戏中的语言规则，并能及时做出反应
大班	1．在游戏中学习正确运用反义词、量词和连词等，并能说完整的合成句 2．不断提高倾听的精确度，准确掌握和传达有细微差别的信息

二、学前儿童听说游戏的内容选择的依据

一般情况下，课程内容的选择是一个需要审慎从事的过程，人们一直在实践和理论方面对它的目的和方法进行辩论。这个过程是充满理性的过程，选择者必须说明做出选择的各种理由。学前儿童听说游戏内容的选择是活动设计的一项重要工作，也是课程设计中最为繁杂的工作，学前儿童听说游戏内容除了与学前儿童语言教育目标一致外，还应当与儿童的知识经验相适应，并能激发和满足儿童的兴趣。

（一）以学前儿童语言教育目标为依据

学前儿童语言教育目标是一切学前儿童语言教育活动的共同目标。选择听说游戏的内容，作为课程活动设计的一项重要工作，必然地受到目标的指导和制约。《纲要》中指出："语言能力是在运用的过程中发展起来的，发展儿童语言的关键是创设一个能使他们想说、敢说、喜欢说、有机会说并能得到积极应答的环境。"正好符合听说游戏的特征，也正是通过一个个具体的、与特定教育目标相对应的教育内容及其教学，才能达成教育目标要求。因此，在选择听说游戏内容时，《指南》和《纲要》是听说游戏活动内容选择的首要依据，依照儿童语言教育目标及其分解形式选择教育内容时确保全面实现目标的根本所在。因此，在选择听说游戏活动内容过程中，应努力避免对教育目标的遗漏、偏颇及无效重复，而应力争使所选择的教育内容能最有效地实现教育目标。

（二）与儿童的知识经验相适宜的内容

《纲要》中指出教育活动内容的选择应体现"既适合儿童的现有水平，又有一定的挑战性"的原则，即教育活动内容的难易程度要处在儿童的"最近发展区"，这就要求我们在选择教育活动内容时应遵循各年龄段儿童在认知、情感态度、能力等方面的一般发展规律，确定既与儿童原有经验相适应又有利于儿童主动建构的活动内容。

（三）能激发和满足儿童兴趣的内容

儿童的年龄特征决定了兴趣是直接支配他们学习的最大动力，有了兴趣，儿童就有了主动参与活动的愿望和积极的态度。因此，儿童听说游戏内容的确定必须考虑儿童的兴趣特点。因此，在活动中，教师要注意观察儿童，及时捕捉儿童的兴趣点，从儿童感兴趣的事物中选择听说游戏的活动内容。对于一些能促进儿童发展有必要但难以直接引发儿童兴趣的内容，教师要善于运用儿童感兴趣的方式，引导儿童参与其中。

5.3　传话游戏

三、学前儿童听说游戏的设计步骤

教师可以按照以下四个活动的基本步骤设计和组织听说游戏活动。

（一）设置游戏情境，引起儿童的兴趣

听说游戏开始之前，需要教师运用一些手段去设置游戏情境。这一步骤的目的在于营

造听说游戏的氛围，引起儿童参与游戏的兴趣。听说游戏刚开始时，教师用物品、动作或语言创设游戏情境，营造游戏气氛，吸引儿童的注意力，使他们产生好奇心，乐意进一步关注游戏的玩法，为开展听说游戏做好充分准备。

例如，在听说游戏“有趣的圆”这个活动中，教师先布置了一个圆圆的城，以皮球娃娃的口吻对大家说：“今天，我要带小朋友们到圆圆城去玩，圆圆城里的东西都是圆的，一起去看看圆圆城里面都有些什么？”然后，带着小朋友们边参观边说：“××是圆的，××也是圆的。”积累一定的经验后，再开展竞赛活动。为了比赛胜利，小朋友们会在圆圆城里面仔细地看，小声地讨论，这为接下来的听说游戏活动奠定了良好的基础。

1. *活动方法*

创设游戏情境，一般可以采取以下三种方法。

（1）用物品创设游戏情境。教师使用一些与听说游戏活动有关的物品，如玩具或日用品布置游戏环境，创设游戏情境，引导儿童参与听说游戏。如玩“打电话”游戏时，教师先布置家的环境，再出示电话玩具，以吸引儿童的注意力，从而激发儿童的游戏兴趣。

（2）用动作创设游戏情境。有时教师并不一定使用实物，而是仅仅靠动作表演让儿童想象出游戏角色特征或者游戏场所，营造浓浓的游戏气氛。例如，活动开始前，可以先表演一个哑剧动作让小朋友猜猜教师在干什么，等等。

（3）用语言创设游戏情境。教师通过自己所说的话，直接描述或指出游戏中的角色以及所处的环境。例如，对小朋友说：“春天来啦，许多小蜜蜂要去采花蜜。小蜜蜂可高兴啦！请小朋友们把头饰戴起来，看看哪只小蜜蜂采的花蜜最多！”教师用语言引导儿童进入角色，营造游戏气氛，同样可以起到创设游戏情境的作用。

无论采用哪一种方法来创设游戏情境，在活动刚开始的这一阶段，活动状态都有两种性质存在：一种是真实性质的活动状态。教师在创设游戏情境时，如果着重使用了介绍的方式，那么儿童所处的环境便仍然是真实的。他们更多地观察、分析教师展示的游戏情境，以旁观者的身份来了解听说游戏的情况。另一种是半真实性质的活动状态。由于教师所用的物品、动作和语言直接将儿童“拉进”了游戏场景，儿童便可能想象自己所扮演的角色，就将自己想象成游戏活动的一个部分，这时，儿童自己原有的角色身份处于一种接近改变但是未完全改变的状态，因而活动具有半真实的性质。

2. *指导要点*

（1）提供符合儿童兴趣需要、年龄特点和发展目标的游戏条件。

（2）充分利用与合理设计游戏活动空间，提供丰富、适宜的游戏材料，引导儿童有兴趣地参加游戏。

（3）鼓励儿童主动、创造性地开展游戏，充分体验游戏的快乐和满足感。

（4）引导儿童尽快进入游戏活动情境。

3. *注意事项*

（1）为了让游戏更有意思，应该尽可能让情境贯穿游戏的始终。

（2）教师应该根据游戏的不同类型来设计相应的游戏情境。不管是采用教具、玩具，还是采用教师用语言或用动作等设计游戏情境，应依据具体情况来确定。

（3）创设游戏情境要考虑实施过程的简单方便，具备可操作性。

（二）交代游戏规则

1. 活动目的

教师向儿童交代游戏规则的目的就是告诉儿童游戏的基本规则、步骤和要求。这一步骤的活动实际上是教师为儿童布置任务、讲解要求的过程。

2. 活动方法

教师可以通过用语言解释和用动作示范相结合的方法来告知游戏的规则、步骤和要求。例如，在中班的“制造火车”游戏中，教师用纸皮做的火车头创设游戏情境后，可以亲自示范以展示游戏过程，然后采用口头讲述的方法向儿童交代游戏规则。

规则一：告诉儿童由一人做火车头，其他儿童都做小火车厢。游戏开始时，大家一起念儿歌，由火车头儿童边念儿歌边用手轮流点儿童。

规则二：当火车头儿童念完儿歌后，被点到的儿童站起身，从火车头儿童的包里摸出一张图片，并用正确的量词（如“一个苹果”）说出图片上的物品。

规则三：说对了，扮火车的儿童齐声说：“对、对、对，请你过来做车厢。”没有说对的，就说：“说错了，不能请你做车厢。”由火车头儿童带领大家重新寻找小车厢儿童，继续念儿歌的最后一句，并重新点将，让后面的儿童再次描述这张图片。

3. 指导要点

（1）引导儿童明白说什么和怎样说，以便他们能够积极参与游戏。

（2）教师要帮助儿童清楚地理解游戏开展的顺序，即先做什么，后做什么；让儿童明确什么角色该做什么。

（3）教师可以边讲解边示范，也可以在讲解的同时让儿童来演示，并随时指出存在的问题。

4. 注意事项

教师在交代游戏规则时，有必要注意以下几点。

（1）注意用简洁明了的语言讲解。在交代游戏规则时，切记啰唆、冗长的解释，以免儿童抓不住要领，不能及时理解游戏规则，影响游戏进程。

（2）注意讲清楚听说游戏的规则要点和游戏的开展顺序。听说游戏的规则要点一般都是游戏中儿童要按照规则说出的话，弄清楚游戏的开展顺序，儿童才能够顺利地开展活动。

（3）注意用较慢的语速进行讲解和示范。教师在交代游戏规则时使用的语言，应当是相对减慢速度的语言。尤其是针对游戏规则回答问题时，这种语言带有示范性质，可以帮助儿童进一步理解游戏内容或规则，因此一定要保证儿童能听清楚。实际上，教师减慢速度说话的行动本身，就可以让儿童感觉这部分信息的重要性，从而能够有效地帮助儿童理解游戏规则。

（三）教师引导游戏

教师交代游戏规则之后，在儿童已经初步理解游戏规则的基础上，教师可以带领儿童开展听说游戏。

1. 活动目的

教师带领儿童开展游戏，是一种以教师为主角指导儿童游戏的过程。在这段时间内，教师在游戏中充当重要角色，可以主宰游戏的进程。其目的是为了下一环节儿童的自主游戏得以顺利开展。

2. *活动方法*

方法一：教师带领部分儿童参与游戏，即一部分儿童参加到游戏活动中，实行轮换，以便另一部分儿童有观察、熟悉的机会。

方法二：教师带领全体儿童参加游戏的一部分活动，待儿童熟悉、掌握游戏要领之后，再参加全套游戏。

以中班听说游戏“制造火车”为例。在引导儿童进行游戏活动时，教师可以先扮演儿童示范说一次，从火车头儿童的包里随意摸出一张图片，说：“一个苹果”。然后成为火车厢。这样，教师通过担当一定角色，成为游戏活动的重要成员，可以帮助儿童学习、掌握游戏中的对话及描述部分，为儿童独立开展游戏活动积累经验。在对话过程中，教师有意识地鼓励儿童用各种不同的量词简单地描述图片上的内容。教师引导儿童游戏这一步骤，有利于儿童在活动进展过程中熟悉游戏规则，进一步理解游戏规则和程序，在游戏中掌握运用语言交往的基本思路，从而为独立开展听说游戏做好充分准备。

3. *指导要点*

（1）指导儿童在游戏中准确表述正确的行为动作。

（2）指导儿童明确游戏的任务、步骤和要求。

（3）引导儿童养成良好的倾听习惯，培养敏锐的观察能力。

4. *注意事项*

（1）教师在游戏中的表述和动作要具备规范性和示范性。

（2）要仔细观察并纠正儿童在游戏中表述和行动上存在的问题。

（3）要力求全体儿童都参与到游戏中。

（四）儿童自主游戏

通过上述几个步骤的活动，儿童已经打下了独自开展听说游戏的良好基础，因而可以在准备十分充分的情况下进入儿童自主游戏阶段。

1. *活动目的*

儿童通过独立自主地开展游戏，完成此次听说游戏设计方面要达到的各项语言教育活动目标。

2. *活动方法*

儿童自主游戏活动可以根据每一个听说游戏的具体要求来考虑适当的活动形式。有的以集体活动形式进行游戏，全班儿童均可参与其中；有的以小组形式开展游戏，教师可以让儿童选择适当场地进行活动；也有的可以一对一结伴方式进行游戏。采取何种活动形式，取决于儿童参与活动的最终效果如何。哪种方式能够促使儿童更主动、积极地开展活动，哪种形式有利于儿童口语练习，教师都应该在设计活动时予以充分考虑，进行周密策划。

3. *指导要点*

（1）在观察儿童游戏时，应注意对个别不熟悉规则的儿童及时进行指导和点拨，帮助这些儿童更快地加入游戏队伍，使其真正成为游戏活动中的一员。

（2）同时，教师也需要注意发现儿童在游戏过程中可能出现的矛盾与纠纷，及时予以解决，以免因角色分派不当或其他问题影响游戏顺利进行。

（3）教师参与其中本身便对儿童产生一定的激励作用，可以使他们意识到自己所参与活动的价值；而当教师给说对的儿童以点头、微笑以及拍手鼓励时，这些体态语言能在更大程度上激发儿童的活动积极性。

（4）鼓励儿童创造性地开展游戏活动。

4. 注意事项

（1）在儿童自主游戏阶段，教师要放手让儿童自己独立开展活动。

（2）教师此时已经从游戏领导者的身份退出，处于旁观位置，要密切关注儿童游戏活动的整体开展情况，把控全局，根据需要随时做出相应的调整。

（3）根据儿童开展游戏活动的兴趣和对游戏的熟悉程度掌握好游戏时间。

通过上述三个步骤的活动准备，儿童已经打下了良好的独自开展听说游戏的基础，因而可以在准备状态十分充分的情况下进入儿童自主游戏的阶段。

四、学前儿童听说游戏的组织与指导

学前儿童听说游戏设计步骤的四个组成部分是环环相扣、循序渐进的，在具体组织与实施听说游戏活动中，还要把握好以下几个要点。

（一）适时、适度地创设游戏情境

教师在创设游戏情境时，可以借用实物、肢体或语言，但是要把握适时、适度的原则。

1. 适时地创设游戏情境

教师在创设游戏情境来导入游戏的这个环节，要注意把握适当的时间，以1～2分钟为宜。儿童的注意力容易分散，时间过长就会影响后面游戏规则掌握的积极性和稳定性。例如，可以用物品创设情境，与游戏有关的玩具或日用品等，布置游戏环境，制造游戏气氛，达到引导儿童进入游戏的效果。

2. 适度地创设游戏情境

这一原则要求教师在为儿童创设游戏情境时，要根据儿童的年龄和班级特点，选用或借用实物、肢体动作和语言等游戏情境创设不同的组合方式，或者对于某种方式有所侧重，而不是一味地追求新奇、好玩。对年龄小的儿童，由于其思维更加直观、具体、形象，教师应尽量使用肢体动作或实物直接将儿童“拉进”游戏场景，使儿童能尽快将自己想象成游戏活动的一部分，进入游戏角色，这更有利于交代下一步的游戏规则。而对于中、大班的儿童应该更多采用语言描述介绍的方式，同时以动作和实物作为辅助，让儿童有更多观察、分析教师展示的游戏情境的机会。

（二）清晰明了地讲清游戏规则

为了使儿童真正听懂并理解游戏规则，教师在交代游戏规则时，应注意以下几点。

1. 使用简洁明了的语言

教师在交代游戏规则时，要注意语言的简洁性、生动性，尽量使用儿童能听懂的词语和儿童喜欢的简短句式，切忌冗长、啰唆、重复的解释，以避免儿童无法抓住要领，不能及时领悟、理解游戏的规则而转移注意力，影响游戏的进程。

2. 讲清游戏规则的要点和活动步骤

游戏规则的要点一般都是游戏中儿童要按照规范说出的话，教师要让儿童明白说什么和怎么说。同时，还要帮助儿童清楚地了解游戏的步骤或顺序，即先做什么，后做什么，什么角色做什么，等等。这样，他们才能顺利开展游戏。

3. 把握音量和语速

在交代游戏规则或示范游戏玩法时，教师要考虑儿童的反应速度和听力水平，适当放缓语速、提高声调和音量，尤其是在针对游戏规则中回答问题或说一句话时。这种语言是示范性的，可以帮助儿童参照、理解，一定要让儿童听清楚，以便加深印象。同时，也要让儿童感觉这部分信息的重要性，提高其倾听、理解游戏规则的自觉性。

4. 讲解与示范相结合

教师可以通过示范和讲解相结合的方式，帮助儿童更加清晰地理解游戏的基本规则。正确的示范可以使儿童掌握正确的玩法，避免游戏中可能出现的问题，高质量地完成任务。教师可以通过语言的解释或语言、动作示范相结合的方式，增强语言表达的感染力，促进儿童对游戏规则含义的理解。因此，教师在交代游戏规则时，不仅需要“动口”，必要时还要做到声情并茂，“手舞足蹈”。

5. 将语言学习的重点内容转化为一定的游戏规则

凡是听说游戏都带有一定的游戏规则。听说游戏中的规则并不是凭空制定的，而是教师在设计听说游戏时，根据具体的语言教育目标，选择适当的语言学习内容，并将本次活动的语言学习重点转化为一定的游戏规则。当儿童参与听说游戏时，他们必须遵守一定的游戏规则，按照游戏规则进行游戏，在这样的活动中锻炼了儿童的听说能力，并且在此过程中，也提高了儿童在语言交往过程中的敏捷反应能力。

听说游戏也是一种活动进程，儿童在参与时需要根据一定的规则迅速调动个人已有语言经验进行编码。这种场合不允许儿童慢慢想、细细思考，如果速度太慢，游戏便会受到影响。

（三）以多种方式引导儿童游戏

教师在引导儿童开展游戏时，可以根据听说游戏的不同内容而选择恰当的方式来进行。教师引导游戏有利于儿童在活动进展中熟悉游戏规则，进一步了解游戏程序，掌握在游戏中运用语言交往的基本思路，从而为独立开展听说游戏做好充分的准备。

1. 教师可以引导儿童轮换参与游戏

教师可以引导儿童分组轮换参与游戏过程，即一部分儿童先参与游戏，其他儿童观察这部分儿童游戏的情况。如有问题，教师可以及时进行点评，也给了其他儿童熟悉游戏规则的机会。然后实行小组轮换，让每一个儿童都有体验游戏规则的机会。

2. 教师可以引导儿童分步参与游戏

如果游戏过程较为复杂，教师可以先引导儿童参加游戏的一部分，待儿童熟悉这部分游戏的规则和玩法后，再继续下一部分的内容，直至儿童熟悉整个游戏过程。

3. 教师可以引导儿童分层参与游戏

教师分层指导有两个方面的含义：一方面是指根据儿童的能力层次来进行引导。游戏开始时，教师可以请一部分儿童和自己一起玩游戏，给其他儿童起到示范作用，然后逐步过渡到全体儿童参加游戏。另一方面是指根据儿童的年龄层次来进行引导。对于 3 岁前儿童和小班儿童，教师引导游戏时可以直接参与，担当主要的角色。而在中、大班，教师在讲清规则和玩法后，再根据儿童的能力和层次分别进行游戏，既可以起到相互示范的作用，又可以检查儿童是否明确游戏的玩法和规则，如发现错误，教师应该及时纠正。当全体儿童都明确游戏的玩法和规则后，就可以正式开展儿童的自主游戏。

4. 教师可以引导儿童选择适合的形式参与游戏

为了保证儿童自主游戏的顺利开展，教师可以根据每一个听说游戏的具体要求来加以指导。有的游戏可以集体活动的形式进行，全班儿童共同参与其中；有的游戏则以小组活动的形式开展，允许儿童自由组合选择适当的场地进行游戏；有的游戏则可以一对一结伴的方式进行。教师采用哪一种活动形式完全取决于儿童参与活动的最佳效果，哪种活动形式能够促进儿童更积极、主动地参与游戏，哪种方式有利于儿童口语水平的提高，教师在引导并组织儿童游戏时就采用哪种活动形式。

（四）注意观察并总结儿童的自主游戏

在自主游戏阶段，教师在发挥儿童主体性的同时，也需要进行角色换位而成为游戏的观察者。教师观察游戏的目的有两个：一是了解儿童对游戏规则的掌握情况和游戏目标的完成情况，督促儿童遵守游戏规则；二是及时发现问题，及时给予帮助和教育。教师的具体任务包括以下几个方面。

1. 及时进行个别指导

在听说游戏过程中，教师要针对不同儿童的游戏水平和个性特点采取相应的指导方式，因人施教。对于不熟悉游戏规则和玩法的儿童，教师应及时提供帮助，使他能更快地融入游戏中去；对于注意力不稳定、易受干扰的儿童，教师要关注他们，引导他们专心游戏，遵守游戏规则；对于交往能力较差的儿童，教师可以通过与他一起玩或引导小朋友带着他玩的方式，激发他对游戏活动的兴趣；对于胆小、内向的儿童，教师要及时鼓励他们，提高他们的自信心。

2. 及时解决游戏中可能出现的矛盾和纠纷

儿童在自主游戏过程中，难免会出现一些因为角色分配不当或其他问题而引起的矛盾和纠纷，从而影响游戏的顺利进行。教师应注意尽量避免和较少强行控制、禁止或批评等否定性的言行，更多地给予赞许、鼓励、肯定等激励性的指导方式，有针对性地解决问题。

3. 及时总结评价儿童参与游戏的行为表现

认真观察是对儿童游戏行为表现进行总结评价的依据。儿童顺利完成听说游戏、回到座位后，往往还在继续兴致勃勃地谈论着刚刚玩过的游戏，这时教师应再回到主导者的角色，根据对整个活动过程的观察、了解，对游戏过程进行客观的评价。对游戏的评价一般由教师主持，教师和儿童共同参加，也可以分组进行现场讲评。教师要对儿童的长处提出表扬，对不足之处也要提出意见和建议，鼓励儿童在下一次活动中更加积极参与。对于年龄较小的儿童，可以用游戏的口吻进行讲评；对于年龄较大的儿童，教师可以提一些合理的建议或让儿童自我评价。及时的总结评价可以强化游戏的正确玩法，进一步明确游戏的规则，纠正游戏中出现的问题，为日后更好地开展自主游戏奠定基础。另外，教师对儿童游戏行为表现的评价与态度不仅能让儿童感受到游戏带来的满足和快乐，还可以更好地发挥听说游戏的教育功能，提高儿童的分辨能力，促进儿童语言能力的发展。

听说游戏能够反映出“教学游戏化，游戏教学化”的课程游戏观。下面案例 5-4 介绍如何组织与实施听说游戏。

【案例 5-4】

白鹅和狐狸（小班听说游戏活动）

活动目标

1．学习发准“鹅”“河”“歌”等容易混淆的字音。

2．尝试边念儿歌边做动作，敢于在集体面前大胆说话。

3．理解并遵守游戏规则，愉快地参与集体游戏。

活动准备

1．狐狸头饰和鹅妈妈头饰各一个。

2．在教室中间画一条横线作为河流的标记。

3．儿童用书人手一册。

活动过程

1．引导儿童打开儿童用书，提问：画面上有什么？发生了什么事？接着，教师念儿歌，让儿童进一步了解儿歌的内容。

*着重帮助儿童发准“鹅”“河”“歌”等相似音，并纠正儿童的不正确发音。

*教师可带领儿童念儿歌 2～3 遍，并告诉儿童：今天我们要玩一个“白鹅和狐狸”的游戏。

2．教师向儿童简单地介绍游戏的玩法和基本规则。

*“白鹅”在河边，边念儿歌边做鹅走路的动作。

*当儿歌念到“一只狐狸跑过来”时，“狐狸”才能从座位上站起来。

*儿歌念完后，“白鹅”才能跳河，这时，“狐狸”才能跑过来抓“白鹅”。若“白鹅”被抓住，可停止游戏一次，也可与“狐狸”对换角色。

3．引导儿童游戏，让儿童初步了解游戏玩法。

*教师戴鹅妈妈的头饰，另一位教师戴狐狸的头饰，请 10 位儿童扮白鹅。游戏开始，全体儿童念儿歌，扮白鹅的儿童沿着“河”岸边，边做鹅走路的动作边念儿歌。当儿歌念到“一只狐狸跑过来”时，“狐狸”从座位上站起来。儿歌念完后，“白鹅”急忙跳河，“狐狸”迅速去抓尚未跳到河里的“白鹅”。游戏结束后，教师再请 10 位儿童上来和教师一起玩游戏。

*开展游戏活动。

游戏活动前，教师强调游戏规则，提醒儿童念完儿歌后，白鹅才能跳下河，狐狸才能跑出来抓鹅。然后，分别请两名较能干的儿童扮狐狸和白鹅妈妈，让儿童独立开展游戏。

5.4 公开课《金锁银锁》听说游戏

【本章练习】

1．听说游戏活动设计与组织的第一步骤是（　　）。

A．设置游戏情境　　B．明确游戏规则

C．教师指导儿童游戏　　D．儿童自主游戏

2．在听说游戏的儿童自主游戏阶段，教师处于（　　）。

A．主导者地位　　B．主体者地位

C．帮助者地位　　D．旁观者地位

【真题再现】

（2017 年下）[判断题]

1．听说游戏是为了吸引儿童愉快地参加游戏，一般没有明确的语言教育目标。（　　）

（2020 年下）[填空题]

2．听说游戏包含的语言教育目标具有__________、__________、__________的特点。

【模拟测试】

[判断题]

1．听说游戏是在活动过程中逐步扩大游戏的成分。（　　）

2．听说游戏就是以游戏的形式开展语言活动。（　　）

第五章参考答案

【拓展阅读】

我国著名的教育家陈鹤琴先生曾经说：“游戏是孩子的生命。”席勒也曾说过：“只有当人游戏时，他才是完全的人。”儿童学习主要是在生活和游戏中进行的，丰富的生活和游戏是孩子最好的课堂。无论是个性的形成，还是智慧的产生，都要通过孩子本身的行动得以实现，遵从孩子的想法，强调游戏和富有刺激性的环境，及时充分发掘孩子的潜能，才是孩子健康成长的正确教育方法。

游戏课程是幼儿园的基本活动，教师应以游戏为主要教育手段，在实践活动中进行，理论联系实际。美国心理学家、教育学家杰罗姆·布鲁纳研究认为，在游戏中儿童可以最为迅速地掌握本国语言，语言中最复杂的语法和实用形式都是首先在游戏活动中出现的，如果一味地教儿童一些复杂的词汇，儿童对于词汇的掌握只能长期停留在消极词汇当中，只有在游戏情境中，消极词汇才可转化为积极词汇。

实践证明，儿童语言发展的重要途径之一是通过游戏。语言是个体与社会沟通的主要桥梁，广义地说，语言有三种主要方式：动作语言、口头语言和书面文字。通过游戏，儿童语言的发展过程充满了多元化和趣味性。例如，借助角色游戏，儿童可以通过不同角色扮演来了解文字的含义；而通过对白，儿童可以练习说话；通过扮演，儿童可以熟练运用

肢体语言。狭义地说，儿童约自两岁起经常进行各种语言的游戏，包括声音游戏、造句游戏和语意游戏，这类语言游戏不仅能让儿童练习和精通语言，学会用组合的方式把语言作为思想和行为的工具，而且能增进儿童的内在语言知觉，即认识和分析自己的语言形式和规则的能力。大量的语言是通过实践练习来学习的。游戏为儿童提供了语言表达的环境，儿童在游戏中必须与同伴交流，练习表达与理解。在儿童的早期生活经验中，没有什么活动比游戏更能提供丰富的内容和经验的了。

资料来源：http://www.doc88.com/p-2425055788735.html.

第六章　学前儿童文学活动

【本章导读】

文学艺术是人类文明的宝贵财富，通过文学人类反省自身，不断向前发展，文学是人类社会的一面镜子，反映着社会中的个体和群体微小或宏观的社会生活，存留着个体的喜怒哀乐，探讨着作为人类自身的价值和意义。学前儿童文学活动作为文学活动的一种特殊类型，侧重于表现善良、乐观、美好、积极等文学主题，意在传达人类社会美好、阳光、积极和进步的思想主题，通过文字给儿童搭建出美好的艺术世界，丰富儿童的精神内涵，同时发展学前儿童认知、社会性、情感等各方面的能力，促进学前儿童积极健康地成长。

本章首先从文学活动的含义出发，描述了学习文学活动对儿童发展的意义；其次，较详细地论述了学前儿童文学活动的特征和主要类型；最后，着重阐述了学前儿童文学活动的设计原则、文学活动的目标，以及如何开展学前儿童文学集体教学活动。

【学习目标】

1．了解学前儿童文学活动的含义以及学前儿童文学活动的意义。

2．理解学前儿童文学活动的特征和主要类型。

3．掌握学前儿童文学活动的目标、设计原则。

4．学会设计学前儿童文学集体教学活动，并做出相应的指导。

【学习重点与难点】

学习重点：掌握学前儿童文学活动的目标、设计原则，并以此来指导学前儿童文学活动的设计与实施。

学习难点：学会设计学前儿童文学集体教学活动，并做出相应的指导。

【思维导图】

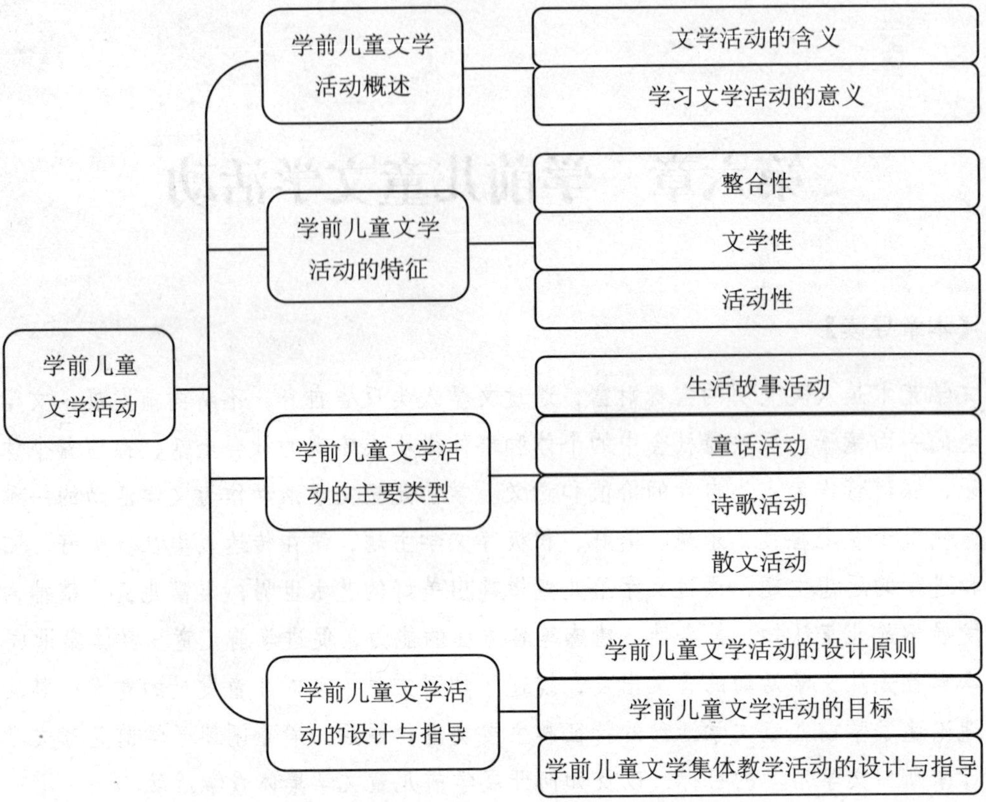

【情境导入】

上大班的小花回到家跟妈妈说今天在幼儿园老师教了一首散文诗叫《秋天的颜色》，妈妈觉得很新奇，想让小花背给妈妈听，但小花说自己不记得了。于是妈妈产生了疑问，散文诗这种类型的文学作品适合小朋友学习吗？小花在幼儿园还学习了其他什么内容呢？学前儿童文学活动究竟需要让孩子学习哪些内容呢？

学前儿童文学活动是学前儿童语言教育的重要组成部分，学前儿童通过学习文学作品从中获得审美体验、社会经验、生活常识、道德准则、社会规则等重要内容。那么学前儿童文学活动的内涵是什么？学前儿童在此阶段开展文学活动有什么意义呢？学前儿童的文学活动有哪些常见的类型呢？学前阶段的文学活动又该怎么开展呢？ 让我们带着这些问题开启本章的学习。

第一节　学前儿童文学活动概述

学前儿童文学是儿童文学的一部分，是儿童认识世界的一扇窗，它不仅描绘了至纯至真的文学世界，同时还为儿童传递了一种对待生命的态度，儿童通过聆听、阅读、体验文学作品，可对其语言发展产生积极影响。

一、文学活动的含义

学前儿童文学活动是一种以优秀的文学作品为载体在学前教育机构开展的教学活动。文学活动的开展依托于相对应文学作品的选择，而不同类型、不同体裁的作品对于儿童的语言发展有不同的侧重。例如，诗歌类的语言活动重点在于“诗”这种文学体裁语言形式的欣赏和学习，包括诗歌的结构、诗歌的语言表达、诗歌的情感表达等，这些内容是诗歌这种文学体裁所特有的，因此相应的诗歌类的文学活动应把引导儿童诗意语言的表达、诗意情感的表达、诗歌结构形式的创作与仿编等作为其重点呈现对象。也就是说，学前儿童的文学活动是基于不同文学作品不同的文本特点加以组织的适合于学前儿童学习的集体教学活动。

二、学习文学活动的意义

对于学前儿童来说，学习文学活动对其发展有多方面的意义。

（一）学习文学活动是打开儿童感知世界的窗口

文学活动的意义在于为儿童打开认识世界的窗口，古语说：“秀才不出门，尽知天下事”，说的就是通过阅读，通过对书本的学习，了解世间万物运行的规律和法则。文学活动对儿童来说更有其独特的意义。书本中的大千世界，不同人物的不同生活，不同国家的地理风貌，以及意识层面、文化层面、社会层面上的规则意识、道德标准、风俗习惯等都能给儿童带来不同于日常生活的全新体验。儿童能够在书本中找到更多的朋友，获取更多的信息，更重要的是，在教师的带领下，在文学活动的开展中，掌握书本中、文学作品中的核心内容，通过文学作品中具象的人物和事件的呈现了解微观中的世界原貌。

（二）学习文学活动可以增强儿童的审美体验

对美的事物的欣赏和追求是人的天性，而文学作品能够提供给孩子更加丰富的审美体验。对真、善、美的歌颂和追求是文学作品的永恒主题，尤其是儿童文学作品，这类针对儿童创作的作品，从儿童的思维特征出发，致力于为儿童建构独属于他们的精神世界，让儿童可以在其中感受世界上美好的东西，包括友情的美好、亲情的可贵，以及爱情的初步认识等，而这些美好情感的体验丰富了儿童的感知，增强了辨别是非善恶的能力，是儿童在漫长的生命旅程中的宝贵财富。

（三）学习文学活动可以对儿童进行文学素养的启蒙教育

文学这种艺术形式同其他音乐、舞蹈等艺术形式一样，有其独特的创作规律和自成体系的系统理论，因此学前阶段的文学作品学习是对儿童进行文学启蒙的最好形式。通过教师的组织教学，能够让儿童了解到文学作品中的不同体裁，知道诗歌、小说、故事、童话等都是文学作品中常见的体裁类型，以及不同类型作品形态的特征，更具体的部分包括不同作品类型的语言表达特点、词汇的运用、作家创作的手法等具体方式的运用和学习，虽然学前阶段的儿童不能深刻地了解和把握这些知识，但是在跟随教师的学习过程中，通过复述朗诵或者对文学作品的听赏，去感受语言表述的魅力，去感受作者抒发的情感，等等，这些都是对于儿童文学素养的最好启蒙。

（四）学习文学活动能够培养儿童文学语言表达的能力

学前儿童的语言表达分为口语表达和书面语言的表达，口语表达的学习可以通过日常生活中的谈话和交流得到练习和训练，而书面语言的表达和练习则必须通过正式的文学作品来获取。因此，通过文学作品活动可以让儿童获得正式的文学语言的表达，扩宽和加深儿童语言学习的维度。例如，诗歌类型中富有诗意的语言、故事中直白的叙事方式、童话中富有想象力的词语运用等，以及词汇的运用、句子的结构方式、句式表达形式的学习等，这些都是丰富儿童词汇和句子表达的最佳途径。

6.1　科尼斯伯格：儿童文学如何帮助孩子成长

想一想

文学作品能够带给学前儿童哪些体验？

第二节　学前儿童文学活动的特征

一、整合性

学前阶段儿童的发展不是某一方面单独独立的发展，而是整体性的发展，因此，任何针对儿童发展活动的开展都必须兼顾其全面发展，所以，整合性是所有学前阶段儿童教育活动的特征。

（一）目标的整合

学前儿童语言教育领域的目标，一方面围绕着学前儿童语言能力的获得而设置，另一方面则要兼顾其他领域的协同发展。在艺术、健康、科学和社会领域中，语言在其中的作用都是基础而且必要的，其他领域能力的获得需要通过语言作为媒介和桥梁，所以从这个意义上来说，语言领域势必需要与其他领域进行整合。

除此之外，目标设置的三个维度，即认知目标、能力和情感目标也是与五大领域的目标有重合之处，一般来说，三维目标中的情感目标可以对标五大领域中的社会性目标，而认知和能力目标则根据具体的活动开展而进行相应的设置。所以，目标的整合既要与五大领域的目标进行整合，也要从不同的维度进行整合，正如下面案例 6-1 所示。

【案例 6-1】

数花灯（大班语言活动）（节选）[①]

活动目标

1. 欣赏儿歌，理解儿歌内容，学习正确使用量词，并学会用“—×—×”正确表达实

① 资料来源：幼儿园学习网. http://www.chinajiaoan.com/.

物的数量。

2. 借助拍节奏、轮流解说儿歌等形式，进一步感知儿歌重复对称的句式结构，并尝试仿编儿歌。

3. 引导幼儿在故事和游戏中学习，感悟生活。

在上述案例 6-1 的活动设计中，其目标既有语言领域的目标，也有科学领域的目标，既有知识目标，也有能力目标和情感目标，从目标的维度和儿童发展的领域上整合了儿童发展所需要达到的所有目标。

（二）形式的整合

形式的整合主要体现在教学方法上，教师在组织文学作品活动时应采用多样化的教学方法，充分调动起儿童的所有感官机能，帮助其理解和感受。学前阶段的儿童认识世界、了解世界是通过与外界环境的操作和交互中所获得的。因此，文学活动作品的开展需要借助于多种形式来帮助儿童去体验和获得。包括与听音乐、跳舞蹈、做手工、做游戏等形式的整合；除活动中教学方法的整合之外，形式的整合还体现在活动后的二次表达，情感的表达方式多种多样，除文学上的表达之外，教师还应该引导儿童用其他的艺术形式对作品进行二次表达，达到再现作品目的的同时，也能通过多样化的表达方式使儿童获得全方位的发展。例如，下面案例 6-2。

【案例 6-2】

秋天的雨（大班语言活动）（节选）[①]

……

活动过程

……

三、视频观赏

进一步引导幼儿倾听、感知散文的语言美、内容美和情境美。

1. 在欣赏过程中，教师再次利用图片帮助幼儿说出散文中的句子。（赏）

2. 请幼儿认真观看视频，边听边做，跟着音乐自由创编动作。（看）

给幼儿充分的自由，发挥自己的主观能动性，对散文内容进行动作创编，教师适时介入并给予指导和帮助。

本部分创编动作对于大班幼儿来说属于最近发展区，但要对幼儿相对接触较少的散文进行动作创编就具有一定的挑战性，因此在活动中可采取合作创编与自由创编两种方式。以合作创编为主，鼓励独自创编。一方面可培养幼儿的合作能力，另一方面也可为幼儿在独立创编时积累一定的创编经验。创编动作的过程，是一个发挥幼儿想象力和创造性的一个极好的机会，教师一定要充分利用好这次机会，培养幼儿的自信心和创造性。

3. 分组表演与展示创编成果，引导小朋友互相学习。（演）

此过程主要是对第二阶段的总结和拓展。在幼儿自由创编和合作创编的基础上，让幼

---

① 资料来源：幼儿园学习网. http://www.chinajiaoan.com/.

儿分组表演，展示各组的创编成果，这既能加强幼儿间的合作能力，还能提高幼儿的评价能力，看各组表演的同时对照自我，从而慢慢学会客观、全面地评价自己、评价他人。

阶段小结：教师对本阶段小朋友的表现需要进一步的指导和肯定。在“跳一跳”就能“够得着”的学习阶段，幼儿通过不断地尝试与试误，自身内部的评价系统会给以反馈，小朋友相互之间的评价也会给以反馈，在幼儿的评价系统还未发展完善时，对自己的评价往往不太客观，最容易受挫，所以教师要通过不断地观察，适时介入孩子们的活动中，引导和激励他们克服困难，并通过总结帮助小朋友更加客观地评价自己和其他小朋友。

4．表现散文。(读)

本阶段是一个融合阶段，教师的主要任务就是引导儿童运用普通话有感情地跟读散文，体验散文的内容，感受散文的语言美、内容美、情境美，从而喜欢散文，喜欢阅读活动，培养阅读的兴趣和习惯。

在上述案例 6-2 大班语言活动过程中，除朗诵之外，教师还设置了动作音乐、散文动作创编、表演散文等方式，充分整合了可利用的一切形式，丰富了文学作品活动的表现形式，同时也锻炼了幼儿各方面的能力。

（三）内容的整合

《指南》中把学前阶段儿童的学习与发展划分为了五大板块，即五大领域，分别是健康、语言、社会、科学和艺术，因此，文学活动作品的开展要求从文本出发整合其他领域的内容。文学作品本就是作者对于世界的思考，对于人类情感的探讨，特别是对儿童精神世界的建构起到积极作用，因此挖掘文本中与其他领域相契合的内容，不仅是对于文本内容的深入思考和理解，更是儿童发展的需要。例如，下面案例 6-3。

【案例 6-3】

我们等待花儿开（大班语言活动）（节选）[①]

活动准备

1．幼儿有观察过各种植物或种植植物的经验。

2．太阳、朝霞、风、雨、土地、种子、花等的小图标。

活动过程

一、谈话活动：关于植物生长过程的经验

1．请幼儿说说种过什么花，是否开花了，植物开花需要哪些条件。

2．当幼儿说出阳光、水、土壤时，教师可以用表示各个因素的小图标贴在黑板上，帮助幼儿梳理经验。

二、阅读图画：教师和幼儿一起观察画面

1．画面上有什么呢？这个故事是与花有关的。你们知道花儿是怎样从一粒种子长大并开花的吗？

这个过程需要很长的时间，还需要我们做很多的事情，所以我们要慢慢地等待花儿一

① 资料来源：幼儿学习网. http://www.chinajiaoan.com/.

点点长大。所以我们今天学习的散文名字叫作《我们等待花儿开》。

(1)第一幅图:(按从上到下的顺序观察)画面上出现的是什么呢?看见朝霞接着会出现什么呢?看,太阳出来了,你可以用一个动词来描述太阳的状态吗?“太阳升起来了”。太阳会给花儿带来什么呢?没有太阳,花儿会怎样呢?这时的花儿又是什么样子呢?

(2)第二幅图:这次出现的又是谁呢?风是怎样来的?你可以用一个动词来形容一下吗?风儿会带来什么呢?教师注意引导幼儿使用确切的动词。这时候花儿是什么样子的呢?

……

《我们等待花儿开》是一篇富有诗意的科学作品,以优美的文字描述了花儿的生长过程,整合了语言和科学领域的内容,把科学知识以一种优美的方式传达给儿童,让儿童在体验意境美的同时,更容易接受。

二、文学性

文学作品活动的文学性指的是文学作品具有文学的本质特征和客观属性,而文本的特征和属性不同于日常口语的随意表达,其用词更加凝练,语句的表达上更富有逻辑,是培养儿童书面语言表达的载体。

(一)文学语言表达的获得

书面语言的表达与口语表达是两种不同形式的语言体验和获得,文学作品的语言是经过作者严加打磨的体系完整的、逻辑性较强的文字表达,因此对于儿童书面文字和语言的表达具有较强的优越性。儿童文学作品相对于成人文学作品而言,不仅在语言上浅显易懂,朗朗上口,情节上简单明了,主题鲜明,形象鲜明生动,图文并茂,还充满童趣,富于音乐性,适合儿童阅读和学习。

(二)审美体验的获得

文学作品的意义之一是把人类普遍的共通性情感进行放大和聚焦,因此其中对于人性中光辉和闪光部分的讴歌和歌颂是肯定人生而为人的价值所在,而学前儿童通过各种形式的文学作品的演绎能够从中获得人类普遍共通的情感体验,这些情感体验有利于儿童社会性中共情能力的发展。

三、活动性

学前阶段的儿童由于其思维发展的独有特征,活动性是学前阶段教育的基本特征,学前阶段儿童的学习都是通过各种活动的形式来获取的。

(一)集体教学活动

集体教学活动是教师面向全班儿童所开展的教学活动形式。在学前儿童的文学作品活动中,集体教学活动通常是教师根据儿童不同的发展阶段和发展水平,选择适当的文学作品作为文本和教学媒介,在此基础上设置符合儿童发展水平的教学目标,并选择合适的教学组织形式呈现文本的内容,在儿童参与活动的过程中达成教学目标的过程。集体教学活动的最大特征是适合于大部分处于同一发展水平的儿童。

（二）小组阅读活动

小组阅读活动是教师把全班的儿童按照发展水平和能力进行分组，每一组由能力较强的儿童和能力较弱的儿童组成，由能力较强的儿童带领阅读。小组阅读的优势在于阅读的氛围更加自由，儿童的自主性更强。同时，小组阅读对于儿童之间的发展和交流也具有一定的优势，小组阅读是儿童与儿童之间进行的阅读活动，因此所有的交流和沟通具有平等性，儿童可以在阅读过程中进行相关的讨论和思考，这样的良性的讨论是在非常自由的环境中进行的，因此儿童表达和交流的意愿会更强烈。

（三）个体阅读活动

个体阅读活动是儿童根据自己的兴趣选择文学作品的活动，因此这类活动反映的是儿童日常的阅读喜好和阅读兴趣。同时它也是对集体教学活动的补充，三种不同形式的文学作品活动，各有其优势和不足，综合利用则可以兼顾儿童发展的全面性和个体性。

第三节　学前儿童文学活动的主要类型

一、生活故事活动

儿童文学作品中的生活故事活动贴近儿童生活、反映儿童生活现实的文学作品类型。生活故事最大的特征是真实感和熟悉感。学前儿童能够在其中投射自己的生活现状，从中得到认同和肯定。因此，生活故事活动一定要让孩子有共鸣，或是对自己不良行为的反思（见下面案例 6-4），或是对儿童良好行为的鼓励和肯定，更有甚者仅仅是令人发笑的有趣的事件。

【案例 6-4】

大卫，不可以（小班语言活动）①

活动目标

1．阅读并感受故事画面中情节的转换，理解绘本故事的内容。

2．通过观察画面，知道遵守生活中简单的规则，感受妈妈的爱。

活动准备

1．材料准备：绘本 PPT 版本 1 份、绘本幼儿人手一份。

2．经验准备：幼儿在班级里能听从教师的简单规则。

活动重点与难点

重点：能理解绘本内容，感受生活中规则的意义。

难点：能用自己的语言表达出对绘本内容的理解。

① 资料来源：幼师宝典. http://www.youshibaodian.cn/a/45fd8e1e1483485cb19d06933263a0fd.html.

活动过程

（一）出示绘本《大卫，不可以》封面导入，引导幼儿自由表达自己所看到的内容。

教师："今天我带来了绘本《大卫，不可以》，请你们说说封面上都看到了什么？"

（二）幼儿自主阅读绘本，教师引导幼儿观察画面中的男孩子所做的事情。

教师："大卫究竟做了什么不可以做的事情呢？请小朋友认真地一页一页地看，一会儿我会请小朋友分享你所看到的内容。"

（三）幼儿自主阅读后分享在绘本中所看到的内容。

教师："谁来说说你看到大卫做什么了，是谁在跟他说'不可以'呢？"

（四）教师与幼儿集体阅读绘本《大卫，不可以》，以提问方式引导幼儿理解绘本内容。

1．教师："我们一起再来看一遍《大卫，不可以》吧。"（教师按封面、扉页、内页、封底的顺序带领幼儿再次精读绘本）

2．教师："大卫先做了什么事情？为什么妈妈说'大卫，不可以'？"

3．教师："大卫又做了什么事情？妈妈说了什么？为什么妈妈要这样说？"

4．教师："大卫打破花瓶后，妈妈做了什么？说了什么？"

（五）引导幼儿联系自己的实际生活，感受妈妈对我们的爱。

教师："小朋友在家有没有遇到过这样的事情呢？妈妈是怎样做的？如果你是大卫，你应该怎样做？"

活动延伸

教师与幼儿讨论：小朋友在幼儿园里和在家里有哪些事情可以做？

二、童话活动

童话是一种以非生活本身形式塑造艺术形象并适合儿童阅读的文学作品①，具有时空的虚拟性、形象的超越性、事件的假定性等特点。童话活动因其天马行空的想象和幻想赢得了孩子们的喜爱，是最受儿童欢迎的文学体裁之一。学前儿童的万物有灵的思想特征注定了他们对于童话故事的偏爱，童话活动带给儿童的是脱离于现实的另一个有趣且奇特的世界，对于其想象力的发展具有非常重要的意义。例如案例 6-5 中，花脸虎的喷嚏把小熊打进了河里，小猴被喷嚏震得摔了下来，把鸟妈妈的鸟窝也打走了，这些平时在生活中不会发生的事情在童话中都可以发生，使得儿童在学习时，可以尽情地发挥自己的想象。

【案例 6-5】

花脸虎的喷嚏（中班语言活动）②

活动目标

1．理解故事内容，初步学习按情节线索进行想象。

2．尝试运用恰当的语句表达自己的想法和感受。

3．体验故事中角色的情感变化和感受体谅、关心别人的心情。

---

① 吴其南，吴翔之．儿童文学新编[M]．杭州：浙江大学出版社，2009：116.

② 资料来源：早教网．http://www.cnzaojiao.com.cn/index.html.

活动重点与难点

重点：学习按情节线索想象。

难点：尝试用恰当的语句表达自己的想法和感受。

活动准备

1．拉线桌面教具一套，胸饰若干。

2．薄纸每人一张。

3．表演用服装、道具（实物）若干，小篮子九个。

活动过程

一、激趣设疑

1．幼儿每人一张薄纸，感受喷嚏的威力。

2．介绍故事名称，讲述第一段。

提问：花脸虎打了这么有威力的喷嚏，可能会发生什么事呢？

二、理解故事情节发展，尝试按线索想象

1．操作教具，讲述第二段。（运用渐进提问方法）导语：那么是不是发生了和小朋友说的一样的事情呢？（边操作边提问）

一个喷嚏把小熊打进了河里。（憋足了劲儿）花脸虎的喷嚏把小猴怎么了？看见树上的鸟窝，又会发生什么情况？

听讲第二段后：这时花脸虎会怎么想？小动物们又会怎么想？

2．听讲第三段：

你听到小动物在说什么？

花脸虎心里是怎么想的？

3．尝试思考和想象，让幼儿大胆地说出自己的想法和感受。

4．体验角色情感变化。

提问：你得过感冒吗？你得病时会希望什么？如果你是小动物，你会原谅花脸虎吗？（感受关心别人心情）幼儿自由回答治感冒的方法，帮助幼儿积累经验。

三、创编结尾，倾听完整故事

1．幼儿四人一组，选择表演道具。

2．分组编结尾，教师巡回听讲。

3．倾听完整故事。

导语：老师也想了一个结尾，现在我把整个故事和我编的结尾讲给大家听。

四、概括讨论，表演延伸

1．你喜欢故事里的谁？为什么？

2．你愿意学它们吗？

三、诗歌活动

诗歌活动，包括儿歌、儿童诗、古诗、绕口令、谜语歌等形式的诗歌类型。儿歌朗朗上口，反映民间的生活和价值观，先音节，后词义，注重节奏和韵律，有利于儿童的发音练习。儿童诗构思新颖、富于情趣、稚拙朴素、灵动真挚，是对儿童原始审美体验的赞同与认可，且语言明快、节奏感强。古诗用词精辟，语句凝练，严谨的韵律和节奏以及平仄的分布和排列都体现了较高的语言文字表达的范例。绕口令有趣好玩，对于儿童较难发的音有区别和矫正的作用。谜语歌通过对事物本质特征的描述形成谜面，对于儿童的发散思维和归纳事物本质特征的思维能力都有很好的训练作用。以上这些都对儿童语言的发展起到促进和推动作用。例如下面案例 6-6 就是一个学习诗歌的语言教育活动。

【案例 6-6】

月亮（中班语言诗歌活动）①

活动目标

1．欣赏诗歌《月亮》，会运用诗歌中的对话表达月亮与小鸟、青蛙、宝宝之间的友情。

2．通过回忆、想象、观察、讨论和诵读，理解挂、漂、盛的含义，感受诗歌的语言美。

3．体验夜晚大自然的美好与宁静。

活动重点与难点

活动重点：会运用诗歌中的对话表达月亮与小鸟、青蛙、宝宝之间的友情。

活动难点：理解挂、漂、盛的含义，感受诗歌的语言美。

活动准备

PPT 图片，音乐《月光曲》《月亮船》伴奏，小鸟、青蛙、宝宝、树梢、池塘、脸盆图片，挂、漂、盛字卡。

活动过程

一、开始部分

1．播放贝多芬的《月光曲》。教师："很高兴认识中二班的小朋友，现在请小朋友闭上眼睛，深吸一口气，想象一下，然后睁开眼睛。"

2．夜晚静悄悄，在漆黑的天空中会有什么？（星星、月亮）

3．夜空中的月亮是什么样子的？谁能用动作表示？月亮的朋友会是谁呢？（星星）

4．星星会对月亮说什么？月亮还有哪些好朋友呢？我们一起来听听诗歌里是怎么说的。

二、基本部分

1．教师配乐朗诵诗歌。

2．诗歌中月亮的好朋友都有谁？（小鸟、青蛙、宝宝。出示图片）

3．小鸟、青蛙、宝宝是怎么和月亮说的？

4．教师请出主人公，幼儿说出主人公的话，小鸟说……青蛙说……宝宝说……

5．月亮的朋友小鸟、青蛙、宝宝在哪儿看到了月亮？（再朗诵一遍）

（1）小鸟在什么地方看到了月亮？（树梢）什么是树梢呢？（孩子自由说，教师讲解树枝的顶端，尖尖端。鼓励幼儿用肢体动作表示，教师扮演月亮挂在树梢上）

（2）青蛙为什么会在池塘里看见月亮？

（3）宝宝在什么地方看到了月亮？为什么会在脸盆里？（可以抱抱月亮）

6．出示 PPT 图片，引入：究竟有几个月亮？在哪里？为什么会在池塘里、脸盆里？（倒影）设置情境：一阵风吹来，月亮会怎样？（教师吹风，幼儿扮演月亮）

---

① 资料来源：旬阳县第三幼儿园郭远玉老师执教。

7．教师朗诵前半段，幼儿朗诵后半段。

8．理解挂、漂、盛的含义，并将字卡对应放在树梢、池塘、脸盆的图片位置。

- 树梢上的月亮是怎样的？在哪儿用过“挂”？
- 池塘里的月亮是怎样的？你能用动作表现一下吗？
- 脸盆为什么是盛一个月亮呢？（像碗一样）什么时候用过“盛”？

9．教师朗诵前半部分，幼儿朗诵后半部分。

10．配乐完整朗诵。（提示用好听的声音）

三、结束部分

1．你喜欢诗歌中什么地方的月亮？为什么？

2．月亮还会和谁好？

四、散文活动

散文这种文学类型多是作者自身情感的表达，因此散文较多地承载了情感抒发的作用，散文精心雕琢的文字和句子，精心营造的富有诗意的意境，抒发了作者内心的情绪情感和生命感受，散文是感受文字语言魅力最为合适的文学体裁。儿童散文是散文的一个分支，以多样的方式、丰富的内容、真挚的情感、优美的意境和儿童化的语言给孩子多方面的审美享受。例如，下面案例 6-7。

【案例 6-7】

春雨的色彩（中班语言散文活动）①

活动目标

1．欣赏和朗诵这首散文诗，感受春雨的美丽。

2．在理解散文的基础上感受春天的生机，知道春雨对万物生长的作用。

活动准备

《春雨的色彩》课件，图片。

活动过程

一、导入

1．听音乐《春野》，师幼谈话：“小朋友们，现在是什么季节？（春天）春天的景色非常美，咱们一起去找春天，好吗？”

师幼一起看课件《春天来了》：小燕子飞回来了，小河里的冰融化了，小草发芽了，小花开了。

教师：“小燕子可以飞到小河里去洗澡、喝水，可是小草和小花也想洗澡、喝水，怎么办呢？”（请小朋友帮忙，引出春雨。）

2．教师问：“小朋友，你们知道春雨可以帮小花、小草洗澡，但是你们知道春雨是什么颜色的吗？（绿色）你为什么说春雨是绿色的呢？”

3．教师：“下面请小朋友们欣赏一首好听的散文诗，听一听散文诗里是怎么说的。”

① 资料来源：屈老师教案. https://www.qulaoshi.com/zhongban/yuyan/88/.

二、主体部分

1．欣赏课件《春雨的色彩》。

提问：小朋友们，你们看到了什么？（下雨了）听到了什么声音？（沙沙沙）房檐下都有谁？（小燕子、小麻雀、小黄莺、小白鸽）它们在争论一个什么问题？（春雨的色彩）它们认为春雨是什么颜色的？为什么？

春雨听了大家的话是怎么做的？我们一起完整听一遍散文诗，看你们刚才回答得对不对。

2．欣赏完后再提问：这首散文诗叫什么名字？小鸟们在争论一个什么问题？它们认为春雨是什么颜色的？

3．小朋友们完整看课件，小声跟诵散文，可学说小鸟的对话，并自选角色进行表演。

4．请小朋友们分角色朗诵这首散文诗。

教师小结：通过这首散文诗，小朋友们知道了小草、柳树、桃树、油菜花等植物的生长都离不开雨水。春雨非常美，它让春天的大地变得万紫千红。

三、结束部分

小朋友们，想不想把美丽的春雨画下来呢？（想）带幼儿开着小飞机到活动室画春雨。

第四节 学前儿童文学活动的设计与指导

一、学前儿童文学活动的设计原则

科学地设计学前儿童文学活动需要遵循以下几个方面的原则。

（一）以文本为核心

儿童文学作品活动是以文学作品为载体开展的学前儿童教学活动，因此在实施和开展的过程中一定要确保文本的核心地位，在把握文本核心内容的基础上再进行文学活动的设计与组织，不能脱离文本任意地创造和组织。

（二）以语言发展为目标导向

尽管在学前阶段的教育中我们不断强调整合教育的重要性，但是在不同的领域我们仍然对其有不同的侧重性。因此，语言领域的儿童文学活动仍然应该以学前儿童语言发展的目标为主要导向，同时兼顾其他领域的发展目标，由此，在目标的设置上我们不能舍本求末，忽视了语言目标设置的主导性。

（三）以多样化的组织形式为媒介载体

儿童文学活动的开展方式应该是多种多样的，只要有助于文本作品表现的活动形式都可以开展。例如，诗歌活动的诗歌鉴赏加有感情的朗诵、童话活动的分角色的童话剧表演、儿歌活动的创意儿歌舞蹈等都可以作为文学活动的开展方式。

二、学前儿童文学活动的目标

学前儿童文学作品活动是通过讲读和欣赏文学作品来学习语言的一种活动类型，因此有以下几个方面的目标定位。

（一）培养儿童对于文学作品的欣赏能力

借助文本作品的文学活动开展的目标之一是培养儿童对于文学作品的欣赏能力，学前儿童通过对文学作品的学习能够让其感受到文字中的情感和温度，理解作者投注在作品中的精神内核，感知作者通过文字传达出的对于世界的态度。而这些较为深刻的内容的获得不是一朝一夕儿童就可以获得的，需要不断的、长时间的优秀文学作品的浸染才能逐渐提高儿童对于文学作品的鉴赏能力。

（二）培养儿童的倾听能力

儿童的倾听能力是学前阶段幼儿重要的发展之一，倾听能力的发展是儿童社会化发展的关键性能力，能够有效地倾听并获取信息是儿童进行社会性交往的基础。而由于学前阶段儿童识字量的匮乏，基本上所有的文学活动都是在教师的口述表达或者借助语音表达来进行的，也就是听赏的形式，因此，这种听赏形式的文学活动天然的有助于儿童倾听能力的发展。

（三）培养幼儿的语用能力

文学作品中的语言精练、优美，相比较日常口语化的语言，儿童能在其中培养起自身的语言运用能力。例如，扩展儿童词汇量、句型量等。儿童语言获得的主要途径是与外界的交流互动，而口语由于其逻辑性较差，使用较随意，以及以传达信息为主，这些特征使得儿童在交流的过程中无法有效地对交流对象所运用的一些较难、不易理解的词汇和语句进行及时的记忆和总结。因此，儿童文学活动的一大目标就是扩展儿童的词汇量和句型量，帮助他们掌握优秀的语言表达，顺畅地进行语言运用。例如，下面案例 6-8《秋天的雨》就是一篇充满了诗意的散文，其优美的、富有诗意的语言，是让儿童感受诗意语言的最佳途径。

【案例 6-8】

秋天的雨（散文诗）

秋天的雨，“嘀嗒嘀嗒”地唱着歌。

秋天的雨，是一把钥匙，带着清凉和温柔，轻轻地，轻轻地，你还没注意，秋天的门，就悄悄地打开了。

秋天的雨，有一盒五彩缤纷的颜料。你看，她把黄颜色给了银杏……黄了的树叶扇呀扇呀，像一把小扇子，扇走了夏天的火热；她把红颜色给了枫树……红红的枫叶飘呀飘呀，像一枚枚邮票，邮来了秋天的盛装。金黄颜色呢，是给田野的，看，田野像金色的海洋；橙红颜色呢，是给果树的，听，橘子柿子们你挤我碰，喊着人们去摘呢！还有各种各样的颜色，都给了菊花仙子，紫红的、淡黄的、雪白的……美丽的菊花在秋雨里点头。

秋天的雨，有非常好闻的气味呢！不信啊，你闻：菠萝甜甜的，梨子香香的，还有苹果、橘子、稻谷，好多好多，在小雨滴中藏着呢！小雨滴还带来了烤山芋、糖炒栗子的香味。小朋友的脚呀，常被那香味勾住。

秋天的雨，有一支金色的小喇叭，它告诉大家，冬天快要来了。小喜鹊衔来了树枝造房子，小松鼠找来松果做粮食，小青蛙在加紧挖洞，准备舒舒服服地睡一大觉！还有小树叶呢，常绿树的树叶穿上厚厚的油亮亮的衣裳，落叶树的树叶飘呀飘，飘到大树妈妈的脚下。大伙都在准备过冬了。

秋天的雨，带给大地的是一曲丰收的歌，带给小朋友们的是一首快乐的歌。

秋天的雨，“嘀嗒嘀嗒”地唱着歌……

上述案例 6-8 散文《秋天的雨》里用颜色来描绘秋天，给秋天调配了五颜六色的色彩，用颜色和气味营造出了秋天多彩和香甜的意境。而文中的句子，“秋天的雨……”“黄了的树叶……像……”“红颜色……像……”等这样的句子，以及“甜甜的”“香香的”等这样的词语让幼儿学习和仿编，可以扩展幼儿的句型和词汇量。

做一做

尝试为大班的小朋友选择一个文学作品，并说明理由。

三、学前儿童文学集体教学活动的设计与指导

集体教学活动可以很好地发展文学作品的作用，让孩子的文学语言得到提升。学前儿童文学集体教学活动可从以下几个方面进行设计与指导。

（一）文学作品的选择

选择适合儿童的文学作品是组织和开展教学活动的基础和前提。学前阶段的儿童有其独特的心理特征和发展特点，因此选择的作品应该具有以下几种特征。

情感上应该积极向上、细腻真挚，可以是对儿童情感的重视和肯定，也可以是成人对于真善美情感的歌颂和赞扬，引导儿童在情感上拥抱美好的事物，摒弃丑恶的现象和事物。例如，《猜猜我有多爱你》《三个强盗》《活了一百万次的猫》等作品，其内核都是颂扬人类情感中最真挚、最美好的部分。

内容上应该丰富多样，不同体裁的文学作品能够带给儿童不一样的知识体验，可以是生活故事，反映儿童自身的生活状态，为儿童的日常生活竖起一面镜子。例如，《煎饼帽子》《大卫，不可以》《生气汤》等描写幼儿日常生活的故事类型。也可以是天马行空，充满想象力的童话、神话故事，为儿童插上想象的翅膀，为儿童的生活增添奇幻的色彩，保护儿童还未长大的童心。例如，《阿拉丁神灯》《爱丽丝梦游仙境》《小飞侠》《白雪公主》《灰姑娘》等一类的童话和神话类作品。而诗歌、儿歌类的内容则能让儿童直观地感受到语言的韵律美和节奏美的同时，被诗歌中细腻、优美的情感所打动。例如，下面案例 6-9。

【案例 6-9】

夜晚（儿童诗）

夜晚是一朵黑色的花儿，
黄昏时候开始慢慢绽开，
天刚蒙蒙亮又合上。
细腻的花瓣儿上，
落着星星点点的小甲虫，
闪烁着金色的光芒。
月牙儿在花瓣儿上散步，
一会儿逗着甲虫玩，
一会儿采集扑面的花香。
夜晚是一朵黑色的花儿，
它的花期不长也不短，
足够你把梦做得像模像样。

上述这首《夜晚》的儿童诗充满童趣，为儿童营造了夏天夜晚的自然景象，字里行间充满了诗人对于自然的热爱和充满童心的细腻感情，儿童在听赏的过程中能够通过教师和家长细腻的演绎感受到诗歌中温柔、细腻的情感。

（二）文学作品的活动准备

1. 多媒体 PPT

这种文本的呈现是现在较为普遍的一种文本呈现方式，任何类型的教学活动都可以用 PPT 的方式来做教学媒介。教师依托于现代教学多媒体，把作品文本以图文并茂的方式呈现出来。其优点是便于教师操作并能让儿童有多感官的体验，包括音频、视频等方式。例如，故事讲述中可以加入音效和动画，让儿童更直观地感受故事内容；诗歌和散文活动则可以利用背景音乐渲染气氛和营造意境，调动起儿童的情绪情感。其缺点是无法让儿童实际感受纸质书本的魅力，也就是教学的内容是教师二次加工整理后的内容，儿童想要接触最原始和直接的内容，需要在活动之后翻阅纸质图画书，感受第一手的资料。

2. 大图画书

这类故事文本是教师特制的大型图画书的实质文本，材质有纸张、布贴等。教师在讲述过程中会不断翻阅书本，让儿童近距离地观看图书内容。其优点是故事书制作精良，细节图画呈现都较为真实和可触摸，儿童会更能接受。其缺点是教师课前准备时间过多，耗费时间更多。

然而，不管是哪种形式的材料呈现，儿童学习的核心经验和内容都是一样的，而教学方法和教学材料的使用会根据不同的文本材料呈现方式和不同的故事内容做出相应的改变。

3. 教学活动材料的准备

学前阶段的教学内容都是通过活动的形式进行和开展的，因此，活动材料是教学活动中不可或缺的环节。

1）故事活动的材料准备

为了营造更加富有感染力的故事讲述氛围，教师需要运用到与故事相关的道具作为活动材料使用，可以是动物主角故事的头像、面具，如《三只小猪》里的小猪和大灰狼的头像、《小红帽》里的小红帽和大灰狼的形象等，也可以是表现故事环境和重要情节的道具，如《阿拉丁神灯》里的神灯、《神笔马良》里的神笔等。这些与故事相关的道具使用能让儿童真切地感受到故事的真实性，从而愿意相信这个故事并被故事所吸引。

2）诗歌、散文活动的材料准备

诗歌、散文活动的材料准备更多侧重于意境与环境的塑造。例如，在开展《秋天的雨》这篇散文活动时，教师可以利用道具，准备散文里具有代表性的物品来营造秋天的意境，例如金黄色的银杏树、红色的枫叶和枫树、各种各样的果实等，为散文里描绘的内容增添秋天的意境。

（三）文学作品活动的教学方法

学前儿童文学作品教学活动中常用的教学方法有讲授法、提问法、操作法等。

1. 讲授法

讲授法指的是教师整个的故事讲述过程。教师通过夸张的肢体语言、丰富的表情、富有感情和生动的语言为儿童讲述故事发生的完整过程，让儿童了解故事发生的时间、地点、人物、背景等。

2. 提问法

提问法是学前阶段的集体教学活动常用的教学方法，教师通过提问的方式提醒儿童注意故事的关键内容和细节，以及检测儿童对故事的掌握情况，通过提问让儿童注意到被忽略的关键内容和重要的细节。

教师在故事的讲述过程中通过提问的方式了解儿童对故事掌握的情况和提醒儿童注意故事中较为重要的细节和情节等。了解儿童是否知晓故事发生的客观性条件，包括时间、发生的背景和人物等，以及提醒儿童重点关注故事中重要的转折点和关键人物、被儿童忽略的细节等。例如，在童话故事《白雪公主》中，教师可以提问，故事发生在哪里呀？都有哪些人物呢？坏人是谁呢？等等这些了解儿童对人物知晓与否的提问。同时还可以针对故事的发展进行提问，或者是针对儿童没注意到的细节进行提问。例如，王后为什么不喜欢白雪公主？她是怎样伤害白雪公主的？等等这类的问题，这些都可以通过提问的方式来获取。提问是贯穿于整个故事讲述过程中的教学方法，对于故事教学活动来说具有非常重要的意义。

3. 操作法

操作法是儿童通过角色扮演或者是手偶扮演感知故事中人物的方式，操作法的使用能够使儿童进入故事中人物的内心，从而把自己代入故事中，充分体验故事中人物的内心活动状态，同时也能使儿童通过这样的方式了解人物的性格特征和理解人物的行为动机。例如，在《阿拉丁神灯》的故事活动中，教师可以制作神灯作为故事讲述中的使用道具，让儿童许下三个愿望增加故事讲述的乐趣等。

（四）文学作品活动的教学过程

1. 故事活动的教学过程

1）文本的学习

以文本故事为材料的儿童文学活动，首先是要对文本内容进行学习。这一阶段的学习主要在于理解文字的符号意义，包括文字符号的理解、叙事手法的熟悉、故事细节的观察、故事内容的掌握、人物性格特征的理解等。

情节是儿童故事的核心部分，通常由开端、发展、高潮和结尾构成，教师的故事讲述过程也就是儿童理解故事情节的过程。因此，教师的故事讲述过程同样是儿童熟悉故事这种文学体裁构成和组织的过程。教师在讲述情节的过程中需要让儿童了解故事是如何开始的、有哪些人物、发生了哪些事情，通过对情节和细节的提问来检测儿童是否看懂了故事，以及让儿童用自己的语言来复述故事的内容。除故事情节的把握之外，儿童在文本学习阶段还需要能够掌握故事中人物的性格特征，儿童故事作品中的人物塑造通常是类型化的人物塑造，也就是说，一个故事中只体现出人物在故事情境中突出的性格。例如，《母鸡萝丝去散步》这个故事中的狐狸就是奸诈狡猾、贼眉鼠眼的形象，这个形象特征一直贯穿于整个故事中。再如，《三只小猪》中的大灰狼专注抓小猪，是一个凶狠的坏人形象。

除故事情节和人物性格特征之外，儿童在故事文本的学习中还应该掌握故事的大概内容和故事梗概。

2）理解体验作品

文学作品以文字的形式包裹着作者的情感和对世界的认知，因此，儿童在了解了故事的所有细节和发生之后，还要对故事背后隐藏的作者世界进行探讨，可以是对于人物心境的体验，也可以是对于作品传递出的情感价值观进行体验，还可以是作者通过文字想表达的对于世界的态度。例如，童话故事《丑小鸭》是安徒生对世界加诸在或因丑陋或因贫穷而被世界不公平对待的温柔控诉，儿童或许不能理解这样较为深刻的主题，但是教师在开展教学活动的过程中，可以放大丑小鸭的由丑变美，由丑小鸭变成白天鹅的情感变化过程，让儿童变身丑小鸭感受小鸭子从最初不受人喜爱孤独、落寞的心境，到最后变身白天鹅自信、乐观的情绪情感变化。让儿童在感受丑小鸭情感变化和心境变化的过程中，也能初步感受到作者通过故事内容表现出来的身处逆境和困境而不放弃努力和向上的精神。

3）迁移作品经验

这一阶段的学习要求儿童能把故事里的内容迁移到现实生活中，故事内容的迁移多侧重于客观知识和故事情节发生的意义。例如，《母鸡萝丝去散步》整个故事的发生背景是农场，所以儿童在习得这个故事之后能够了解农场是什么样的，农场里都有些什么，之后如果儿童有机会见到真正的农场时，便会把之前对于农场的认识与真正的农场进行迁移和比较。而对于故事中呈现的客观环境和知识的了解是儿童进行迁移的基础，如果儿童在见到农场之前没有对农场的认识，便无法对其进行迁移。而故事情节意义的迁移出现于生活故事中，生活故事是反映儿童现实生活客观现状的写实类作品，这类作品有很强的针对性，或是反映儿童生活中发生的有趣的事件，或是戏谑儿童生活中一些小毛病和不良习惯，这类故事的迁移更多指向于引导儿童怎样才是正确的做法。例如，《蓝树叶》中采用的幽默的手法轻微地讽刺了小朋友不爱分享的小毛病，让儿童意识到分享的重要性。

4）文学语言的学习和创造性表述

这个类型的学习主要指向语言作品本身的文字符号，主要在于让儿童学习文学语言的表达与创编，文学语言或书面语言与口头语言有着明显的区别，文学语言更凝练和富有美感，因此富有诗意和高度凝练的语言表达是培养儿童语言素养的重要手段，文学语言的学习包括词汇、句型和篇章结构等的学习。例如，故事类型的文学活动中，重复出现的故事开场方式有：架空式的模糊时间和背景的故事开端方式，“在很久很久以前，在……生活着……他们……有一天……”，这样的故事开端方式便于儿童第一时间掌握故事的人物，以及简要地交代背景，方便儿童记住关键的人物和信息。而儿童在反复听故事的过程中，会自然而然地获得这样的故事讲述方式，应用于儿童自己的故事讲述体系中。

另外，故事类型的文学语言还包括叙事性的讲述方式、客观的事物和人物描写等。

2. 诗歌活动的教学过程

1）文本的学习

诗歌相对于故事和散文来说文本较短，因此诗歌类型的文本学习应该侧重于诗歌韵律和节奏感的感受。诗歌又分为儿歌和儿童诗，儿歌短小，朗朗上口，富有音乐性和节奏感，有的可以运用于游戏活动中配合游戏使用，称为游戏歌。例如下面的案例 6-10 中的《拍手歌》就深受儿童的喜爱。

【案例 6-10】

拍手歌（儿歌）

你拍一，我拍一，一个小孩坐飞机，
你拍二，我拍二，二个小孩骑马儿，
你拍三，我拍三，三个小孩爬高山，
你拍四，我拍四，四个小孩写大字，
你拍五，我拍五，五个小孩在跳舞，
你拍六，我拍六，六个小孩滚雪球，
你拍七，我拍七，七个小孩坐滑梯，
你拍八，我拍八，八个小孩吹喇叭，
你拍九，我拍九，九个小孩玩气球，
你拍十，我拍十，十个小孩来剪纸。

《拍手歌》是配合拍手游戏进行的游戏歌谣，文本内容相对来说较为简单，儿童理解起来也比较容易。

儿歌相对来说较为简单直接，儿童诗的文本学习需要着重于词汇和句型的学习。儿童诗分为古诗和现代诗，古诗对于格律和平仄的要求较为严格，文本的学习侧重点在于感受古诗的平仄和严格的韵脚，而现代儿童诗的范式较为自由，文本的学习侧重点在于诗意语言的表达。例如案例 6-11 的古诗《春晓》和案例 6-12 的儿童诗《风在哪里》。

【案例 6-11】

春晓（古诗）

春眠不觉晓，处处闻啼鸟。
夜来风雨声，花落知多少。

【案例 6-12】

风在哪里（儿童诗）

风在哪里
树儿说
当我的枝叶翩翩起舞
那是风在吹过
风在哪里
花儿说
当我的花朵频频点头
那是风在吹过
风在哪里
草儿说
当我的身体轻轻晃动
那是风在吹过
风在哪里
风就在我们身边
春天，它吹绿了大地
夏天，它送来了凉爽
秋天，它飘来了果香
冬天，它带来了银装

上述案例中的古诗《春晓》是一首五言律诗，平仄工整，韵脚整齐，读起来朗朗上口，现代儿童诗《风在哪里》则在表达上更为自由，语言虽不如古诗《春晓》精练，但是其语言优美简单，富有诗意，适合儿童以朗诵的形式来表达。

2）理解体验作品

诗歌类型作品的体验主要在于诗歌意境和诗歌情感的体验上，儿歌带给儿童的是愉快的情感体验，儿童通过高声朗诵儿歌获得快乐和愉悦，儿童诗重视的是优美意境营造和更加层次多样的情感表达，或者是赞美，或者是惋惜，或者是遗憾，这些多样的情绪都是从儿童纯真世界出发，以儿童的视角去表达的，因此这一阶段的学习教师着重在于引导儿童去感受诗歌中所表现的意境和情感。例如案例 6-13 的儿歌《外婆桥》和案例 6-14 的儿童诗《小雪花》。

【案例 6-13】

外婆桥（儿歌）

摇啊摇，摇啊摇，
摇到外婆桥，
外婆叫我好宝宝。
糖一包，果一包，
少吃滋味多，
多吃滋味少。

【案例 6-14】

小雪花（儿童诗）

我是洁白的小雪花，我从高高的云层轻盈盈飘下。
我落满屋顶，给房屋盖上一层闪光的银瓦；
我落满树枝，让枝头盛开梨花；
我落满松柏，让丰满的棉桃长在绿色的枝丫上；
我落满麦田，让麦苗睡在松软的棉絮下；
我落满高山，给山顶披起美丽的白纱；
我落满整个大地，大地呀洁白无瑕。
人们，欢迎我吧，我冻死病菌，消除害虫，我把空气中的灰尘洗刷。
我是洁白的小雪花，我从高高的云层轻盈飘下……

上述案例中儿歌《外婆桥》诙谐有趣，富有童趣，儿童在高声朗读过程中感受到的是儿歌带给他们的愉悦和娱乐的心情。而儿童诗《小雪花》为儿童营造的是一个银装素裹的冰雪世界，诗人以儿童视角把雪花拟人化，描述了小雪花给世界带来的变化，在这首儿童诗歌里教师就要引导儿童去感受小雪花造就的意境，以及雪花代表的纯真、美好的情感，还有小雪花的奉献精神，这些内容都是需要教师在理解和体验作品这一阶段完成的。

3）迁移作品经验

诗歌类型的作品迁移在于文学形式的迁移，让儿童感受格式整齐、字数对称的文学形式，同时与故事形式的迁移一样，能够把诗歌中的内容与自己的实际生活相联系。儿童诗中很大一部分体裁是对于自然的描写，描写明媚阳光的春天、炽热热情的夏天、凉爽丰收的秋天、雪白寒冷的冬天等，这些对于四季景物的诗意表达能够带给儿童不同的四季体验。例如下面的案例 6-15 的散文诗《春雨的色彩》。

【案例 6-15】

春雨的色彩（散文诗）

春雨，像春姑娘纺出的线，没完没了地下到地上，沙沙沙，沙沙沙……

一群小鸟在屋檐下躲雨，它们在争论一个有趣的问题：春雨到底是什么颜色的？

小白鸽说：“春雨是无色的。你们伸手接几滴瞧瞧吧。”

小燕子说：“不对，春雨是绿色的。你们瞧！春雨落在草地上，草地绿了！春雨淋在柳树上，柳枝儿绿了。”

麻雀说：“不不不！春雨是红色的。你们瞧！春雨洒在桃树上，桃花红了！春雨滴在杏树上，杏花红了。”

小黄莺说：“不对，不对，春雨是黄色的。不是吗？它落在油菜地里，油菜花黄了；它落在蒲公英上，蒲公英的花也黄了。”

春雨听了大家的争论，下得更欢了，沙沙沙，沙沙沙……它好像在说：“亲爱的小鸟们，你们的话都对，但都没说全面。我本身是无色的，但能给春天的大地带来万紫千红。”

儿童对于这类描写自然景物的诗歌的经验迁移在于把诗歌中描写的春天的代表性的特征牢记，并与现实中代表春天的自然景物做比较和进行扩展，在诗歌中提醒儿童去关注春天的特征，以及关注儿童生活区域更能代表春天的景物和植物有哪些。

4）文学语言的学习与创造性表述

诗歌的文学语言的学习主要集中在诗意的词汇和诗意句子的表达，以及创作性的表达。诗歌的语言是儿童学习的最佳语言形式，是提高儿童文学语言表达最好的方式。例如下面案例 6-16 中的儿童诗《石榴》。

【案例 6-16】

石榴（儿童诗）

石榴花开了，
是夏姑姑扎上了
鲜艳的蝴蝶结。
石榴果熟了，
是秋妈妈在摇着
收获的红铃。

上述这首儿童诗《石榴》短小精悍、语言简练且富有想象力，首先可以把整首诗歌的句子和词语提炼出来供儿童学习，例如，“……开了，是……”“……熟了，是……”。其次，可以换一个主题让儿童进行改变，例如桃子、梨、樱桃等既开花又结果的植物，让儿童进行仿编。最后，可以让儿童对整首诗歌的内容进行创作性的表述，除朗诵之外，还可以让儿童以绘画、舞蹈、音乐、戏剧等多样的形式对诗歌进行创造性的表述。

3. 散文活动的教学过程

1）文本学习

散文的文本学习有其自身的特点，首先不同于故事，散文的语言表达更加华丽和凝练，且不具有像故事一般曲折有趣的情节和完整的叙事结构，散文通常是对平常事件、景物、动物、人物等的诗意描写，因此散文不以写实为主要表达特征，是基于事件和景物上的情绪情感表达，作者主观的情绪情感强烈，是作者情感的主要抒发形式。教师带领儿童学习主要是对所描绘的事件和景物的理解。

因此针对散文文本的学习，教师营造的意境尤为重要，在这一阶段的学习中，教师要借助多样的教学方法和道具辅助儿童进行散文文本的理解。这一点在之前的论述中有过详细的阐述，这里便不展开论述了。

2）理解体验作品

对于散文作品的理解和体验是散文作品活动的核心内容，教师在这一阶段的工作重点是要把文本中隐含的深意挖掘出来供儿童感受。尤其是作者赋予文本的精神内核，或者是通过描写景物表达对大自然的歌颂与赞扬之情，或者是对于儿童生活中某个生活片段的散文化表达表现对于儿童纯真情感的真挚喜爱，或者是作者单纯借景、借物、借事来抒发自己对于世间万物的感受，而学前阶段的散文作品多表达作者积极、向上、乐观的情绪情感，对于帮助儿童审美情感的培养和培养儿童的感性思维都具有积极的影响。例如上述案例 6-8 中《秋天的雨》，这个主题是儿童文学中常见的对于大自然的歌颂和赞美，对于自然的热爱和歌颂是人类最原始的情感，因此教师要通过听赏这样的形式、通过文字和语言的力量引导儿童去感受自然、生命对于人类的意义。

3）迁移作品经验

散文的作品迁移更多指向于儿童情绪、情感的迁移，而不是聚焦于某种具体生活经验的迁移。故事活动能够很好地帮助儿童迁移具体、具象、客观的生活经验和社会常识，帮助儿童了解和融入社会群体生活。而散文活动的迁移是希望儿童在客观、现实的社会生活中保有对于美好事物的感性体验，是对于儿童精神世界的培养和保护。没有对美的敏感性的人，会对一朵花的盛开冷漠应对，而敏感性高的人会因为一朵花的盛开欣喜不已，同时更会因为一朵花的盛开感受到春天的生机、夏天的盛放、秋日的金黄和冬日的渴望。我们希望儿童在适应社会生活的同时，也能保有自己独特的精神世界去发现世界的美。例如，散文《秋天的雨》，首先儿童能够在散文中获取到常识性的知识，知道在秋天成熟的果实和在秋天开放的花朵。其次，这些常识性的知识以一种富有诗意的语言表达形式体现出来，有利于儿童感受文学语言的美，培养儿童的文学审美能力。最后，散文这种感性情绪的抒发有利于儿童情绪、情感和社会性的发展，儿童通过散文感受万事万物的同时，作者渗透于其中的思想、情感和情绪也能在无形中塑造着儿童的情绪和情感，包括对大自然的喜爱、对小动物的关心以及对他人的善意等，这些积极的情绪都能提高儿童的感受力。

4）文学语言的学习和创造性表述

散文的文学语言表达是三种活动类型中最为丰富和富有价值的，语言的优美和凝练，便于朗诵时情感的抒发，这些都对散文的语言提出了较高的要求，因此对散文语言的表达是对于儿童进行文学语言表达的最好材料。例如，散文《秋天的雨》富有童趣，语言质朴纯真，透露着初生的孩子对于世界最原始和最真挚的好奇心，作者透过婴儿的眼睛去描绘秋天的景象，加上其丰富、有趣的想象，十分的新奇和富有童趣。其中，关于秋天颜色的表达，关于秋天气味的描绘，关于秋天小动物忙碌的景象，为我们细致地勾勒出了一幅关于秋天的美好图景，其中的表达和语言的运用都是值得教师单列出来引导儿童感受和学习的内容。

6.2 大班散文诗欣赏活动

6.3 大班散文诗活动《树真好》赏析

【本章练习】

1. 带给儿童脱离现实的另一个有趣且奇特的世界，对于儿童想象力的发展具有非常重要意义的学前儿童文学活动类型是（　　）。

A. 诗歌活动　　B. 散文活动

C. 童话活动　　D. 生活故事活动

2. 理解文字的符号意义，包括文字符号的理解、叙事手法的熟悉、故事细节的观察、故事内容的掌握、人物性格特征的理解等。这是故事活动学习过程中（　　）阶段的内容。

A. 文本学习　　B. 迁移作品经验

C. 理解体验作品　　D. 总结讨论阶段

【模拟测试】

1. “教师通过夸张的肢体语言、丰富的表情、富有感情和生动的语言为儿童讲述故事发生的完整过程，让儿童了解故事发生的时间、地点、人物、背景等。”这属于文学作品教学活动中的哪种教学方法？（　　）

A. 讲授法　　B. 练习法　　C. 提问法　　D. 讨论法

2. 贴近幼儿生活、反映幼儿生活现实的文学作品类型，最大的特征是真实感和熟悉感。属于以下哪种学前儿童文学作品活动类型？（　　）

A. 散文　　B. 童话故事　　C. 诗歌　　D. 生活故事

3.（　　）是散文作品活动的核心内容，教师在这一阶段的工作重点是要把文本中隐含的深意挖掘出来供幼儿感受。

A. 文本学习　　B. 理解和体验作品

C. 迁移生活经验　　D. 文本感受

第六章参考答案

【拓展阅读】

儿童文学的乐趣

什么是文学的乐趣？长久以来，老套的文学批评一直认为文学应该为读者完成两件事：教与娱。但不幸的是，对许多人来说，乐趣仅仅是它们的文学经验中不教的那部分，即不需要他们思考的部分。确实，有人说乐趣是不能思考的。因为乐趣是思考的对立面，是当我们思考关闭时，身心所达到的那种状态。思考乐趣就是对乐趣的背叛，甚至可能扼杀乐趣。从这个观点来看，思考乐趣时是无法体会到乐趣的。

基于这些原因，即使人们想去探讨，也很难谈论文学的乐趣。在教室里和学术期刊上，文学讨论的焦点几乎永远是文本教了什么，强调了什么——它们究竟是什么意思。因此，人们常常有一大堆复杂的策略来探讨文本的意义，一大堆文字来描述他们的探讨，但他们却少有对等的策略和语言来描述和探讨文本提供的乐趣。

这种关于乐趣的观点在儿童文学的讨论中尤其盛行。许多大人认定孩子阅读主要就是为了学习，所以他们对儿童文学的回应集中在文本能够教授什么样的知识上。在确定了文本的知识性之后，许多大人往往会表达这样的观念：孩子将会喜欢这个文本，也会从中学到东西。但这些大人很难描绘出文本具体的乐趣是什么，乐趣感觉怎么样，读者是如何体验文本乐趣的。事实上，许多大人甚至可能拒绝思考这些东西，更别说鼓励孩子去思考了。一个普遍的假设是：文本提供的乐趣就像用来下药的糖一样，是为了让有益的信息更容易被吸收。过多关注糖可能会减少它的甜味，阻碍它帮助下药的功能。

作为本书的作者，我们并不认同这些观念。《儿童文学的乐趣》的一个基本的原则就是，乐趣并非思考的对立面——思考本身就是一种乐趣，乐趣实际上是可以被思考的。而且，我们认为乐趣应该得到思考。

……

资料来源：诺德曼，雷默．儿童文学的乐趣[M]．陈中美，译．上海：少年儿童出版社，2008：32-33．

第七章 学前儿童早期阅读活动

【本章导读】

阅读是一种能力和习惯，随着社会和科技的不断发展，阅读的形式也随之发展改变。在当下的社会中，阅读的载体多种多样，除传统的纸质媒介之外，电子书、手机、计算机等多样化的电子设备都可以充当阅读的载体，也就是说，阅读可以随时随地进行，从这个意义上来看，人们阅读的机会变多了，信息接收的渠道更广了，信息的时效性也更强了。

而对于学前阶段的儿童来说，阅读的习惯和阅读能力的培养相较于阅读媒介和载体来说更为重要。所以在学前儿童早期阅读的过程中，让幼儿喜爱阅读，对阅读产生兴趣，以及具备有效阅读的能力才是最为关键和重要的。本章首先论述了早期阅读活动的含义和对学前儿童发展的意义，以及学前儿童早期阅读活动所要达成的目标；其次描述了早期阅读活动的特征和主要类型；最后详细阐述了作为一名幼儿教师，如何有效地设计早期阅读活动，在活动中教师如何进行指导。

【学习目标】

1．理解学前儿童早期阅读活动的含义，了解在学前阶段开展阅读活动的意义。

2．理解学前儿童早期阅读活动的特征和主要类型。

3．学会创设相应的条件，根据学前儿童早期阅读活动的设计步骤，组织和指导阅读活动。

【学习重点与难点】

学习重点：掌握学前儿童早期阅读活动的设计步骤，并进行相应的指导。

学习难点：学会设计并指导学前儿童的早期阅读活动。

【思维导图】

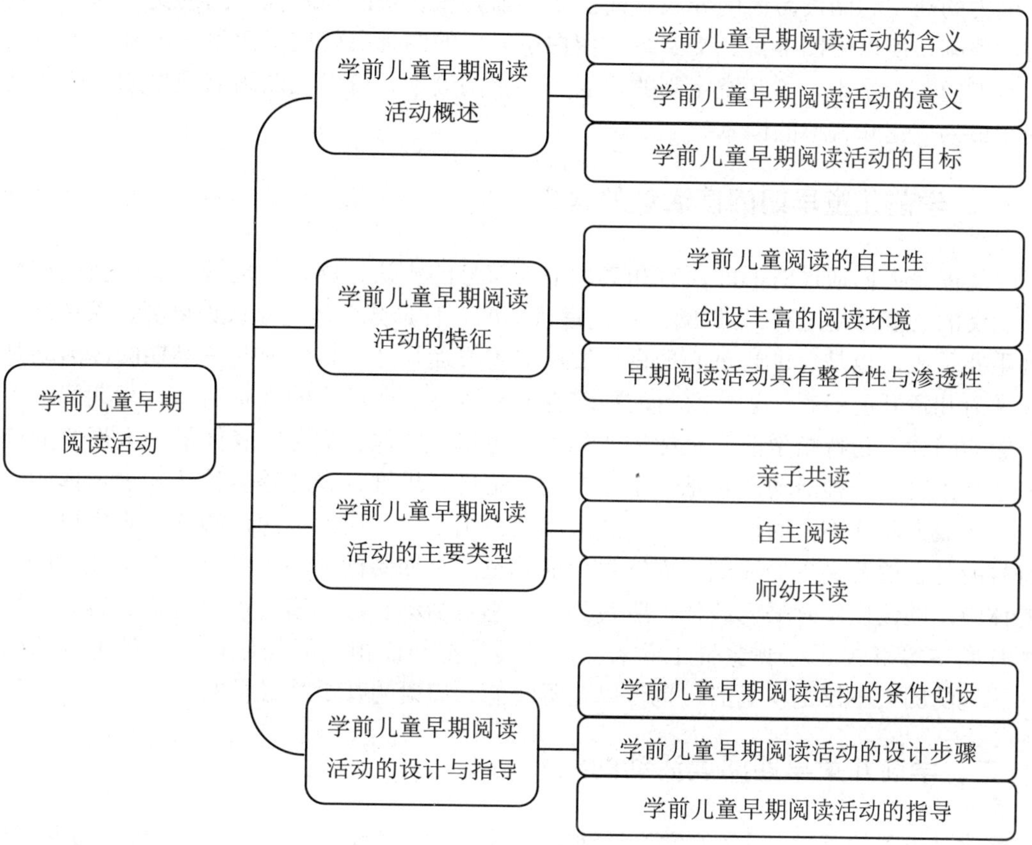

【情境导入】

强强是个喜欢看书的孩子，幼儿园老师经常跟强强妈妈说，强强最喜欢在阅读角翻看绘本，好多绘本反复看了很多次。妈妈告诉老师，家里给强强买了很多绘本，空闲的时候也会陪着强强一起看绘本，从绘本里面强强学会了好多句式和词汇的表达。老师也反馈，强强在幼儿园里语言表达能力很强，经常说出很多不常使用的书面词汇和句式。强强在绘本的阅读中除能够学习词汇和语句的表达之外，还能够获得什么？早期阅读到底有哪些作用呢？对于老师和家长来说，什么形式的早期阅读活动是最适合学前儿童的？早期阅读应该怎样去开展？教师和家长在其中的作用是什么？带着这些问题我们进入本章内容的学习。

第一节　学前儿童早期阅读活动概述

从人的生存和发展来看，阅读能力是人生一种重要的学习能力，也是儿童学习成功的重要条件。人们通过阅读活动，接触书面语言材料，积累知识经验，以此为载体，开阔视野，并将阅读感悟进行迁移，提高综合智力，这是人类成长发展所需要的有力基础。

学前儿童早期阅读活动指的是在0～6岁学前阶段开展的阅读活动，阅读的主要目的是阅读能力的获得和阅读习惯的养成。而由于学前儿童认知的局限性，阅读文本的选择具有一定的限制，所以配图丰富、文字少、留白空间大的图画书就应运而生。图画书也称为绘本，是专门为识字不多的儿童定制的、老少咸宜的读本。可以说图画书是早期阅读活动开展使用最为广泛和普遍的读本。

一、学前儿童早期阅读活动的含义

"阅读是人们通过对书面语言和其他书面符号的辨认、感知与理解，从中获取信息、获得意义的心理活动过程。"① 阅读是儿童认知的一种形式，是儿童认识世界、探索世界的一种重要手段，也是促进儿童心理良好发展的重要途径之一。学前儿童早期阅读活动是指针对学前儿童开展的有计划、有目的地培养儿童学习书面语言的教育活动。早期阅读不同于一般的阅读，它特指学前儿童凭借变化着的色彩、图像、文字或者凭借成人形象的读、讲来理解读物的一种活动，它是一个融贯彻、记忆、思维、表达等多种认知于一体的综合过程。与成人阅读不同的地方在于，成人阅读范围更广、层次更深，阅读的难度更大，文字符号所包含的意义更加深刻，而针对学前儿童的早期阅读活动则侧重点在于儿童阅读活动的体验，阅读以图画书为载体，听赏为主，感官活动更加丰富，可以听赏、触摸、操作和图片欣赏等形式。对于学前儿童来说，只要是与阅读相关的任何行为，都可以算作阅读，这里的阅读不仅是视觉的，也可以是听觉的、口语的甚至是触觉的。

二、学前儿童早期阅读活动的意义

阅读是学习的基础，任何的学习活动都离不开以阅读活动为前提的信息的吸收和理解。因此，高效的阅读活动是学业成功的有效保证和前提。早期阅读的意义在于阅读的全过程，在这个过程中，儿童不仅丰富和扩展了对外部世界的认识，可以在书中再认他们已经熟悉的事物，也可以看到在现实生活中很少看到的东西，而且能够丰富和学习词汇和句式等，提高语言表达能力，更重要的是，通过亲子阅读、师幼阅读、同伴阅读等，可以加深亲子关系、师幼关系和同伴关系，有利于儿童情绪和社会性的发展。

（一）早期阅读可以促进儿童认知发展

学前阶段的儿童常用的读本是图画书，图画书又称绘本，是图文并茂的文学作品形式，图画书的图画与文字并不是相互独立的，图画也并不仅仅只是插图的功能，图画书中的图画和文字是一个整体，不能分割，共同表现主题。因此，书中的人物、故事的情节、描绘的背景都能促进儿童认知能力的发展，儿童在书中能够了解和学习到更多、更丰富的事物和人物以及知识等。这些获得可能是现实生活中已有的经验，也可能是现实生活中不存在但存在于人们理念中的经验，不管是哪种，都可以丰富和拓展儿童的认知。儿童的认知能力包括感知觉、记忆、语言、思维和想象能力等，而通过图画书这种形式开展的早期阅读活动能够同时满足儿童认知各方面能力的发展。

---

① 姜晓燕，郭咏梅. 学前儿童语言教育[M]. 北京：高等教育出版社，2014.

（二）早期阅读可以促进儿童情绪和社会性的发展

艺术是对现实生活的反映和深度加工，文学艺术里的内容同样是对生活的另一个层次的反映和表现。因此，儿童在进行早期阅读时，能够通过作品的感知和了解体验故事中人物的喜怒哀乐，并且能够知晓作品中人物情绪发生变化的原因，而这些内容可以帮助儿童迁移感知现实世界中人物情绪的变化，同时故事中人物角色互相的交往，能够给儿童提供一面现实生活中与同伴交往、与家长和教师有效和谐相处的镜子。同时又有关于儿童的社会交往规则、公共道德素养等这些内容，是促进儿童社会化发展的重要方面。例如，绘本故事《生气汤》便是一本引导儿童合理抒发和发泄自己情绪的优秀绘本书籍。

（三）早期阅读可以促进儿童完整人格的形成和发展

儿童的完整人格塑造是儿童成为拥有健全人格的健康人非常重要的方面。儿童完整健全人格的发展包括性格、气质和能力特征的发展等。阅读是对儿童进行塑造的有效方式，一个喜欢阅读的人，其同理心和感受力都会比较强，更能用温柔、善良和包容的态度去面对世界，更能拥抱美好的事物，其心态会更加的平和，因为阅读本身就需要阅读者静下心来心无旁骛地进入书中的世界。而儿童在阅读中感受到的美好也会被其带入现实的生活中，用温柔、包容、平和的态度去与人交往，这些优秀的特征便会共同对儿童的性格进行塑造和潜移默化的影响，让儿童慢慢地成为一个身心健康的人。

三、学前儿童早期阅读活动的目标

《指南》从语言、艺术、社会、健康、体育五个方面提出了3～6岁这个阶段儿童发展的目标和教育建议，在语言领域中着重提出了关于学前儿童早期阅读的目标和教育建议，如表7-1和表7-2所示。

表7-1　《指南》中对儿童早期阅读的目标1及教育建议

目标1　喜欢听故事、看图书

3～4岁	4～5岁	5～6岁
1．主动要求成人讲故事、读图书 2. 喜欢跟读韵律感强的儿歌、童谣 3．爱护图书，不乱撕、乱扔	1．反复看自己喜欢的图书 2. 喜欢把听过的故事或看过的图书讲给别人听 3．对生活中常见的标识、符号感兴趣，知道它们表示一定的意义	1．专注地阅读图书 2．喜欢与他人一起谈论图书和故事的有关内容 3．对图书和生活情境中的文字符号感兴趣，知道文字表示一定的意义

教育建议：

1．为儿童提供良好的阅读环境和条件。例如：

- 提供一定数量、符合儿童年龄特点、富有童趣的图画书。
- 提供相对安静的地方，尽量减少干扰，保证儿童自主阅读。

2．激发儿童的阅读兴趣，培养阅读习惯。例如：

- 经常抽时间与幼儿一起看图书、讲故事。

续表

• 提供童谣、故事和诗歌等不同体裁的儿童文学作品，让儿童自主选择和阅读。 • 当儿童遇到感兴趣的事物或问题时，和他一起查阅图书资料，让他感受图书的作用，体会通过阅读获取信息的乐趣。 3．引导儿童体会标识、文字符号的用途。例如： • 向儿童介绍医院、公用电话等生活中的常见标识，让他知道标识可以代表具体事物。 • 结合生活实际，帮助儿童体会文字的用途。如买来新玩具时，把说明书上的文字念给儿童听，了解玩具的玩法。

表 7-2 《指南》中对儿童早期阅读的目标 2 及教育建议

目标 2　具有初步的阅读理解能力		
3～4 岁	4～5 岁	5～6 岁
1．能听懂短小的儿歌或故事 2．会看画面，能根据画面说出图中有什么、发生了什么事等 3．能理解图书上的文字是和画面对应的，是用来表达画面意义的	1．能大体讲出所听故事的主要内容 2．能根据连续画面提供的信息大致说出故事的情节 3．能随着作品的展开产生喜悦、担忧等相应的情绪反应，体会作品所表达的情绪情感	1．能说出所阅读的幼儿文学作品的主要内容 2．能根据故事的部分情节或图书画面的线索猜想故事情节的发展或续编、创编故事 3．对看过的图书、听过的故事能说出自己的看法
教育建议： 1．经常和儿童一起阅读，引导他以自己的经验为基础理解图书的内容。例如： • 引导儿童仔细观察画面，结合画面讨论故事内容，学习建立画面与故事内容的联系。 • 和儿童一起讨论或回忆书中的故事情节，引导他有条理地说出故事的大致内容。 • 在给儿童读书或讲故事时，可先不告诉名字，让儿童听完后自己命名，并说出这样命名的理由。 • 鼓励儿童自主阅读，并与他人讨论自己在阅读中的发现、体会和想法。 2．在阅读中发展儿童的想象和创造能力。例如： • 鼓励儿童依据画面线索讲述故事，大胆推测、想象故事情节的发展，改编故事部分情节或续编故事结尾。 • 鼓励儿童用故事表演、绘画等不同的方式表达自己对图书和故事的理解。 • 鼓励和支持儿童自编故事，并为自编的故事配上图画，制成图画书。 3．引导儿童感受文学作品的美。例如： • 有意识地引导儿童欣赏或模仿文学作品的语言节奏和韵律。 • 给幼儿读书时，通过表情、动作和抑扬顿挫的声音传达书中的情绪情感，让儿童体会作品的感染力和表现力。		

《指南》中对不同年龄阶段的儿童在早期阅读中提出了不一样的目标要求，并且给出了相应的教育建议。因此，教师和家长在开展早期阅读活动时，一定要以目标为导向挑选书籍和进行指导，而不是随意地、漫无目的地阅读，真正达到早期阅读的目标和目的。

（一）良好阅读习惯的培养

自觉的阅读态度和良好的阅读习惯，是早期阅读活动需要达到的目标之一。良好的阅读习惯和阅读频率是取得学业成功的基础，针对基础教育的新课改加重了语文这门学科在所有学科中所占的比例，更加注重学生平时的文学积累，高考语文试卷中开放性题目所占的比例也较高，这就要求学生在平时需要积累一定的阅读量。而学前阶段作为终身学习的开端和基础教育的基础，培养儿童良好的阅读习惯是非常重要的。学前阶段的早期阅读活动首先要能够使儿童产生对于阅读的兴趣，进而喜欢上阅读，养成定期阅读的良好习惯。喜欢阅读比所谓的识字、背诵更为重要，良好的阅读习惯的养成能够为儿童一生的阅读奠定扎实的基础。儿童通过接触大量的读物和图画书，了解到图画书中丰富、有趣的精彩世界，同时从中汲取丰富、有趣的知识，这些都是图画书带给儿童丰富的各种体验。

（二）阅读思维的培养

阅读图画书的过程实际上是综合信息、提炼、总结图画书内容的过程。例如故事一类的图书，需要了解的是故事中有哪些人物，这些人物都有什么特征，这个故事讲述的是什么事，这些出场的人物之间发生了什么事，为什么会有这样的结果，这些人物之间都有什么关系，等等，需要儿童在阅读的过程中自觉、主动去提取故事中所呈现的信息，并按照一定的线索把人物关系梳理出来，这些都是对儿童思维能力的锻炼和培养。

（三）文学审美能力的提高

书中的世界是作者基于现实生活建立的投射自身想法的世界，在图画书的世界中，作者倾向于向儿童营造一个美好的、充满希望的、明朗阳光的书中王国，因此，学前儿童可以通过观看图画获得人类社会最普遍、最美好的精神体验。早期阅读能够让儿童在广泛的图书阅读中积累自身的文学素养，感受生活中一切美好的事物，丰富自己的情感体验。随着越来越多读物的阅读和感悟，儿童的眼界不断得到开阔，其文学审美能力也得到了提高。

7.1　从儿童发展心理学视角谈如何为 0~6 岁幼儿挑选图画书

想一想

如何挑选一本适合学前儿童的图画书？

第二节　学前儿童早期阅读活动的特征

一、学前儿童阅读的自主性

学前儿童的早期阅读活动不同于文学作品活动，早期阅读活动侧重于教师创造良好的阅读环境让儿童自主阅读、自由阅读，而文学作品活动则要求教师采用多样的方式来帮助儿童理解文学作品。因此，自主性是学前儿童早期阅读最主要的特征。在一个丰富的阅读环境中，儿童可以根据自己的爱好和喜好选择自己喜欢的图画书反复地阅读和理解，充分感受阅读带来的丰富体验。不同气质的儿童对不同类型的图书有不同的偏爱，以及对于阅读兴趣的浓度也会有所不同，所以教师在创设良好阅读环境的过程中，首先应该培养儿童的阅读兴趣；其次，丰富阅读区的图书藏书，让每位儿童都能在阅读区中找到自己喜欢的图画书；最后，教师应该引导偏爱某种类型图画书的儿童接触更多的不同主题和题材的图画书。所以，从阅读兴趣的培养到图画书题材的选择，教师应该有层次、分步骤地引导儿童进行早期阅读活动。

早期阅读不等于早期识字。那些认为识字就是阅读，在老师的带领下一遍又一遍地识字、朗读的行为是不符合学前儿童身心发展规律的，也不符合儿童阅读发展的规律。早期阅读也不仅仅是看文字才是阅读，看图画、看色彩、看情节同样是阅读。就儿童的阅读活动而言，早期阅读是儿童凭借变化丰富的色彩、生动形象的图画、相应的语言文字以及成人的语言讲述中理解读物的活动过程。

二、创设丰富的阅读环境

早期阅读活动开展的侧重点在于创造有利于儿童的阅读环境来帮助和引导儿童进行早期阅读活动。因此，阅读环境的创设是开展早期阅读的前提条件和基础。我们把阅读环境的创设分为物理环境和精神环境的创设。

物理环境主要是指为儿童提供的阅读时间、阅读空间和阅读材料等。早期阅读的常见场所有幼儿园的阅读区、家庭里的阅读空间，以及公共设施的图书馆区域、书店等，这些地方都可以作为早期阅读开展的固定场所，图书馆、书店这样的地方本身就是专门为了阅读而建造的，其目的就是方便人们阅读，因此其物理环境和精神环境都比较适合阅读，家长可以利用周末、节假日等多带儿童去这样的地方。在这些地方阅读，儿童容易被浓厚的阅读氛围所浸染，另外，这些地方丰富的藏书也能够满足儿童各种各样的需求。然而，幼儿园和家里是儿童经常待的地方，想要长久地培养儿童良好的阅读习惯，不是每周去一两次图书馆就能实现的，因此从这个方面来说，在家中和幼儿园开展的阅读活动更能够帮助儿童养成自觉、自主的阅读习惯。所以，有必要在家中和幼儿园开辟出单独的阅读区域，让儿童每天都能保持一定的阅读时间。家里的阅读区包括适合儿童阅读的空间：一间不大不小的房间，房间里开着温暖舒适的灯光，一张高度适中的桌子，一把舒适的椅子，或者一张舒服的地毯，地毯旁边是放着诸多类型图画书的书架。如果每晚家长能够陪着孩子进行至少半个小时的亲子共读，那么孩子自然而然地就会养成良好的阅读习惯。幼儿园的阅读空间有语言角、阅读区和图书室等地方，相对于比较受限的家庭阅读角，幼儿园的阅读区域可以更加丰富，教师可以按照阅读需要的舒适环境去创设和布置。例如，在阅读区墙壁上贴上可爱的拼音符号、汉字符号等与语言文字有关的一些元素等，在丰富阅读区域环境的同时，也能让儿童浸染于充满文字与阅读元素的空间里。总的来说，学前儿童早期阅读的物理环境需要做到阅读空间的舒适、阅读材料的丰富和可选择，以及阅读时间上的富余，尽量做到每天阅读，具体阅读时间可以根据儿童的年龄和实际情况来决定。

精神环境指的是在阅读过程中影响儿童的阅读态度、阅读习惯、阅读兴趣的非物质因素。幼儿园的阅读区进行精神环境创设的是幼儿教师，因此，教师对于阅读区的精神建设是非常重要的。幼儿园阅读区首先要能让儿童自由、放松地阅读，教师应该给予儿童高自由度的选择权，其职责更多的是引导儿童进行阅读，带领儿童发现阅读的乐趣，而非强制性地要求儿童去阅读。这里教师对阅读环境的看法，因教师的个人素质和气质类型等不同而可能呈现不同的特征。高控制型的教师会在儿童阅读区的空间中对于环境要求过高，对于儿童在阅读区需要遵守的秩序也较为严格，在儿童阅读的过程中可能出现较多的干预。例如，在儿童阅读的过程中，一旦发现儿童一些不良的行为习惯，如挖鼻孔、吃手指等，高控制型的教师会马上对儿童的行为进行纠正，从而打断儿童的阅读，也影响了儿童的阅读体验。所以教师在为儿童创设宽松、自由的阅读环境的过程中，一定要注意保持儿童阅读的完整性和连续性，像上述这种情况教师完全可以等到阅读结束之后再进行提醒和纠正。在培养儿童阅读兴趣和态度的过程中，应该要避免儿童对于阅读的抵触情绪。所以最大限度地给予儿童阅读的自由是非常重要的。除此之外，教师在儿童阅读过程中给予的引导和启发也是帮助儿童继续阅读、持续阅读的重要因素，儿童在阅读过程中遇到的理解障碍，如果教师能够在第一时间引导儿童、启发儿童，将会大大提高儿童对阅读的兴趣，也会丰富儿童的阅读体验，从而达到增强儿童阅读能力的目的。

三、早期阅读活动具有整合性与渗透性

早期阅读活动不是单一的关于文字的阅读活动。学前儿童早期阅读活动的整合性包含了目标的整合、内容的整合、形式的整合等。早期阅读的目标指向儿童的全面发展，包括认知目标、能力目标和情感目标，阅读中儿童对客观知识的掌握，对阅读策略的提取和学习，将会帮助儿童发展其推理、演绎、逻辑思维能力和抽象思维能力的发展。而阅读中的情感体验即儿童在阅读中体会到阅读的乐趣，可以丰富儿童的情绪情感。同时图画书的内容包罗万象，有反映儿童现实生活的生活故事，有为儿童打造幻想园地的童话和神话故事，还有带给儿童丰富情绪情感的诗歌和散文，而多种形式的读物可以满足儿童直观性思维的阅读体验，因此早期阅读活动内容丰富多彩，包罗万象，是儿童认识和了解世界的重要窗口。最后，早期阅读的整合性和渗透性还体现在形式上，讲述活动是学前儿童语言教育活动中一种重要形式，而早期阅读活动与讲述活动有互相交叉的部分，早期阅读一个主要的目标是，让儿童在理解读物的基础上用口语表达的方式来讲述图画书的主要内容，故此阅读与讲述是紧密结合的。儿童在阅读的过程中需要通过语言的表达来帮助理解图画书的内容和梳理人物关系、厘清主线，因此早期阅读活动与文学活动等其他形式的开展不是完全独立、各行其是的，从目标、内容和形式上都有互相整合和渗透的部分。

第三节　学前儿童早期阅读活动的主要类型

学前儿童早期阅读活动类型多样，主要的类型有以下三种。

一、亲子共读

亲子共读是发生在教养人与儿童之间的阅读行为。亲子共读是培养儿童良好阅读习惯的重要途径。而家长与儿童之间共同的阅读行为有着超出阅读本身的意义。亲子共读图画书是两者沟通的桥梁和载体，在阅读的过程中，家长与儿童之间围绕阅读内容进行的沟通与交流是亲子共读这种阅读形式的核心部分。有效的沟通和交流除能够帮助儿童理解图画

书内容之外，更为重要的是能够促进双方健康良好的亲密关系的建立和维系。根据家长的气质差异和对图画书的理解不同，可以把亲子共读的类型分为以下三种。

（一）平行式亲子共读

这种阅读类型的家长在和孩子共同阅读的过程中通常是照着书念，没有针对故事情节、故事人物等的描述而展开，对于儿童对图画书内容的反应和反馈不够敏感。通常来说，这类家长是比较偏向于理性思维的类型，一般以父亲角色居多，通常情况下，对于图画书的内容不做更多的展开和讨论，而是用自己的话对故事进行复述，此类阅读类型相对来说亲子共读的时间较短。

（二）偏离式亲子共读

这种阅读类型的家长往往没有把握住图画书的结构和逻辑，没有关注图画书的主要核心内容和思想，没有把图画书作为一个整体来阅读，而是关注不同页面的单个的画面和文字，脱离了原本图画书内容的结构主线和内容主体。这种类型的阅读表面上家长与儿童是在围绕着图画书做沟通和交流，实质上这样的交流是游离于图画书内容之外的无意联想，偏离了图画书原本想要表达的内容。这种阅读类型的家长往往过多地引导了儿童阅读的进程和方向，因儿童的年龄特点，也导致了儿童阅读的重点出现了偏差。

（三）合作式亲子共读

这种阅读类型是家长与儿童协同完成的、围绕着故事内容展开有效交流的亲子阅读形式。家长会在阅读之前简要说明这本图画书所表现的主题，围绕着图画书表达的中心内容展开阅读和讨论，包括故事的类型，图画书的组成部分，故事的开端、发展、高潮、结尾，图画书的细节部分，例如人物表情等，故事里的人物外形和性格特征，以及人物行为的动机和缘由推定等内容，都是可以基于故事主线展开的讨论内容。这样的阅读方式是较为高效和有意义的。然而，我们要知道，亲子阅读中情感的互动才是最主要、最核心的部分，温馨和谐的阅读氛围是让儿童感受爱、理解情绪、感受善意最重要的途径。

二、自主阅读

自主阅读是发生在任何空间里的儿童独立自主的阅读活动。阅读是个体与书本进行独立对话的过程。因此，儿童的早期阅读行为除在家长和教师的指导下进行之外，还应该留给儿童单独阅读图画书的时间和空间。让儿童不受干扰地、不带任何目的地、单纯地享受阅读的过程，感受图画书为儿童营造的丰富多彩的世界，是自主阅读的核心要求。

这种类型的阅读活动是最接近阅读本质的形式，阅读活动是专属于个体的精神活动，而儿童由于其认知发展的局限，需要为其开展其他的阅读形式来帮助其理解和感知图画书中的世界，我们认为不同的阅读形式有着不同的侧重点，也有着不同的价值，对于儿童的发展来说都是非常重要的。亲子阅读侧重于亲子间情感的培养，儿童的自主阅读则是培养儿童独立阅读习惯、检验儿童是否对阅读产生和拥有浓厚兴趣的重要形式。当儿童能够自己选择书籍进行自主阅读，而不是在家长和教师的要求之下进行被动的阅读时，才能说明儿童已经具有了一定的独立自主的阅读习惯。自主阅读习惯的养成不仅能说明儿童对阅读很有兴趣，还能间接锻炼儿童的自制力和注意力，对儿童今后的成长非常重要。

三、师幼共读

师幼共读侧重于教师对儿童阅读技巧和阅读方法的培养。不同于亲子阅读中亲子间放大的情感和爱意，不同于自主阅读中注重儿童自身的阅读体验，师幼共读侧重于教师对儿童阅读方法和阅读技巧的培养。教师在进行指导的过程中，更会以一名教育者的身份去关注儿童阅读习惯是否科学合理，如何发现和理解图画书中的重点和难点，并教授儿童正确的阅读方式。严格意义上来讲，师幼共读是一种较为正式的阅读行为，教师和儿童的共同阅读行为相比亲子阅读和儿童的自主阅读来说，阅读的气氛更加偏向于科学和严谨，教师在儿童心中仍然是权威的代表，因此师幼共读是一种较为正式的学习活动。如何帮助儿童更好地理解图画书的内容，有效地分析图画书中人物关系和逻辑顺序，使得儿童养成良好的阅读习惯，等等，都是师幼共读这种阅读形式所关注的重点。

第四节　学前儿童早期阅读活动的设计与指导

阅读活动是有目的、有计划地发展儿童阅读能力，培养其良好阅读习惯和阅读兴趣的活动。科学地设计与指导学前儿童的阅读活动，首先需要创设一种丰富、温馨的阅读环境；其次，需要根据一定的步骤来设计；最后，做出相应的指导。

一、学前儿童早期阅读活动的条件创设

良好的早期阅读活动创设包括对阅读环境的创设和对阅读材料的提供两个方面。

（一）阅读环境的创设

学前儿童阅读环境的创设分为幼儿园阅读环境的创设和家庭阅读环境的创设。

1. 幼儿园阅读环境的创设

幼儿园的阅读区域包括阅读角和图书室等。阅读角和图书室的物理环境首先应该要宽敞明亮，在空间上不能有局促感和压抑感。其次是阅读空间的软件设置，包括书架的高度、桌椅的材质、靠垫、地垫，以及墙壁颜色等，都要符合儿童的年龄特征和发展需要。营造出温馨舒适的阅读空间的同时，保证书架、桌椅等材质的安全无毒，让儿童可以在一个轻松自由的环境中进行阅读活动。最后，阅读空间的定期清理和打扫也是非常必要的，阅读空间应该保持整洁有序，能够帮助儿童建立起阅读的秩序感，而像整理阅读空间这样简单的任务，可以交由儿童来自主完成，这样在培养儿童规则和任务意识的同时，还能帮助儿童建立起尊重知识、爱护书籍的意识。

而幼儿园阅读空间精神环境的创设则是儿童是否能够在其中进行自主阅读活动的关键因素，所以教师在阅读空间扮演的角色尤为关键。我们认为适合儿童阅读的精神环境应该是民主、平等、自由的环境，但是这种自由是在规则之下的自由。幼儿园的阅读空间是一

个公共的阅读空间，相应地，教师应该制定公共空间的使用规则。例如，在阅读空间里不能吃东西、不能大声喧哗、不要争吵、不能争抢书籍、要爱护和保护书籍等。这些规则需要教师在儿童使用阅读空间之前明确，可以把规则做成彩色图片张贴在显眼的位置提醒幼儿，在丰富阅读区环境的同时，也能达到提醒儿童遵守公共阅读空间规则的目的，也可以在阅读前开展相应的主题活动，师幼共同讨论并制定阅读规则。除此之外，教师在阅读空间的表现也非常重要。在阅读空间里教师应该扮演的是一个引导者的角色，不应该是一个控制者的角色，特别是在儿童自主阅读的过程中，教师要最大限度地给予儿童阅读的自主性，尽量避免把阅读空间变成一个会对儿童造成压力的阅读环境，教师要避免在儿童阅读过程中较多、较严厉地纠正其在阅读过程中发生的一些对阅读本身影响不大的行为。例如，儿童可以选择舒适的姿势进行阅读，而不一定必须要求儿童端正地坐在书桌前进行阅读，尽量给儿童创造一个轻松舒适的阅读环境。

2. 家庭阅读环境的创设

家庭阅读环境的创设，同样需要从物质环境和精神环境上共同建设。与幼儿园公共的阅读区域不同，家庭里的阅读空间可以针对儿童的性格和喜爱来进行布置。例如，在家里开辟出一个专门的区域进行阅读空间的布置，可以用儿童喜欢的颜色、喜欢的物件来进行摆设，为儿童搭建专属于自己的阅读空间，让儿童有阅读区专属于自己的小主人翁感，这样的小空间不仅可以让儿童专心地阅读，同时也能让儿童做一些其他类型的艺术创造活动，例如，在阅读的同时可以绘画、手工等。特别需要说明的是，家庭中儿童阅读小空间的阅读氛围来源于家庭中家长的言传身教。家长平时长期的阅读习惯和每天的阅读行为才是潜移默化影响儿童阅读态度的关键因素，而这也是家庭中阅读的精神环境建设。所以，家庭中的早期阅读活动除需要布置适合儿童阅读的空间之外，更需要家长每天潜移默化的阅读行为去引导儿童喜欢阅读，爱上阅读，帮助儿童形成良好的阅读习惯和阅读行为。

（二）阅读材料的提供

图画书是目前儿童早期阅读使用最广泛的图书类型。图画书又称绘本，是以文字和绘画两种艺术形式共同进行表达的图书类型，是图文的合奏。在图画书中，文字和图画不是互相独立的，而是相辅相成的。优秀的图画书应该做到图画和文字的和谐表达。

家长和教师需要给儿童提供类型丰富、题材丰富的图画书，让儿童能够接触到更多的文学样式和文学体裁。童话、故事、神话、诗歌、散文等都可以让儿童进行阅读。除体裁上的多样之外，内容和主题上也应该多加选择，表现爱的、表现儿童生活的、为儿童搭建想象空间的、表现儿童情绪的等能够全方面展示儿童生活所需的各种主题类型的书籍。同时，儿童的阅读材料还可以是各种带有文字符号、图片内容的印刷品，这类印刷品能够加强儿童在生活中对于文字的敏感性，可以作为图画书阅读的补充。而在图书的式样上也可以为儿童进行更加多样的选择，例如，立体书、布书、卡片书、大书等丰富多样的图书样式。

家长和教师选择图画书时应注意以下几点：一要适合儿童年龄阶段特点。画面清晰，色彩鲜艳，配有适当文字，以利于儿童逐步完成从画面到文字符号的过渡。二要内容简单具体、形象生动逼真，以利于儿童产生阅读兴趣，发挥想象力和创造力。三要语言文字简短易懂、生动有趣，以利于儿童学习和记忆。四要内容广泛，贴近幼儿生活实际，以利于儿童开阔视野，增长见识。

二、学前儿童早期阅读活动的设计步骤

早期阅读活动的设计与组织有其独特的规律，按照下列结构去设计教育活动，可以产生更好的教育效果。

（一）阅读前的准备活动

儿童不可能仅靠一次阅读活动就理解一本书。因此在正式阅读活动开展的前一两周有必要让儿童先阅读图画书，为正式阅读活动的开展打下基础。事实上，当儿童对所阅读的图画书情节不够了解时，他们便无法很好地回答教师提出的问题，这样就难免导致教师指导重点的转移，使阅读活动很可能变成一节提问课或讲解课，那么阅读活动也就失去了应有的意义。

在这个阶段，教师指导时应注意：第一，阅读前准备性活动并不能代替正式阅读活动，它只是为正式阅读所做的铺垫。因此，儿童只需对阅读内容有一个大概的理解就可以，而不必过于熟悉，以防儿童在正式阅读时失去兴趣，影响正式阅读活动的开展。第二，在准备活动中，可以让儿童从头到尾翻看图画书一至两遍，教师重在发现儿童的阅读方法是否正确、阅读习惯是否良好等，而对儿童阅读是否准确不宜过多干涉。第三，对儿童理解不正确的地方，教师可给予提示并启发儿童进行思考。

（二）儿童自由阅读

儿童自由阅读是正式阅读活动的第一阶段。教师将阅读活动所需图画书展示给儿童后，要提供机会让儿童自由阅读。在阅读前准备性活动的基础上，儿童对所阅读的书面语言应留有一定的印象，给儿童创设自由阅读的机会，让儿童通过观察再次认识阅读对象，获得有关信息。

正因为这是儿童正式阅读的第一个阶段，教师在指导时也更应注意技巧。第一，教师要多用提问的方式，多提有启发性的问题来引导儿童的思路。提问可以引导他们边思考边阅读。启发性的问题则有助于儿童把握阅读的重点和难点。第二，教师要对儿童提出观察的要求，并进行操作示范，还要注意观察儿童在阅读中的表现，如阅读速度、阅读方法、阅读态度等。儿童自由阅读，并不意味着教师可以不闻不问，而要更巧妙地引导儿童完整、安静地阅读。

（三）师幼共同阅读

师幼共同阅读是阅读活动的一个重要步骤，这个步骤又可以分为以下几个阶段。

（1）师幼一起阅读，了解和理解图书的大致内容。

（2）围绕阅读重点开展活动。

（3）归纳图书内容。

当儿童对图书的主要内容有深入理解后，教师要鼓励儿童将主要内容总结、归纳出来，从而巩固、消化所学的内容。归纳图书内容，可以有以下三种形式。

（1）一句话归纳法。这种形式要求儿童用一句话将图书的主要内容总结出来。

（2）一段话归纳法。这种形式要求儿童用一段话将故事的主要内容讲述出来。

（3）图书命名法。这种形式要求儿童用简练的词或短句给图书起个名字，实际上是让儿童学习归纳图书内容的主题。

师幼共同阅读是阅读活动设计中的重点步骤，教师在指导时要把握好以下两个方面的问题：第一，这个阶段提问使用的频率较高，因此教师要谨慎对待提问法的使用，以免陷入一问一答的俗套中。第二，在这个阶段中，教师在指导不同年龄的儿童进行阅读时侧重点应有所不同。对于小班孩子来说，教师多读故事给他们听，着重需要培养其阅读习惯和阅读兴趣，发展其倾听理解能力；对于中班孩子来说，教师多进行分享式阅读，着重培养其阅读策略，强调发展他们的阅读理解能力；对于大班孩子来说，以指导性阅读为主，要求儿童能完整阅读并理解图画书内容，着重帮助儿童梳理故事的主要结构，关注文本本身的教学，儿童的阅读活动逐渐从听、说过渡到早期的读写活动。

（四）儿童讲述阅读的主要内容

儿童讲述阅读的主要内容阶段是儿童将所理解的图书内容以口头语言的形式表达出来，儿童将图画符号转化为语言符号的阶段，也是阅读活动中不可缺少的一个环节。儿童可以在小组内自由讲述，在集体中讲述，也可以在同伴间合作讲述。教师在指导这个阶段时应注意以下两个方面。

第一，儿童讲述的内容是他们经过思维加工后所理解的图书的主要内容，因此，只要他们基本上将图书的主要内容讲述出来就可以了，而不必就每个画面进行反复斟酌、反复认知，否则势必会降低儿童对阅读的兴趣。与此同时，教师还要鼓励儿童大胆想象，将与情节有关的人物、动作、对话和内心体验讲述出来，当然，这并不是要求儿童用规范的语言将每个画面的内容都彻底讲清楚，而是培养儿童围绕图书重点，将主要情节尽可能讲得生动、详细。教师在指导时，一定要将这两种讲述区分开，使儿童自由地依据自己的理解和想象，将图书的主要内容完整连贯地表达出来。

第二，在讲述时要注意儿童的个别差异。当儿童在集体前独自或与小组合作讲述时，教师要注意兼顾语言能力强弱不等的儿童的学习和指导。教师可以让语言能力较弱的儿童选择较简单的阅读内容进行讲述，从而使这部分儿童也能从讲述中获取乐趣，提高自信。

三、学前儿童早期阅读活动的指导

学前儿童早期阅读活动需要从阅读兴趣的激发、阅读内容的提问、阅读内容的复述和阅读后的内容讨论这几个方面做出有效的指导。

（一）阅读兴趣的激发

兴趣是最好的老师，儿童的主动求知、主动阅读和主动探索是学习的最强内驱力。因此，怎样激发儿童的阅读兴趣、怎样引导儿童进行阅读是非常重要的。这就需要家长和教师在日常的生活和学习中发现儿童的兴趣点，帮助儿童探索和求知。具体来说，教师和家长可以从以下三个方面来对儿童进行阅读兴趣的激发。

1. 儿童的提问

学前阶段的儿童对这个世界充满了好奇，因此会向成人发出他们对这个世界的疑惑和不解。面对儿童的提问，教师和家长往往有以下两种应对方式：一是耐心解答；二是敷衍应对。但是现实是尽管有的家长会给儿童耐心解答问题，但效果并不尽如人意，儿童对于家长的回答往往会进行更多的追问，而一旦超过家长的知识掌握范围，家长便会觉得吃力。因此，很多家长和教师对于儿童无休止的提问会显得束手无策，无法有效地给出准确的回答和回应。也就是说，尽管面对儿童的提问家长和教师一开始会选择耐心解答，但由于知识专业性的原因，家长和教师可能并不能很好地对问题进行解答，《哲学与幼童》的作者马修斯说："幼儿是天生的哲学家"。他们对于这个世界充满着如哲学家般的好奇，因此他们总会有问不完的问题，他们会好奇自己是怎么来的，会好奇自己的生理构造，会好奇人和动物有什么不同，等等。所以，面对儿童的提问家长和教师应该抓住机会，引导儿童自己去探索和追寻答案。例如，很多家长和教师会很困扰给儿童讲述他们的出生过程，会讨论到底怎样的解答才是最好的。这个时候家长和老师就可以用一本科学的绘本图书来带给儿童答案。《小威向前冲》就是一本儿童性启蒙教育的绘本书籍。家长和教师抓住儿童的提问机会，用绘本和图画书的形式对儿童进行专业的解答，不仅解决了儿童的问题，同样也给儿童养成了从书中寻找答案这样一种潜意识的规则，下次儿童再有想要了解和探索的问题时，就会自然地想从书中去寻找答案了。

2. 儿童的气质类型

儿童的气质类型是由先天和后天环境相互影响组成的。家长和教师也要针对儿童的气质类型去对儿童进行早期阅读的兴趣引导，有的放矢地进行阅读兴趣的引导和培养。相对来说，较为安静、气质较为内敛的儿童更能静下心来阅读，而那些好动、较为外向的儿童则需要花费更多的时间和精力进行阅读兴趣的激发和培养。因此针对好动的儿童，教师和家长可以从绘本的内容入手，选择有趣的、令人发笑的和具有很多动态情节的绘本故事吸引他们的注意。以家长或教师讲故事绘本、儿童听故事这样的形式开头来吸引儿童进行阅读，当儿童被故事吸引之后便会开始自主翻阅绘本书籍，了解绘本的内容。绘本故事《武士与龙》《三个强盗》便是此类型的绘本书籍。

3. 儿童的行为习惯

家长和教师对于儿童阅读兴趣的激发还可以从儿童的行为入手。儿童和成人一样可能会在一段时间内保持对于某件事情、某个物体、某个行为的浓厚兴趣，会在一段时间内喜欢做某件事情。例如，儿童可能在一段时间内对于车子感兴趣，喜欢玩与车相关的玩具和模型，这个时候家长就可以选择关于车子、介绍与车相关内容的绘本书籍来进行儿童的早期阅读活动。例如，《神奇校车》系列绘本、以《好忙啊，快跑快跑》为代表的小红火车大冒险故事绘本系列，以及以《小火车亨利特》为代表的小火车成长系列绘本，等等。也就是说，把儿童在其他事物上的兴趣发散、扩展到对于阅读的兴趣上，这种兴趣的扩展不仅限于儿童感兴趣的事物上，也可以在儿童的习惯上去引导。例如，在平常的生活中如果儿童偏爱某一种食物，教师和家长就可以引导儿童去探究他们为什么喜欢吃这种食物，用儿童喜欢吃的食物来进行进一步的了解和探索，如果儿童喜欢吃苹果，家长就可以选择介绍苹果或者和苹果有关的绘本故事来对他们进行早期阅读的兴趣激发和引导，《好大的苹果》《苹果树》等这些都是以苹果作为主要内容进行表现的绘本故事。

（二）阅读内容的提问

关于阅读内容的提问是针对亲子共读和师幼共读两种早期阅读类型的。笔者认为儿童的自主阅读应该给予儿童完全的自主阅读空间，让儿童不被打扰，完全地沉浸于阅读体验之中，充分地感受阅读带来的体验。所以，关于阅读内容的提问设计针对亲子共读和师幼共读两种类型的阅读形式。教师和家长可以从以下几个方面来对儿童的阅读过程进行指导和提问。

1. 对语言的提问

针对语言的提问通常是对语言句式的提炼和学习，教师提问的重点是让儿童仿编和创造新的句式、词语和句型等。例如，在学习绘本故事《猜猜我有多爱你》中，学习句型"我爱你，像……一样高（多、长、甜）"等形容程度的词。教师或家长针对绘本中句型"我……我就有多爱你"和"我爱你一直到我的脚趾头"等句型的仿编和创造。通过对句型、词语等的提问达到学习新的句型、句式的目的。针对语言的提问是在儿童进行早期阅读过程中引导儿童关注文字的途径之一，通过提问可让儿童感受到文学语言的魅力，从而提高对文学语言的敏感性。

2. 对情节的提问

针对情节的提问是检测儿童是否理解故事内容的提问方式。例如，绘本故事《彼得的椅子》中，有一个情节是彼得想要带上他的小狗威利和他心爱的玩具离家出走，家长和教师就可以针对这个情节提问儿童："彼得为什么想要离家出走？"这个绘本故事描述的是家里因为妹妹的到来，作为哥哥的彼得看着自己用过的摇篮和小床都重新粉刷了给妹妹用，心理产生的落差和失落的心理契合了当下开放二胎之后的家里两个孩子的相处问题，而家长和教师对这个情节的提问，一是可以检测出儿童是否理解前面的内容，因为只有了解了彼得失落的心理，才能推断出彼得想要离家出走的原因；二是充分留出时间给儿童思考全书的整体结构和故事的主线发展，为后面情节的理解做好铺垫。

3. 对主题的提问

对主题的提问是引导儿童理解图画书想要表达的深层次的内涵和主题，以及作者想要表达的核心思想的提问类型。例如，《彼得的椅子》这本图画书实际上表达的是作为老大的孩子在家里添了新成员之后，被弟弟妹妹分享了父母的爱，以及感受到了父母已经不再只关注自己了，从而产生的落差和失望的心理。那么教师和家长在和儿童共同阅读这本绘本时，就需要不断地重复和强调父母对于儿童的爱是一如既往的，可以对有弟弟妹妹的儿童进行这样的提问："爸爸妈妈也会把你们的东西给弟弟妹妹用吗？""原来是自己的东西给了弟弟妹妹后，你们有什么感想？"通过这样的提问，了解儿童与弟弟妹妹相处的真实日常，同时让儿童相信和信任家长对自己的爱是不变的，并告诉儿童他们产生不开心的情绪是正常的，因为摇篮、小床确实是爸爸妈妈买给自己的，而爸爸妈妈没有经过自己的同意就把它们给弟弟妹妹用了，是爸爸妈妈做得不好，引导儿童在家里合理地提出自己的诉求和需要。同时绘本也提醒有二孩的父母，在照顾二孩时也不要忽略大宝，要时刻关注到大宝的情绪和对爱的需求。通过这样的提问，也能让儿童对故事的主题思想有了一个初步的印象。

4. 对人物的提问

对故事人物的提问是训练儿童归纳、观察、推测能力的重要方式。绘本书里塑造的人物以扁平化人物形象为主，往往是一种较为突出的性格特征贯穿全书，而人物特征则是通过具体的事件、人物的外形、人物的表现和行为得以凸显。因此，儿童在阅读的过程中，对于故事人物特征的把握是儿童理解图画书的关键因素。例如，绘本故事《三个强盗》是以突出强盗性格特征为主的图画书类型，人物塑造采用的是典型化的人物形象塑造方式，有利于丰富儿童对故事中人物性格特征的认知。《三个强盗》故事的情节发展、强盗的行为等都是为了塑造三个强盗的性格特征服务的。教师和家长在与儿童的阅读过程中，就可以让儿童对三个强盗的性格特征进行归纳和总结，让儿童去思考“三个强盗到底是个什么样的强盗呢？”在书的开头说道：三个强盗戴着黑帽子，穿着黑衣服，非常的凶，而且还带着武器，他们抢劫马车，掠夺财物。就是这样一群强盗在一次抢劫中没有抢到财物，发现了一个漂亮的小姑娘，他们便把小姑娘带回了山洞精心照顾，从此之后，三个强盗把财物都用来照顾不快乐的小孩、没人要的小孩和走丢的小孩，这些小孩就快乐地住在三个强盗为他们买的城堡里，快乐地长大，直到结婚。这样的一个丰富的人物性格特征的塑造，教师和家长可以引导儿童通过三个强盗的外形特征、行为特征去分析他们到底是什么样的人，从而让儿童了解到人物性格的多样性和人性的多样性。例如，强盗们为什么要当强盗？他们抢劫财物的过程中对别人造成伤害了吗？照顾孩子他们付出了什么？等等这样的问题，去引导儿童思考并总结出三个强盗外表凶恶、内心善良的性格特征。

5. 对画面的提问

图画书、绘本是图文的合奏，甚至可以直接用图画来讲故事，因此图画的细节描绘、图画的故事性是引导儿童进行阅读的重要因素，图画中包含了很多信息，包括时间，背景，人物的表情、动作、神态以及一些小的隐藏细节，等等，这些信息都需要儿童在阅读的过程中仔细观察、发现，并与故事的整体脉络联系起来。例如，绘本故事《母鸡萝丝去散步》全篇文字短小，每一页只附有短短一句话交代故事的内容，其余的信息都在图画里，儿童通过观察图画来获取更多的有效信息。

7.2 母鸡萝丝去散步

以上微资源节选于《母鸡萝丝去散步》的内容，从画面中可以看出，绘本中的文字内容较少，只有短短一句话，而其他的关键信息都是通过画面图像来进行表达的。例如，封面页中儿童可以通过背景建筑风车磨坊、谷堆、草堆、农舍等推测出故事发生的地点是在农场里；第一页中狐狸和母鸡的形态可以让儿童清楚地知晓狐狸和母鸡的关系，教师和家长可以通过“狐狸偷偷摸摸地在干什么啊？”“画面中还有什么啊？”等这类开放性的问题引导儿童观察画面中的内容；第二页的画面中地上有一个钉耙，教师和家长就可以引导儿童关注钉耙，通过提问“地上还有什么呢？”“钉耙有什么用呢？”这些问题让儿童推测故事接下来可能发生的情节，儿童通过观察得到的信息与故事中的文字信息互相整合，才能得到完整的故事脉络。

（三）阅读内容的复述

对于图画书阅读内容的叙述是检测儿童是否完整理解图画书内容的关键环节。通常是通过提问“这本图画书讲述的是一个什么样的故事呢？”来展开，儿童对故事的叙述是阅读中多种能力的体现。首先是儿童记忆能力的体现。看完一本书之后，儿童要对故事中的人物和事件有一个清晰的认识，大概知道故事的主线事件、故事中的重要人物、图书中的细节内容等。其次，儿童需要把这些事件和人物以一定的逻辑关系联结和串联起来，要能够讲清楚事件发生的过程。例如，绘本故事《三个强盗》是一个情节转折、人物性格丰满的绘本故事，儿童在对故事进行复述时需要厘清故事发展的线索，即强盗抢劫财宝（财宝从来不用）—抢劫马车时遇到没人要的小女孩—带回山洞进行照顾—收留没人要的小孩、不快乐的小孩等—用财宝买城堡照顾没人要和不快乐的小孩—小孩长大结婚后为三个强盗建了三座塔，并在主线发生的情况下，附加补充，使主线情节更丰富。例如，强盗抢劫财宝是怎么做的、强盗使用的是什么样的武器、强盗是怎么对待小女孩的等，这些内容是主线之外细节的丰富。教师和家长可以在儿童复述的过程中进行一些线索和细节的提示，帮助儿童完整表达。

（四）阅读后的内容讨论

阅读后的讨论可以看作儿童阅读之后的心得体会。这一部分的内容需要教师或者家长和儿童共同完成，包括故事内容的迁移、故事中有关情节和人物的评价、故事主题的升华等。教师和家长需要在这一环节引导儿童关注图画书的内在含义，例如，《活了一百万次的猫》是一个富有哲理的童话故事，其深意悠远且富有哲理性，而儿童由于其认知能力和生活经验有限，对于故事的感受也仅仅停留在好玩和具体的事件中，而故事整体营造的情感和氛围，对于生命意义的追寻，爱的核心内核，这些内容都需要家长和教师在阅读之后的讨论中引导儿童去感受、去体验。感受生命的美好、自由的可贵以及爱情的奉献和牺牲等。

做一做

试着与小朋友共同看一本图画书，总结小朋友阅读图画书的特点。

7.3 《幸福的大桌子》

7.4 早期阅读活动《幸福的大桌子》赏析

【本章练习】

1．学前儿童阅读环境的创设包括（　　）创设。

A．公共环境、家庭环境　　B．幼儿园环境、家庭环境

C．社区环境、家庭环境、幼儿园环境　　D．社区环境、公共环境

2．儿童是否能够在幼儿园进行自主阅读活动的关键因素是（　　）。

A．幼儿园阅读空间精神环境的创设　　B．幼儿园墙面环境的创设

C．幼儿园阅读空间物质环境的创设　　D．幼儿园阅读空间图画书的选择

【模拟测试】

1．在学前儿童早期阅读活动中，最接近阅读本质的阅读形式是（　　）。

A．师幼共读　　B．同伴共读

C．自主阅读　　D．亲子共读

2．学前儿童早期阅读活动最主要的特征是（　　）。

A．自主性　　B．支持性

C．活动性　　D．赏析性

3．在师幼共读和亲子共读中，针对绘本故事《三个强盗》对儿童进行提问：“三个强盗是个什么样子的强盗呢？”这种提问类型是（　　）。

A．针对语言的提问　　B．针对情节的提问

C．针对主题的提问　　D．针对人物的提问

第七章参考答案

【拓展阅读】

儿童本位的图画书

图画书既有从儿童视角创作的，也有从成人视角创作的；既有从受众者视角画的，也有从创作者视角画的。例如，美国作家玛丽·荷·艾斯的《在森林里》《和我一起玩》，埃尔斯·霍姆伦德·米纳里克和莫里斯·桑达克的《亲爱的小熊》，日本作家中川李枝子和山胁百合子的《古利和古拉》，加古里子的《小达摩和小天狗》，明显是以儿童为受众的。站在成人视角的图画书，则有美国作家曼罗·里夫和罗伯特·劳森合作的《爱花的牛》、日本作家濑田贞二和寺岛龙一的《非洲的大鼓》、日本作家斋藤隆介和泷平二郎的《八郎》，这些都是优秀的图画书。要说哪一类是图画书中的杰作或深受儿童喜爱，当然是前者居多；后者因为有着成人的逻辑和想法，往往被成人看好，但孩子们却不喜欢，也不感兴趣。然而后一类图画书也多了起来，特别是在那些被一本正经的大人们所喜欢的“大型图画书”中常见。但他们给人的感觉只是大人在单方面地讲故事，并未重视孩子们的想法，或者硬性要求孩子们应当怎样，大人应当怎样。

我在选择图画书时，首先考虑的是那些理解孩子们的世界，并用孩子们的想法和心情去绘画的图画书。换句话说，图画书不应该被动地接受，它应该让孩子们产生一种亲切感，在不知不觉中引领孩子们走进一个奇妙的世界。

……

是否有吸引孩子们的故事和插图，是辨别图画书好坏的关键。孩子们一眼就能分辨出图画书的好坏，成人却很难判断，这正是选择图画书的难点。当然，并不是说只要能吸引孩子们走入其中的图画书就好，图画书首先要有明确的主题，能体现作者独特的世界，在那个世界中，作者可以充分地展现自己想表达的东西，重要的是，为了让孩子们在故事情节的展开中通过陆续登场的人物，准确地体会作者想说的东西，故事要用作者的语言来叙述。当然，故事的文学性、图画的艺术性也不容忽视。

……

资料来源：松居直．我的图画书论[M]．郭雯霞，徐小洁，译．乌鲁木齐：新疆青少年出版社，2017：46-47．

第八章 学前儿童语言教育评价

【本章导读】

《纲要》中指出 “教育评价是幼儿园教育工作的重要组成部分，是了解教育的适宜性、有效性，调整和改进工作，促进每一个幼儿发展，提高教育质量的必要手段。”同时，阐述了“评价的过程，是教师运用专业知识审视教育实践，发现、分析、研究、解决问题的过程，也是其自我成长的重要途径。”也强调“平时观察所获的具有典型意义的幼儿行为表现和所积累的各种作品等，是评价的重要依据。”“承认和关注幼儿的个体差异，避免用划一的标准评价不同的幼儿，在幼儿面前慎用横向的比较。”评价要“在日常活动与教育教学过程中采用自然的方法进行。”

本章我们将要学习学前儿童语言教育评价的基本概念、评价的原则与类型以及学前儿童语言教育评价的内容和方法，并学会对学前儿童语言教育评价的结果进行科学、合理的处理。

【学习目标】

1．初步理解学前儿童语言教育评价的基本概念、类型。

2．理解学前儿童语言教育评价的原则，熟练掌握学前儿童语言教育评价的内容。

3．掌握并学会运用学前儿童语言教育评价的方法。

【学习重点与难点】

学习重点：掌握学前儿童语言教育评价的内容与原则，并能够运用科学的评价方法发现问题，解决问题。

学习难点：掌握并学会利用科学的评价方法发现教育活动中出现的问题，进而提出改进建议。

【思维导图】

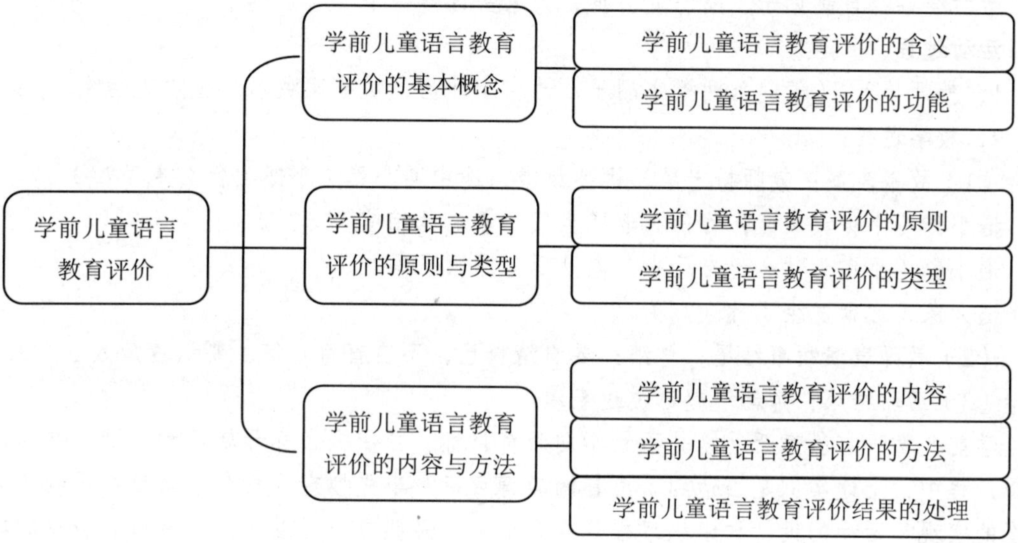

【情境导入】

【案例 8-1】

如何理解文学作品的内容[①]

评价指标：理解文学作品的内容

评价方法：自然观察法（在语言教育互动过程中观察儿童对教师讲述的故事内容的理解）

评价内容：

1．知道故事中的角色和发生的事情。

例如，讲述故事《稻草人的朋友》后提问：

故事里都有谁？（能说出故事中的人物）

猴子是如何帮助稻草人的？（能用自己的语言介绍故事的情节）

2．能按照顺序说出故事的主要情节。

3．能理解故事的主题思想。

例如，讲述《小马过河》后提问：这个故事说明了什么？

【案例 8-2】

小老鼠和大象的故事（中班语言教育活动）[②]

活动目标

1．培养儿童的课堂参与能力、师生互动能力、创新能力。

① 资料来源于河南省信阳学院幼儿园刘凡老师收集。

② 资料来源于河南省信阳学院幼儿园刘凡老师收集。

2．锻炼儿童的语言表达能力、模仿能力、舞台表演能力。

活动准备：自制兔子、熊、鼠、狗、大象头饰各一个。

活动过程

1．教师导入：（猜谜）两撇小胡子，油嘴小牙齿，贼头又贼脑，喜欢偷油吃。

2．教学过程：

（1）故事表演：教师扮老鼠，讲述故事，途中遇小熊（小熊为什么走了？）

遇小狗（小狗说实话，为什么老鼠生气了？老鼠相信了吗？）

遇小兔（小兔为什么说自己小？老鼠思考原因了吗？）

遇大象（你猜发生了什么？）

（2）教师表演故事结尾，总结：要看清自己，不要盲目自信，要认清敌人。

（3）活动结束：师幼一起边说边表演。

学前儿童语言教育活动总是不断指向教育目标，并依据目标开展活动，那么在活动的实施过程中，上述案例是否达到了语言的教育目标？事先拟定的教育活动目标得到了多大程度的实现？活动的设计和组织过程是否合适？从哪些方面可以评价儿童语言教育的效果？还可以从哪些方面评价儿童语言发展的情况？等等。要对上述问题做出判断，就要学会对语言教育活动进行评价。那么，什么是学前儿童语言教育评价？怎么进行评价呢？让我们带着这些问题开始学习本章的内容。

第一节　学前儿童语言教育评价的基本概念

教育评价是针对教育活动做出科学的价值判断的过程，它既是教育活动的组成部分，也是检验和提高教育活动质量的重要途径。《幼儿园教育指导纲要（试行）》中特别强调教育评价的作用，认为教育评价是幼儿园教育工作的重要组成部分，是了解教育的适宜性、有效性，调整和改进工作，促进每一个儿童发展，提高教育质量的必要手段。学前儿童语言教育评价是学前儿童语言教育过程中一个不可缺少的环节，它调节、控制着整个教育过程，使之朝着语言教育的预期目标前进并最终达成目标。

一、学前儿童语言教育评价的含义

学前儿童语言教育评价是学前教育评价的一部分，专指对与学前儿童语言教育活动有关的各个方面进行科学的价值判断过程。具体来说，学前儿童语言教育评价就是收集语言教育活动的设计、组织和实施过程中各个方面的信息，并依据一定的客观标准对语言教育活动及其效果做出客观的衡量和科学的判定的过程。学前儿童语言教育评价是语言教育实施过程中一个不可缺少的环节，其主要目的在于建立一种积极地反馈信息的途径，从而形成有效调节和改善幼儿园语言教育过程的机制。通过评价，教师可以了解自己的工作成果和活动的价值。

对学前儿童语言教育的评价，是随着对儿童语言发展和语言教育认识的不断深化而发展起来的。学前儿童语言教育的评价，强调把语言作为一个整体来进行评价，不仅包括儿童语言发展状况的评价，而且包括对儿童语言教育的过程、内容、方法、效果等做出判断。可见，学前儿童语言教育的评价，不限于对儿童语言发展水平的评价，还要对语言教育的活动本身做出价值判断，对教师的教和儿童的学的过程和结果的评价，教育评价就是对教育工作的本身做出价值判断的过程。学前儿童语言教育的评价是语言教育整体结构中的一个要素，它通过对其他各个要素的评估以及对语言教育整体运行中各个步骤的监测，对语言教育整体效果做出评价，同时做出价值判断的过程。

在《纲要》中，突出强调了教育评价的作用，指出教育评价是幼儿园教育工作中的重要组成部分，是了解教育的适宜性、有效性，调整和改进工作，促进每个儿童的发展，提高教育质量的必要手段。语言教育评价起着调节、控制整个教育过程，使之朝着语言教育的预期目标前进，并最终达成目标。其评价的任务是要弄清楚进行了某种教育后儿童是否得到了发展，是怎样发展的，或为什么没有发展。学前儿童语言教育活动的评价涉及许多方面，但是概括起来主要是两个方面：一方面是对儿童语言发展的评价；另一方面是对活动本身的评价。对于这两个方面的评价内容，应该采取相应的评价。在双向相互作用的评价过程中不断修正语言教育设计和实施，从而提高语言教育的质量。

例如，在“学前儿童语言教育观”中指出，“语言作为交际工具是在儿童与周围的人、事、物进行信息交流的过程中发展起来的”“语言教育既要渗透在儿童生活的各种活动中，又要用专门组织的相应活动使之落实到所有儿童身上，从而提高语言教育效益”。据此观点，在确定学前儿童语言教育目标和年龄阶段目标时，都把语言的听和说（即倾听和表达）两个要素作为重要部分提出，并分解成便于应用的具体项目。在选择语言教育内容时，将儿童的语言学习内容分为专门的语言学习内容和渗透其他活动中的语言学习内容两个大类，并且在各个子类中，凡是可以提供听和说经验的都列出了“倾听”和“表达”的目标。教师在根据不同类别的内容设计各种学习活动时，就可以根据其中的听和说的条目，选择相应的具体学习内容或教材来考虑活动的过程，使儿童能在实际倾听后表述的活动中练习听和说，使听说能力逐渐地得到发展，在进行一段时间的语言教育活动后，教师如果发现儿童的听说能力有明显的进步（或没有什么进步），就可以运用相应的评价工具对教育活动、教育内容、教育目标等进行检验，从中发现促进儿童听说能力发展或未能达到预期教育目标的原因。教师根据基本观点检验教育目标、教育内容、教育活动各个部分之间的转化关系，从中找出语言教育的规律（或违反语言教育规律的原因）。

在当前幼儿园教师普遍感到语言教育改革比较困难的情况下，语言教育评价还可以作为剖析语言教育实践，形成语言教育整体结构和运行机制的一种手段。例如，教师或园长可以用语言教育整体结构四要素来对照本班或本园的语言教育实践，从中发现薄弱环节，给予加强；也可以用各种评价工具对儿童的语言能力发展，对语言学习过程的设计和实施，对语言教育目标或教育内容等进行检验，从而发现优点加以表扬，找出弱点加以改正。

二、学前儿童语言教育评价的功能

究竟为什么要进行语言教育评价？这个问题是同教育评价的功能联系在一起的。学前儿童语言教育评价有什么样的功能，在相当程度上决定着其评价的目的。其具体功能表现如下。

（一）导向功能

学前儿童语言教育评价的导向功能是指教育评价本身所具有的引导评价对象朝着理想目标前进的功效和能力，这是由评价标准的方向性决定的。因为在教育评价中，对任何被评对象所做出的价值判断都是根据一定的评价目标、评价标准进行的。这些评价的目标、标准、指标及其权重，对被评价对象来说，起着“指挥棒”的作用，引导着儿童语言教育工作者的各个环节，包括教育目标的制定、教育内容与方法的选择、教育过程的展开等。

（二）诊断功能

诊断是语言教育活动评价的一个基本作用。通过评价，可以诊断儿童在语言教育活动中的语言发展状况；可以诊断儿童在学习语言时，在知识经验和能力技能上的准备程度，已有的语言发展水平如何，由此来决定儿童语言教育活动的目标和内容。通过评价，可以诊断儿童语言教育活动的效果，还可以比较本班儿童在语言方面的差异，以便教师因材施教，有目的地进行个别指导。

总之，通过语言教育活动评价来诊断语言教育内容和目标的适合程度、内容与儿童语言发展水平的适合程度、内容和方法与儿童兴趣的适合程度，然后，根据评价所得到的诊断结果，及时调整语言教育活动内容、改进教育方法。

（三）调节功能

学前儿童语言教育评价的调节功能是指对评价对象的教育教学和学习等活动进行调节的功效和能力。这些功能表现在两个方面：一是评价者为被评价者调整目标及进程。例如，通过评价，评价者认为被评价者已经达到目标并能达到更高目标时，就会将目标调高，将进程相对调快；认为被评价者几乎没有可能达到目标时，就会将目标调低，将进程相对调慢，使之符合被评价者的实际情况。总之，要让他们在不同水平上朝目标前进，避免发生达到目标者停滞不前、达不到目标者沮丧气馁的情况。二是被评价者通过评价了解自己的长短、功过，明确努力方向及改进措施，以实现自我调节。

（四）激励功能

学前儿童语言教育评价的激励功能是指合理有效运用教育评价，能够激发和维持评价对象的内在动力，调动被评价者的内部潜力，提高其工作的积极性和创造性，从而达到教育管理的目的。学前儿童语言教育评价可以使被评价者看到自己的成就和不足，能够激励教师发扬优点、克服不足，提高教学的主动性和创造性。例如，通过评价可以对教师的教学和儿童的学习是否有效进行反馈，从而激发教师改进和调整语言教育活动方法；可以对教育活动中的优秀成果进行反馈，从而增强教师的信心。

（五）鉴定功能

通过学前儿童语言教育评价，可以区分和鉴定语言教育各个因素的优良程度，确定其有无价值或价值的大小，并为其评定相应的等级。例如，通过评价，可以判定每个儿童是否达到该年龄阶段正常的语言发展标准。

第二节 学前儿童语言教育评价的原则与类型

一、学前儿童语言教育评价的原则

幼儿园语言教育活动的评价是一种比较微观、比较真体的评价，与教师联系更密切，对教师影响更直接。因此，幼儿园教师应当直接参与幼儿园语言教育活动的评价。这样，一方面，教师可以及时了解活动设计和组织实施过程中的不足，讨论改进的办法，不断提高语言教育活动设计和组织实施的能力；另一方面，可以保证评价的深入性和全面性，避免评价过程中评价者和被评价者之间的对立现象。评价是与教育过程并行的同等重要的过程，所以学前儿童语言评价要注意遵循以下原则。

（一）正确的价值观

树立正确的评价观，对评价要有正确、完整的认识，充分发挥评价的鉴定功能、诊断功能、改进功能、激励功能和导向功能，评价不仅是为了甄别、检查儿童学习和发展的状况，同时也是为了提供真实的信息，使教师、家长了解孩子语言发展的现状，以便实施针对性的策略，提高学习效率，促进学前儿童语言的发展。

（二）客观性原则

实施教育活动评价必须采取客观的实事求是的态度，而不能主观臆断或掺杂个人的情感色彩。首先，要制定或者参照客观公正的评价标准确定评价方案，事先尽量考虑周全，减少误差；其次，评价过程必须规范，要采取实事求是的态度，客观公正，而不能主观武断、掺杂个人的感情或情绪因素，妄加评论和指责。如果评价者不能客观公正地对待评价对象，则会产生不良的后果，使评价活动失去其真正的意义。

（三）全面性原则

对语言教育活动的各个构成要素进行全面评价。教育实践是一个不断地运动、全面地发展的过程。教育评价必须要连续不断地对语言教育活动的各个组成部分和各个构成要素进行全面的评价。这就要求评价者既要对学前儿童的语言发展情况进行全面评价，又要对教师的教学活动进行评价；既要对语言教学的目标进行评价，又要对活动的内容、方法进行评价；既要对教学具的运用进行评价，又要对师幼互动进行评价；等等。同时评价的方法和工具还应有连续性，对评价的资料要进行妥善的保存，这样才能保证评价的连续、全面，反映出学前儿童语言动态发展的轨迹。另外，还应关注评价个体的差异性、评价主体的互动性、评价内容的多元化等原则。

遵循全面性原则，一方面要求评价标准能够全面、充分地反映教育目标，反对过分强调某些因素而忽视其他因素；另一方面要求在评价过程中要全面、充分地收集信息，不要偏听偏言。只有遵循了全面性原则，才能保证评价标准的全面性和在评价过程中收集信息的全面性，才能使评价工作更科学、准确。

（四）参照性原则

参照性原则是指制定的评价标准要有依据。幼儿园语言教育活动评价标准的制定，首先，要依据国家有关法规性质的文件，这是确定语言教育活动评价标准的根本依据；其次，要依据儿童语言发展的基本规律，根据儿童在每个年龄段应有的水平做出恰当的规定，不可任意提高或降低标准；最后，要依据语言教育活动的目标，目标不但是教育活动组织和实施的指南，也是教育活动评价的指南和参照的依据。在评价过程中，那种脱离目标另定标准的做法是不可取的，也是缺乏科学性的典型表现。

（五）发展性原则

在进行语言教育评价的过程中，要以发展的眼光来看待被评价者，评价的目的是促进教师和儿童更好地进步。从教师的角度来看，评价者要善于引导教师运用专业知识审视自己的工作，不断发现、分析、研究、解决教育工作中碰到的问题，并在这一过程中锻炼自己的专业实践能力，实现自身的专业成长。从儿童的角度来看，对儿童的评价过程不应该是简单地做出结果性评判，而应该成为教师了解儿童、理解儿童、欣赏儿童的过程，从而促进每个儿童的发展。

（六）情境性原则

教育活动是在一定的情境下发生的教师和儿童或儿童与儿童之间不断互动的一个动态过程，因此，对教育活动的评价必须考虑其特定的情境。在学前教育阶段，评价的主要意义在于提供这样一种信息，即儿童在教育活动中是如何取得进步的，并允许教师根据评价结果调整活动计划来满足儿童的需要与学习特点。比起测试性评价，关注到情境的真实性评价更能够保证教师掌握儿童学习发展的现实状况，从而进一步设计出合适的教育活动。

（七）个别化原则

学前儿童语言教育评价既要关注儿童群体，也要关注每一个个体。教师应该遵从儿童的个别差异，在活动的过程中对不同儿童进行观察、记录，并给予针对性的评价。此外，教育活动评价既要关注儿童的全面发展，也要关注儿童某些方面的特殊表现和能力，教师要对儿童特有的潜能或一些独特的个性进行记录、评价，为其个性化、个别化的发展和生成留有空间。

（八）尊重性原则

学前儿童语言教育评价要充分尊重被评价者。无论是对儿童还是对教师的评价都要公正、客观。尽量从正面入手，帮助儿童和教师发现自己的长处，弥补自己的不足，做到扬长避短。尤其是教育管理者对教师的教育行为进行评价时，一定要注意持肯定和鼓励的态度，激发教师不断进取的信心和渴望，促使教师能够不断自我完善和提高，从而使教育活动得到改进。避免直接切入缺点，打击被评价者的自尊心。

二、学前儿童语言教育评价的类型

由于学前儿童语言教育评价涉及的内容较多，可以按照不同的维度进行分类，这对进一步深入学习有帮助。例如，根据评价是否有计划性，分为正式评价和非正式评价；根据评价主体不同，分为内部人员评价和外部人员评价，或者是教师作为主体的评价、儿童作为主体的评价、家长作为主体的评价、管理人员作为主体的评价等；根据评价对象（或对象涉及的范围），将教育评价分为学生评价、课程评价、学校评价、特定项目评价，或者分为对人的评价、对活动的评价；根据评价信息的搜集方式不同，分为量化取向的评价和质化取向的评价；根据教育评价的功能和目的不同，可以分为诊断性评价、形成性评价和总结性评价等。每一种类型都有适用的条件和前提，但与此同时，不同的评价类型之间并不是完全独立和相互排斥的，在评价的实际运用中通常是相互交叉的。

（一）正式语言教育评价和非正式语言教育评价

根据学前儿童语言教育评价的计划性，学前儿童语言教育评价可以分为正式语言教育评价和非正式语言教育评价。

1. 正式语言教育评价

正式语言教育评价往往采用量化的方式来进行。体现在教育活动中，多表现为上级行政职能部门或幼儿园管理层根据一定的语言教育目的和计划而开展与实施的评价，一般采用量化和等级或分数式的评价表。

2. 非正式语言教育评价

非正式语言教育评价通常是指发生在语言教育活动过程和特定活动情境中所进行的对儿童的语言及其教学活动现象或事件的观察和评定。非正式语言教育评价一般很难量化，具有较大的主观性和隐蔽性。但是教师通过非正式语言教育评价可以更好地了解学习者的需要、学习风格、认知特点，以帮助和促进儿童的学习。

（二）个体评价和整体评价

根据评价对象的范围不同，学前儿童语言教育评价可以分为个体评价和整体评价。

1. 个体评价

学前儿童语言教育个体评价是指对参与语言教育活动的儿童个体进行的评价，评价的内容包括儿童对于活动所表现出的兴趣、儿童的参与态度、儿童的学习方式与能力等诸多方面。个体评价的目的是为了更好地了解儿童个体语言发展，进而有针对性地促进儿童个体提高探索和学习语言教育方面的能力。

2. 整体评价

学前儿童语言教育整体评价是指对语言教育活动中参与活动的儿童群体进行综合性的语言教育评价。通过对学前儿童语言教育整体评价，教师可以从宏观方面把握本班儿童的语言认知水平、学习能力、兴趣爱好，对整体语言发展特点进行分析，从而改进学前儿童语言教育活动的设计与实施方案。

（三）相对评价、绝对评价和自身差异评价

按照评价的参照体系与被评价者之间的关系，学前儿童语言教育评价可以分为相对评价、绝对评价和自身差异评价三种类型。

1. 相对评价

学前儿童语言教育相对评价是指在某一类评价对象中选取一个或若干个作为基准，将该类对象的语言发展逐一与基准相比较，判断其是否达到基准所具备的特征和达到的具体程度。学前儿童语言教育相对评价可以区分个体在团体中语言发展的相对位置，可以把相对评价理解为某一范围内的学前儿童语言发展相互比较。例如，在对某地区的某个年龄段儿童进行语言评价时，可以在该地区选择调查样本，把其他幼儿园儿童的语言发展与该样本比较，这样的评价就是学前儿童语言发展相对评价。

学前儿童语言发展相对评价也可以称为常模参照评价，通常是与某一种测验（尤其是标准化的语言测验）联系在一起的，通常将某一个体在语言测验中所获得的分数与所在学前儿童群体的平均数或常模相互比较，通过计算 Z 分数、T 分数等方式，评价某一个体在群体中语言发展的位置。语言发展相对评价对于选拔、鉴定、分组具有积极意义。该评价能够在一定程度上避免因“水涨船高”现象而做出不恰当或错误的评价。

2. 绝对评价

学前儿童语言教育绝对评价是指以某种既定的目标为参照，将被评价者与目标一一对比，判断其是否达到语言发展目标或达到目标的程度。

3. 自身差异评价

学前儿童语言教育自身差异评价是指将某一个体现在的语言发展水平和过去的语言发展水平相比较，以判断个体的语言发展、变化的一种评价方法。学前儿童语言教育相对评价和绝对评价都是在做横向的比较与判断，是用某一个体语言发展水平与其他个体语言发展水平相比，而学前儿童语言教育自身差异评价则是在做一种纵向比较与判断，是在拿自己与自身相比。

具体地说，当一个老师说“洋洋语言发展很好”，可能有着不同的含义。如果老师做的是相对评价，其意思可能是“洋洋在这个幼儿园的大一班是一位语言发展很好的孩子”；如果老师所做的是绝对评价，其意思可能是“这个年龄段的孩子只要能说出 10 个左右完整句型就达标了，可是洋洋却能说 20 多个完整句型”；如果老师做的是自身差异评价，其意思可能是“洋洋以前只能说 8 个左右完整句型，现在能说 20 多个完整句型”。由此可以看出，作为一名教育工作者，要善于运用多种评价类型，以激励学习者。例如，可以尽可能多地使用自身差异评价（纵向比较，自己跟自己比较），尽量少用相对评价（横向评价，自己和别人比较）。

（四）自我评价和他人评价

根据评价的主体不同，学前儿童语言教育评价可以分为自我评价和他人评价。

1. 自我评价

学前儿童语言教育自我评价是指评价者对自己的语言教育发展水平进行的评价。评价主体与评价对象统一，在幼儿园教育活动中，主要是指教师通过自我认识与分析，根据一

定的标准对自己的语言教学活动进行价值判断的过程。对于教师而言，这是一种内在的行为，是教师对语言教育的反思过程，能够有效促进教师专业能力的提高。例如，一名学前儿童在开展具体语言教育活动之后的“教育反思”就是一种自我评价。但是，学前儿童语言教育自我评价由于缺乏横向比较，有较强的主观性，再加上学前儿童心理发展不成熟，评价的客观性相对较差。

2. 他人评价

学前儿童语言教育他人评价指的是除自身以外的任何人或组织对该对象语言发展水平所进行的评价。例如，教师对儿童的语言发展水平评价、家长对儿童的语言发展水平评价、学前儿童相互之间的评价等。他人评价语言教育评价活动，可以将着眼点放在儿童语言身上，评价儿童在语言活动中的具体表现，也可以将着眼点放在教师身上，评价教师在语言教育活动设计与组织过程中的表现。在当前的语言教育评价实践中，他人评价的专业性相对强一些、规范一些、客观一些，自我评价则相对比较日常一些、不够专业、主观一些。事实上，学前儿童语言教育自我评价是最经常的评价，如果能促进教师的语言教育评价从日常评价向专业评价转换，将能大大提升语言教育质量。

需要说明的是，学前儿童语言教育自我评价虽然是自己评价自己，但评价什么、评价的结果是什么，别人是可以听到、看到的，尤其要强调的是教师的语言教育自我评价。此外，自我评价并不是自己一个人自娱自乐、没有标准地随便评价。自我评价同样应该有标准、有评价的证据，同样也可能是形成性的或者总结性的。例如，表 8-1 中是一位教师语言教育的自我评价，管理人员是可以看到的。

表 8-1　对自己的目标和个人计划的自我评价

在今后一年（月、周）内我计划在儿童语言教育各方面做什么？	对我的语言教育目标和计划的确切评价					对我的重要性				
	很差	较差	满意	良好	优秀	很差	较差	满意	良好	优秀

一次学前儿童语言教育公开课之后的“说课”，通常是执教者先自评，然后是听课者进行评议，这一环节既包括教师的自我评价，也包括他人评价。

（五）诊断性评价、形成性评价和总结性评价

根据评价功能和目的以及运行时间的不同，学前儿童语言教育评价可以分为诊断性评价、形成性评价和总结性评价。

1. 诊断性评价

学前儿童语言教育诊断性评价是在语言教育活动之前进行的预测性评价，了解评价对象的基本情况，从而有效地发现问题，为制订学前儿童语言教育计划和解决问题做准备。

2. 形成性评价

学前儿童语言教育形成性评价是在语言教育过程中持续进行，通过对儿童语言学习进展情况的评价，了解语言教育过程的成效，及时调节语言教育活动的进程，以提高语言教

育活动实效。该评价伴随着活动进程自始至终所进行的一种动态评价，能够获取的评价信息大、范围广。对于语言教育活动的实施来说，形成性评价对于及时获取有效信息，把握活动状况、儿童需要，调整语言教学指导策略，促进儿童有效学习语言等方面有着重要作用。伴随着语言教育活动过程的形成性评价可以通过与儿童交谈、观察儿童具有典型意义的语言表现、分析儿童语言等方法来进行。

3. 总结性评价

学前儿童语言教育总结性评价是指在完成某个语言教育活动或某个单元性、阶段性语言教育活动之后进行的总结和评定。它与目标达成密切相关，注重活动结果的评价，基本不涉及语言教育过程，是事后评价。

（六）分析评价和综合评价

根据评价内容和层次的不同，学前儿童语言教育评价可以分为分析评价和综合评价。

1. 分析评价

学前儿童语言教育分析评价是把儿童语言教育评价内容分解成几个项目分别进行评价，然后将各个部分的语言评价结果相“加”，以对评价对象语言发展水平做出判断。例如，评价儿童的语言发展水平，可以把语言评价分为“词汇”“句型”等几个方面分别进行评价，是分析评价。该评价是评价者通常采用的思路，适当的分类是使得分析评价能够深入的重要因素。

2. 综合评价

学前儿童语言教育综合评价是对儿童语言教育评价内容的整体评价，而不去做分解的工作。事实上，语言教育中很多东西都是整体的，分成一些类型、种类通常是为了研究需要。例如，评价一位教师的创造性语言教育组织时，从讲述活动、文学作品活动、阅读活动、听说游戏等方面进行评价，就是一种语言分析评价，也可以凭借直观和整体印象直接对教师组织创造性语言教育活动进行评价，这样的评价不是分析性的，而是综合评价。

在有些时候，对语言教育活动中同一对象（或内容）的评价，采用综合评价和分析评价所得的结果并不一定一致。例如，当我们评价一部文学作品时，语言教育分析评价和综合评价的结果就很有可能不一致。因此，在很多的语言教育评价方案中，都会将分析评价和综合评价结合起来使用。通常的做法是，先采用语言教育分析评价，再采用语言教育综合评价。

第三节　学前儿童语言教育评价的内容和方法

学前儿童的语言发展相当迅速，儿童期是语言发展的一个非常重要和关键的时期。从婴儿时期的牙牙学语到 1 岁左右可以说单个的词；到 2 岁左右时，儿童已经能够说简单的词组；到 3 岁时，大多数儿童已经掌握了一定的词汇量，以及基本的语法、句法；到 4、5 岁时，儿童的讲话已经越来越接近成人的语言模式，能够讲清楚一件事情，能够进行基本的交流。只有学会了说话，儿童才能正确表达自己的愿望，才能自由交谈，才能更好地认知、感知、接受和再创造。因此，学前儿童的语言教育是保教工作人员的一项艰巨的任务。怎样去发展和提高学前儿童的语言能力呢？教师必须丰富儿童的生活，为儿童创造良好的语言环境；必须掌握儿童学习语言的规律，有计划地进行培养和训练；创造机会让儿童多听、多看、多说、多练，培养儿童良好的语言习惯和语言兴趣。这样，儿童的语言一定会得到健康、顺利的发展。

儿童期虽然具备了学习和掌握语言的基本潜能，但最终语言发展的水平却取决于周围环境的影响及后天的学习、锻炼、应用。儿童的生活环境、文化氛围、风俗习惯也会对儿童的语言产生很大的影响。看护者是否喜欢跟儿童讲话，是否给儿童机会讲话，是否给儿童讲故事，儿童图书是否丰富……儿童是否处于一个语言丰富而又轻松的环境中，对其语言发展的影响相当巨大。“狼孩”的事例大家都知道，所以，为儿童创设一个能使他们想说、敢说、喜欢说、有机会说并能得到积极应答的环境和有计划、有目的的语言训练与语言学习方式方法是非常重要的。因此，在教育工作中，要给儿童创设一个丰富多彩的生活环境，开阔儿童的视野，提供语言发展的条件，通过相互渗透的各领域的教育，促进儿童思维发展，培养儿童良好的语言表达能力，帮助儿童熟悉、听懂并学说普通话。

一、学前儿童语言教育评价的内容

学前儿童语言教育评价的内容很丰富，这里主要涉及对儿童语言发展的评价、对语言教育活动中教师的设计和组织实施行为的评价与对评价工具的评价三个方面。

（一）对儿童语言发展的评价

儿童的语言发展与其他领域的发展总是紧密联系在一起的。语言在认知中扮演着重要的角色，尤其是对思维、逻辑推理的发展尤为重要。语言也与儿童的交往等社会领域的发展紧密相连。儿童不仅需要用语言来表达思想、观点、情感，也需要接受、理解、解释他人的语言。

语言的个体差异，在儿童幼年时期就已经表现出来。有的儿童话多，有的儿童话少；有的儿童说的话句子长，有的儿童说的话句子短；有的儿童喜欢描述性的语言，能够把一件事情的来龙去脉描述得很清楚，有的儿童喜欢用语言来表达感情、愿望，更容易交往……

由此看来，非常有必要对学前儿童的语言发展情况进行评价，以更好地促进儿童的语言发展。在评价儿童语言发展的同时，应该注意语言发展的个体差异和文化差异。例如，不能简单地将评价美国儿童英语发展的标准拿来评价中国儿童学习汉语。此外，考虑到学前儿童的语言更多的是口头语言，下面以口头语言的评价为主进行相应的介绍。

1. 学前儿童的词汇评价

1）学前儿童的词汇

多数儿童最初的词汇发展进程缓慢，18 个月时儿童平均拥有词汇量大约为 50 个能说的单词和 100 个能理解的单词。大约 18 个月起，许多儿童的词汇量表现出骤然增长，即人们通常所说的“命名骤增”，儿童开始对所看到的任何事物命名。在后面的几年里，单词学习快速进行，到 6 岁时，儿童的词汇量大约有 10 000 个。

儿童从 1 岁左右开始说出第一批单词，基本上是名词和动词；1 岁半以后，儿童陆续开始使用各类词，包括形容词（如大、小、多、少等）、副词（如都、也等）、代词（如你、我、他等）；在 1 岁半到 2 岁期间，在个别场合下还可能出现更抽象和更复杂的数词和连词。从儿童使用的实词和虚词的比例看，2～6 岁儿童的话语中主要是实词，虚词只占 10%～20%；从虚词的发展趋势看，语气词和比例随着年龄增加而逐渐减少，连词、介词和副词的比例逐渐增加。此外，儿童的时间词汇、空间方位词、量词等也都在发展过程之中。

我国心理学家朱曼殊以 2～6 岁儿童为被试，研究了儿童平均的句子长度，从表 8-2 中可以看到，2～6 岁儿童使用句子的平均句长（以词为单位）有明显的增长趋势。

表 8-2　2～6 岁儿童的平均句子长度

年　龄	2 岁	2 岁半	3 岁	3 岁半	4 岁	5 岁	6 岁
平均句子长度	2.91	3.76	4.61	5.22	5.77	7.87	8.39

儿童的词汇发展的数量与类型的年龄差异是很大的。有研究者对 42 名儿童进行了纵向研究，发现儿童说出第一个字的平均年龄是 11 个月，但是他们说出第一个字的时间最早是 8 个月、最迟是 14 个月。儿童所说的话中有一半是可辨别词语的平均年龄是 19 个月，但是最早是 15 个月、最晚是 30 个月。到 2 岁时，儿童语言发展的差别非常显著：儿童平均每小时可以说出 338 句可以理解的话语，而差异范围是 42～672 句；平均每小时使用了 134 个词汇，差异范围是 18～286 个词汇。由此可见，儿童语言发展的差异是显而易见的。

2）标准化测查中的学前儿童词汇评价举例

在发展心理学、心理测量等学科中，都有对儿童词汇发展的测量与评价。例如，在斯坦福—比奈量表（S-B 量表）1972 年修订版的 6 岁组测试中，就有“词汇量”这一项目，一共有 45 个词，要求儿童对这些词进行解释，例如，“什么是橘子？”“什么是信封？”“什么是泥潭？”等，6 岁儿童应该能够在 45 个词汇中正确解释 6 个。在威克斯勒学龄前儿童和学龄初儿童智力量表（WPPSI）中，在言语量表部分也有“词汇”这一项目，要求儿童对于读给他们听或看的词的一般意义加以解释，例如，“什么是自行车？”“声明是什么意思？”共有 32 个词，按由易到难的顺序排列。在格塞尔发展顺序量表中，有“言语”项目，看儿童对他人讲话能听懂多少，如何通过自己的面部表情、姿势、身体动作、牙牙学语等表现出来，考查儿童的听、理解和语言表达能力。

评价儿童词汇的一种较为常用的方法是，让儿童说出对某一个词的理解，给词下定义，通过儿童对词的理解、定义来判断儿童对词汇的掌握情况。例如，为了了解学前儿童对词的理解情况，评价者会逐一提及下面所列的词语。其指导语为“我想知道你已经懂了多少词，仔细听，告诉我这些词是什么意思。鞋……鞋是什么？”每次问新的词时，都重复“什么是×××？”或“×××是什么意思？”对于大多数儿童，在第三个词以后，可省略正式的问句，而只说出这个词。如孩子的回答不清楚，说“再多告诉我一点”或重复问句并强调这个词。连续 5 次错误就停试，转问下一个词。可以按照地方口音念词。

评价者可以问不同的词，这些词可能是儿童非常熟悉的，也可能是儿童不太熟悉的，可能是比较具体的，也可能是比较抽象的。例如，可以问的词语有鞋、刀、自行车、帽子、伞、钉子、信、汽油、驴子、跷跷板、宝塔、按钮、毛皮、有礼貌、家禽、参加、英雄、钻石、锯子、讨厌、显微镜、赌博等。

分析儿童的回答，对儿童的回答分别记为 2 分、1 分和 0 分。

首先，符合下列情况，可记 2 分。

（1）用一个好的、恰当的同义词进行解释。例如，用“加入”解释“参加”，用“连接”解释“联合”。

（2）说出物品的主要用途。例如，用“可以避雨”定义“伞”。

（3）说出事物的一种或一种以上主要形状、形式。例如，用“在纸上与人谈话”解释“信”。

（4）将词进行一般的分类。例如，用“武器”来解释“刀”。

（5）说出几种事物的正确的形状，虽然不是准确的定义，但是，合起来可以说明对这个词的理解。例如，用“它有两个轮子和把手”来解释“自行车”。

（6）对一个动词的定义，能够说出该动词的具体动作的例子或因果关系等。例如，用“你把两张纸粘在一起”解释“连接”。

其次，符合下列情况，可记1分。

（1）回答并不一定是错误，但显示出内容贫乏。例如，用“高的房子”解释“宝塔”，虽然不能说是错的，但没有抓住“宝塔”的突出特征。

（2）用含糊、不确切的同义词来进行解释。例如，用“鸽子”来解释“家禽”。

（3）说出物品的非主要用途，且没有加以进一步说明。例如，用“杀人的”来解释“刀”。

（4）说出物品的形状虽然是对的，但并非主要特征。例如，用“使你暖和的东西”来解释“皮毛”，没有抓住物品的主要特征。

（5）采用举例的方式来下定义，但举的例子中含有要解释的词，且不加以进一步的说明。例如，用“你坐在上面跷的”来解释“跷跷板”。

（6）对与本词有关的一个词下了一个准确的定义。例如，要求解释的词是“赌博”，但是儿童回答的是对赌徒的定义，“那些赌钱的人”。

（7）儿童不是用语言、字句来回答，而是用动作来回答（如比划）。例如，儿童不断地做骑自行车的动作，用以解释“自行车”。

此外，符合下列情况，可记0分。

（1）明显的错误回答。例如，儿童的回答与所给的词的意思毫无关系，甚至根本无法理解。

（2）用相同的词语进行解释，词语复用。例如，用“皮衣服”解释“毛皮”（追问后仍不理解），或用“毛皮就是毛皮”来回答。

（3）再次询问后，儿童的回答内容仍极贫乏或非常含糊。

学前儿童语言的发展往往是在日常生活情境中进行的，而语言的运用也离不开日常生活的具体情境。因此，幼儿教师应该充分利用日常生活情境来组织多种活动，从而促进幼儿词汇的发展。

幼儿园为了能够清楚地“看见”儿童的词汇发展的情况，采用一般课程教学中让儿童看图讲述、自由讲述或者口头作文的方式来搜集儿童的语言信息。为了能让每一位儿童都有充分的表达机会，老师在区角活动时间里倾听班级里每一位儿童的故事，并进行了录音。老师根据这些录音分别整理每位儿童的用词情况。例如，一共用了多长时间，有多少句话，用了多少词，实词、虚词的运用情况，等等。据此能发现儿童在词汇发展方面存在的问题或拥有的优势。家长在看了有关孩子们词汇的这些统计之后，也能看出自己孩子词汇上存在的一些问题。例如，一位家长这样说：“我平时还觉得我的孩子语言发展得很好，话很多。这才发现，她的话是多，但用的词都比较单一，不像小红，她说话的时间短一些，词的总量少，但类型丰富，说的话更有表现力”。

2. 学前儿童口头语言评价

1）学前儿童的口头语言

学前儿童语言的发展主要是口头语言，即运用语言进行交往能力的发展。虽然语言发展研究可以从语义、语法和语用三个方面进行，但是对于学前儿童口头语言发展的评价却更加综合、更加复杂。

口头语言是儿童与周围社会环境交往过程中发展起来的。因此，不能简单地从语言发展的角度来看儿童口头语言的发展，还应看到其他影响、制约儿童口头语言的因素。例如，儿童的自信也会影响儿童的口头语言。

2）多彩光谱故事板活动中的学前儿童口语发展评价

多彩光谱中对学前儿童口语发展评价的第一个活动是故事板活动。评价者给儿童提供一个故事板以及相应的辅助材料，要求儿童根据这个故事板讲故事。例如，教师可以这样来介绍这个活动：“这是一块故事板，你可以用其中任何一个动物创编你自己的故事，讲故事的时候可以用不同的声音，讲讲这些人和动物正在做什么。你可以赋予他们声音，让他们讲话……”必要时，教师甚至可以做一些示范，以便让儿童理解任务。例如，“有一天，花花决定去散步。突然，她看见一只奇怪的动物。（放低声音）“你在这儿干什么？这是我的家。”那只动物说。（正常声音）‘我不知道这是你的家。’花花回答，我想去看看海龟先生，他喜欢有客人。于是，花花走开了，看海龟先生去了。”

在多彩光谱的故事板活动中，除“故事板”以外，还需要一些其他材料，以帮助儿童进行讲述。例如，一些能够丰富“故事板”上的景观的材料，如山洞、树、草、海水等；一些与人、动物有关的角度，如国王、龙、乌龟、1～2 个活动人（性别模糊）等；一些道具，如装有珠宝的珠宝盒、红色桶、黏土、草莓等；一些配件性质的东西，如山羊、公鸡、毛茸茸的动物、猪、母鸡、熊妈妈和熊宝宝、手提箱、黏土块等。

儿童在用“故事板”及相关材料进行讲述时，录下儿童所讲的一切，即使是儿童说错了，或者一边讲述一边修正自己的故事，也要录下来。但在正式对儿童的故事进行分析时，一些无关的话语不用进行分析。在此过程中，对学前儿童口头语言发展的评价可以考虑如下几个方面。

第一，关于在活动中儿童的基本语言功能的使用。在讲述过程中，儿童是否在使用语言的基本功能，例如，用于完整地讲述故事、与人互动、进行探究、描述、辨别或分类等。

第二，儿童讲述的结构。儿童在根据“故事板”进行讲述时，讲述的结构存在着水平差异，三个水平的相应标准如下。

水平1：儿童的故事仅仅描述对道具、材料的操作动作，通常是按照时间顺序非常概括地描述过程，如“然后到了这里，然后到了山上，然后到了水里，然后树倒了”。用最一般的词指代故事中的人、事、物。例如，只是玩这些材料，但是却没有指明角色、分配角色。

水平2：故事的发展主要是由道具引起；儿童给道具命名，或分派角色，或既命名又分派了角色；谈到人物之间的相互关系，但是在故事中没有让这些人物建立起关系；偶尔会提到人物的心理活动和动机，例如，使用“他想要……”“他想……”“他觉得……”之类的描述心理活动的词语。

水平3：儿童用问题推动故事情节发展，如用好人与坏人、正义与邪恶的对立、矛盾、冲突来推动故事情节的向前发展；能分清几个不同的角色并为他们建立起相互关系；能够详细描述角色的认知、情感、身体状态。

第三，儿童讲述的故事主题是否贴切。主题贴切主要指向的是儿童在讲故事时是否有一个清晰、突出的主题，故事的发展是否围绕这一主题在进行。因此，故事发展的线索是其中一个非常重要的评价方面。

水平1：从一个想法到另一个想法之间的转换不清楚；儿童的注意力分散，如常常受到故事板上的材料的影响；故事线索经常断开，而不是衔接在一起，或者说没有一个统一的、一致的故事线索。

水平2：故事线索不太清楚，且只能维持一小段（如几句连续的话）；儿童简单地用彼此矛盾的线索编成零散的故事。

水平3：故事超过四句话，且故事线索能保持一致性和相对的连续性；故事中的事件是联系在一起的，很少偏离故事的发展。

第四，叙述语气的运用。如果只是简单地描述，通常很难把故事讲清楚。如果能够在讲故事的过程中，加上适当的描述、解释、说明，甚至运用一些策略帮助听众能够很好地理解故事，这都是在运用“叙述”语气。

水平1：儿童很少采用叙述语气详细地解释他所讲故事的意思。例如，儿童只是简单地描述过程，甚至只是把一些动作、活动简单地排列在一起。如“然后他来到这里，他拿到了盒子，他把它拿到了这儿。”

水平2：儿童采用叙述语气，偶尔详细地解释故事中所发生的事情。例如，解释为什么会发生这样的事情。

水平3：儿童常常采用叙述语气，详细地向听众解释、说明或加注故事细节；对故事里的现象加以评论、判断，甚至打比方等，以使听者更好地理解故事。

第五，对话的使用。儿童在讲故事的过程中，如果能够使用对话策略，是儿童语言发展水平高的表现。通常情况下，如果能够运用对话，例如，模拟两个角色之间的对话，则能够使故事更加清楚、简洁和有效。

水平1：故事中没有或很少有对话。

水平2：故事中有对话出现，但是角色之间的对话模糊而简短。

水平3：故事中出现大量对话，并且对话可以持续几句，互动很明显；角色之间的对话富有意义，包含思想、情感和信息。儿童运用不同的声音代表不同的角色。

第六，时间标记的使用。

水平1：仅仅使用简单的表示时间顺序的词语，如使用“当时”“然后”“现在”等。

水平2：有时使用较复杂的实践标记，如“从前”“后来”“直到”“到……为止”“一会儿”“其次”“不久之后”“晚上”“昨天上午”“一个星期后”“很久很久以前”等。

水平3：儿童连续或大量使用上面所列的比较复杂的时间标记，且讲述的故事在时间序列上比较清楚。

第七，故事的表现性。这里的表现性指的是用于烘托故事的声音效果，从广泛意义上讲，“主题贴切”“时间标记”“对话的使用”等都能提高儿童的语言的、故事的表现性，使之很有表现力。此外，这里的“声音效果”指的是烘托故事效果的声音，而不是故事里本身应该有的声音。

水平 1：故事中未使用或很少使用语调；用单一的语调呈现故事，而没有根据不同的角色而运用不同的语气或声音效果。

水平 2：儿童偶尔使用声音效果，或其他形式的表达（角色语气、加强语气、唱歌）等，或者二者兼用。

水平 3：儿童不断地使用声音效果、生动的角色语气和很有表现力的叙述。

第八，儿童的词汇水平。

水平 1：主要使用简单的语言，很少使用形容词。

水平 2：儿童使用水平 1 的词汇，但有时运用描述性的和表现性的语言；使用一些形容词。

水平 3：儿童运用大量词汇，包括使用形容词和副词；使用描述性的、情感性的词汇。

第九，儿童使用的句子结构。

水平 1：儿童讲述时使用简单、不连贯、并列的句子或句子成分。

水平 2：儿童使用水平 1 的句子，但是讲述中出现介词性词组和复合句。

水平 3：儿童使用大量的句子结构，不仅包括水平 1 的句子，还出现状语从句、定语从句、分词短语或者几种综合使用。

采用故事板的方式来测评儿童的语言能力是一种很好的方式。故事板与一般的图画书不同，因为没有文字，更能使儿童集中于讲述之上，而不是“认字”或者对已经看过的书的简单回忆。此外，因为有一些辅助性道具，儿童既可以操作摆弄，又可以讲述。

3）报告活动中的儿童口头语言能力评价

报告活动是让儿童做报告，更加强调儿童能够较为准确地报告自己所见到的、经历过的内容，报告时对细节应有所选择，而不是全部呈现所有细节（这也是不可能的）。报告活动包括电影报告活动或周末新闻活动。

电影报告活动，就是给儿童看一部内容是儿童比较熟悉且并不太长（最好不超过 8 分钟）的电影。看完电影后对儿童进行单独的采访，例如，“现在我们是新闻记者，我们要讲述影片中发生的事。我开头，你接着说。我看到的第一件事情是……现在你是记者，告诉我你在这之后看到了什么，接着你又看到了什么。”

对儿童报告的评价标准如下。

（1）参与活动及需要提示的状况。

水平 0：很少或无报告行为；被提问或受到提示时也很少报告；经常说的是“我不记得了”或“我不知道”，或者根本不想参加活动。

水平 1：只在提示下才出现的报告行为。

水平 2：主要在提示或提问下出现报告行为，也有少量自发报告行为。

水平 3：没有或在少量提示之下，就会报告影片中出现大幅事件。

（2）内容的准确性。

水平 0：无效，因为儿童不是讲述影片中所发生的事情，而是讲述自己的故事。

水平 1：只记得影片中极少的主要事件和角色。

水平 2：儿童记得影片中的一些事件、角色或主要事件和角色。

水平 3：儿童记得影片中的大多数或几乎全部的主要事件、角色或事件和角色。

（3）结构、主题感。

水平 0：无效，因为儿童不是讲述影片中所发生的事情，而是讲述自己的故事。

水平 1：儿童极少关注影片的主题；关注是局部的，不能把各零碎的事件概括为影片的主题。

水平 2：能揭示影片框架的有限的某个方面；多少能够建立影片的主题，但描述贫乏。

水平 3：较广范围内关注影片中各个零碎的事件，并将之概括为一个基本或多次出现的主题；对影片的框架有些了解。

（4）词汇的复杂性、详细程度。

水平 1：对影片中事件的描述空洞而不详细；使用简单的语言，而几乎不使用形容词。

水平 2：对影片中事件的描述有时详细；对影片中的某些事件的某些细节描述详细，而忽视其他；使用一些清楚而详细、具有表现力的词汇。

水平 3：对影片中的事件往往做详细的描述；使用多种词汇；语言常常是清楚而详细的，并具有表现力。

（5）句子结构。

水平 1：使用简单的句子或段落。

水平 2：使用水平 1 的句子，但是也使用介词性词组、复合句或二者同时使用。

水平 3：使用各种句子结构，包括水平 1 和水平 2 的句子结构，也包括状语从句、定语从句、分词短语、几者混合或同时使用。

周末新闻活动则是指周一时，要求儿童对周末所经历的事情以“新闻播报”的方式讲出来。评价者记录儿童所讲的内容，根据儿童所报告的周末新闻，对儿童的口头语言进行评价，其评价标准大致如上所述。

3. 学前儿童的早期阅读评价

1）学前儿童的早期阅读

学前儿童的早期阅读的诸多方面仍存在一定的争议。“阅读领域一直以来充满了分歧和争议，实际上，在过去的四分之一个世纪里，一直是阅读研究里充满争议的一个焦点”。

不管理论上如何争议，实践中如何讨论，儿童存在广泛而大量的阅读是基本的事实：学前儿童在用他们的“眼睛”阅读，阅读物体，阅读符号，阅读文字；有的儿童喜欢阅读，有的儿童不喜欢阅读，甚至讨厌阅读；有的儿童善于阅读，有的儿童不善于阅读；有的儿童读了很多各种各样的书，从书中得到了快乐，有的儿童没有阅读机会……显然，学前儿童是否从阅读中获得愉悦的体验，是否从阅读中获得知识，是否为小学、中学的阅读做好了准备，这些都是真实的、值得关注的问题。

“识字和阅读是两个不同的概念。一个人如果是好的阅读者，那么他就一定是识字的；但能够识字的人，却不一定是个好的阅读者。因此，要警惕那些从根本上剥夺了儿童很好地获得了语言发展机会的做法，同时也要警惕那些严重影响儿童获取书面阅读新策略能力的早期识字教学。因为那种将儿童的阅读注意力主要引到识字方面的教学，使得儿童一拿起书本就联想到早期枯燥、机械、乏味的认字经验，最终导致儿童厌烦阅读，缺乏阅读兴趣和动机。毫无疑问，这将是培养一代失败的阅读者的途径。”由此看来，对儿童早期阅读方面的知识、能力等进行评价，是非常有必要的。

2）学前儿童的阅读兴趣与习惯评价举例

严格意义上讲，阅读兴趣与习惯属于儿童的学习品质。儿童是否对阅读有兴趣，是否喜欢读书、喜欢看书、喜欢从书中找到自己想要的，是否从书中获得乐趣，这既是阅读的目标，也是进行评价时应该着重考虑的。如果我们培养了儿童的阅读能力，但是儿童却讨厌去运用这种能力，或者说是讨厌提到、面对这种能力，那么，我们的阅读活动就是非常失败的。

评价者可以尝试给儿童提供一本儿童以前从未接触过的图书，观察儿童的态度和表现，从中评价儿童对这一读物的阅读兴趣。也可以将儿童带到幼儿园的图书室或当地的书城的低幼读物处，观察儿童的行为表现，如是否选择图书、选择什么样的图书、选择图书后的行为等，来评价儿童的阅读情况。还可以通过调查老师、家长等，如读什么样的书、读书的频率等，了解儿童的阅读兴趣。

阅读时应有的一些基本知识和习惯是评价的一个重点，因为这些内容更是一种阅读准备。例如，有关书的封面的知识，一页一页地翻书、看书、爱护书，知道书的页码等。做好阅读的准备，并不意味着是能够认识很多字。“知道印刷文字应该从左到右阅读，知道一行字结束以后应该到什么地方去继续阅读，也知道故事是否已经结束”，被认为是儿童是否做好阅读准备的三个方面。

3）学前儿童的非文字阅读评价举例

学前儿童的早期阅读，大量的不是读字，而是对非文字内容的阅读，这包括对实物的阅读、对图形符号的阅读、对图画的阅读等。

评价者可以向儿童提供一本“新”的儿童图书，让儿童自己先看一看，然后讲一讲看到了什么。通过这种方式，我们能够看到儿童的阅读习惯，例如，我们可以把书的封面朝下放在桌子上，看看儿童是否意识到封面、是否知道从哪里开始读。在阅读过程中，可以观察儿童的翻书动作、阅读动作，例如，是一页一页地翻书，还是几页连着一起翻书，是用手指翻书，还是用手抓，是否用手指指文字或画面，是否注意到了文字的印刷习惯，眼睛是否注意看整个画面，是否仔细观察画面的某个细节，等等。通过对儿童看图后的讲述，可以判断儿童是否真的读懂了这些图和画。

评价者还可以选择几幅有内在逻辑联系的图画，让儿童排序并进行讲述。如果儿童不进行讲述，可以进行一些必要的提示，如有谁、在什么地方、他们想怎么样、他们在做什么等。最后根据其排序和讲述的情况，判断儿童对图画进行阅读的水平与状况。其评定等级的标准如下。

水平 0：经过提示，仍不能回答以上任何一个问题或仅仅回答一个问题。

水平 1：经过提示，能回答两个以上的问题。

水平 2：能独立描述以上某些画面。但是画面之间的关系不清楚，排序无逻辑，不合理。

水平 3：能独立描述以上某些画面，排序不完全正确，但是有一定的合理性。

水平 4：能够独立描述以上画面，排序逻辑合理。

4．学前儿童的前书写能力评价

儿童的生理特点决定在学前阶段不可能开展大量的书写活动，但是从入学准备的角度来看，进行一定的前书写活动是非常有必要的。事实上，由于学前儿童非常喜欢画画，画画的过程本身就是一种前书写活动。

可以从三个角度来理解前书写：一是书写的态度、兴趣、倾向性，即儿童是否有“写”点什么的愿望，是愿意去“写”，还是讨厌“写”。二是书写的基本知识和一定的技能，例如，知道写的方向、顺序，握笔的技能，良好的习惯，等等。三是书写的能力和方法，例如，细致的观察、对比自己的模仿和模仿符号之间的异同等认知能力。

将前书写能力简单地等同于书写训练，让儿童大量练习写字，写小学要学的汉字，这是一种对前书写的误解。前书写能力是一种准备，这种准备如果较为宽广、深厚，就会为儿童未来的发展打下一个长远的准备，简单的训练，从近期看，具有一定的效果，但是对儿童的未来发展、长远发展是不负责任的做法。皮亚杰曾指出，“在发现永久性客体的能力方面，小猫比婴儿快得多。4 个月的小猫表现出的能力，婴儿要到 9 个月或 10 个月才能做到。但是随后小猫的发展就停止了。因此，婴儿需要较长的时间，并非是毫无意义的。他能进行更多的同化，并且不断深化。发展得太快就降低了随后同化的效果”。对于这段话要表达的意思是，简单的加速训练有短期的、即时的效果，但是，从长远来看，可能损害儿童的发展，这在儿童的前书写能力方面也是适用的。

下面是不同年龄阶段儿童在前书写上应该达到的目标和一些具体的例子。相比较西方的研究而言，有关汉字前书写的内容相对较少。

1）小班（3～4 岁）儿童前书写评价内容与指标

（1）通过画、说和扮演来表现故事。

具体指标及例子：当老师说“请告诉我，你画的是什么”时，会描述自己画画的内容；用玩具电话来打电话向老师说“我在跟上班的妈妈打电话”；在纸上画一大片漩涡，向老师说“这是我的家”，并请老师在画的旁边写下“我的家”三个字；请老师帮他写一张纸条给家人说明今天来访的客人带了一条蛇到班上；用布偶演出一个自编的“滑稽动物”的故事；向老师解释洋娃娃哭的原因，“他在哭，因为他饿了，想要妈妈喂饭”。

（2）以涂鸦或非传统的形状写字。

具体指标及例子：在纸上涂鸦，同时说明这些涂鸦所代表的想法；画一个圆形，在圆上涂上红色，然后说“这是一棵苹果树”；以涂鸦的方式写一些字当作“请勿靠近”告示牌，并放在积木区警告别人；在纸上画或写一些像字的东西，然后说那是他的名字；玩扮演游戏时，在笔记本上画一些短短的曲线当作购物清单。

2）中班（4～5 岁）儿童前书写评价内容与指标

（1）通过画、说和扮演来表现故事。

具体指标及例子：使用着好颜色的纸帽子来复述“卖帽子”的故事；在扮演角扮演一位医生，并且在病人的病历上“写”字；用来说故事，并请老师把故事写下来；搭积木来表现故事里的消防局，并请老师帮忙写“消防局”的告示牌；画一只怪兽配合“床底下的怪物”的故事；演出熟悉的故事，如《三只小猪》《棕色的熊》等；用绒毛板及图形复述故事。

（2）能以像字的形状、符号和字母来传递想法。

具体指标及例子：在纸上画一些弯弯曲曲的东西，然后说那是字；随意写几个像字的形状，并为图画命名；在作品上靠记忆写下自己的名字；从教室内的标示或告示上抄下一些字，很享受“写字”的乐趣；在扮演角里扮演到商店买东西，去商店前会用图画、涂鸦和像字的形状的“字”来制作一张购物清单；开始能正确地写出一些字；要求教师示范一些字，以便他们抄写。

（3）了解书写的目的。

具体指标及例子：在扮演角里假装从电话簿里发现一位朋友的电话号码，然后在词本里写下一些数字；用印章盖出一些字，然后对别人“念”出上面的信息或故事；请老师帮忙为扮演角做告示牌，如“医院”“禁止进入”等；在笔记本里面画线条列出购物清单，并到扮演角的商店把清单内容告诉店员；在纸上画下一些直的和弯的线条，并请老师“把这封信寄给我的朋友小亚”；在扮演角的餐厅写下客人点好的菜。

3）大班（5～6 岁）儿童前书写评价内容与指标

（1）通过画、说和扮演来表现故事。

具体指标及例子：在扮演区生动地表演一则妈妈与孩子的故事；跟老师叙述一则有关到农场户外教学的故事；跟同学分享自己画的怪兽图；用积木盖一座城市，并用道具假人演故事；画一只《好饿的毛毛虫》故事里的毛毛虫，跟老师讨论后，又加上许多细节。

（2）能以像字的形状、字母或字来传递想法。

具体指标及例子：写一些像字母、字的符号，会从纸的最上面开始，由左到右、由上到下书写；在作品上写自己的名字；在纸上画一台电视并写下“电见机”（可能写错一些字）；写日记时，看看积木区的牌子，以知道“积木”这两个字是怎么写的；为图案写下标志、说明或标题；主动写字并拿给老师看，说“你看，这是我写的字”；在老师的帮助下，试着在日记上写下某个字。

（3）了解书写的目的。

具体指标及例子：了解为一幅图画或图案创造标题，可以传达这幅图画的信息；为“扮演区”做标示，如“医院”“鞋店”；抄写一些字来传达信息（如抄写“停”“开始”）；知道在作品前放自己的名牌代表这个作品是他们做的；列出“我喜欢做的事”“我最喜欢的歌”的清单；抄写当天要带回家的通知；询问在教室内所使用符号的意义（如“出口”或教师贴在鱼缸上的“鱼”）。

（二）对语言教育活动中教师的设计和组织实施行为的评价

如果要求教师对所开展的语言教育活动每次都做出评价是不现实的，也是没有必要的。然而，定期进行评价是重要而有益的。这种活动可能是专门为了解儿童的发展而设计的，也可能是对某些内容、方法等的尝试。这类评价主要是由执教教师独立设计和实施的。可以比平时的活动花费更多的时间深入而全面地思考，但是最好在自然状态下进行，尽量避免人为地加工。有时这种评价也可以由班级外部的人员（园长、其他班级教师、县（乡）教研员或科研人员等）参与，采用集体研究的方式做出判断。

语言教育活动评价包括对活动设计的评价和对活动过程的评价。活动设计是在原来编写教案的基础之上发展起来的，是把一个具体活动放在语言教育整体中来设计和评价，强调儿童的发展现状及活动的纵向、横向联系。若要设计一次谈话活动就要考虑儿童在谈话方面已经具有了什么经验，已经具有了什么技能，要求提高什么，要考虑上次谈话活动的设计和实施结果；要考虑儿童对谈话内容有什么感性经验，是否有话想说，是否用其他方式（美术、音乐活动）表达过这些内容。活动过程设计重点应该放在教师和儿童的相互作用上：教师要考虑怎样主导作用来调动儿童的积极性、主动性。因此，对教师和儿童的行为要求不限于教师提出什么问题，儿童该回答什么，或教师怎样示范讲解，儿童怎样完成任务。

对活动过程的分析评议是活动评价的核心，因此要重视观察者对进行过程做记录，记录重点是教师和儿童相互作用的行为表现，可以适当分工，各有侧重地记录（有人着重记录教师的行为，有人着重记录儿童的行为），也可以各人随意记录，以便相互补充。观察并记录活动过程是搜集事实与分析判断的结合，其依据是活动设计中提出的目标和步骤。如有条件录像则有助于执教者的自我分析，也为集体评议提供更多的具体素材。

集体分析评议是活动评价的关键，重点围绕师生相互作用过程中教育影响怎样落实到儿童身上，由此来分析活动目标是否达成，以及内容、教材、教具、环境等因素所发挥的作用。评议的依据是活动设计的目标，评议的指导思想是语言教育的基本观点。在评议过程中分析讨论可以交流思想，集思广益，这样不仅有利于提高以后的活动质量，也有助于执教者和观察者提高设计、实施及评价活动的能力。

具体来说，对语言教育活动本身的评价分为活动目标、活动内容、活动组织形式、活动过程和活动环境的评价。

1. 对语言教育活动目标的评价

《纲要》第三部分“教育活动的组织与实施”中明确规定：“幼儿园的教育活动，是教师以多种形式有目的、有计划地引导幼儿生动、活泼、主动活动的教育过程。”所以，评价幼儿园语言教育活动，首先就要评价幼儿园语言教育活动的目标是否根据本班儿童的发展水平和原有经验来制定，在目标中包含认知、情感、能力三个方面的内容。另外，不同类型的语言教育活动以及针对不同年龄阶段儿童的语言教育活动所包含的语言教育目标也存在着差异。语言教育活动目标的适宜程度直接关系该活动的实施效果和对儿童语言发展是否有促进作用，因此，语言教育活动目标还必须体现不同类型活动的语言教育重点，如谈话活动重在培养儿童口头语言的运用能力，讲述活动重在促进儿童独白语言的发展，等等。

2. 对语言教育活动内容的评价

在评价教育活动内容时，主要从以下五个方面去评价：一是教育活动内容与活动目标的一致性；二是活动内容的科学性和思想性；三是活动内容的丰富性和趣味性，这是使儿童保持注意的重要因素；四是活动内容的层次性，有主有次，重点和难点突出，使儿童能保持注意，同时又能在不觉得疲劳的情况下完成活动；五是内容布局的合理性，应根据儿童的认知规律和注意规律设计其内容。如内容的分量是否适当，有无过多或过少的情况，各要点之间的衔接是否自然流畅，活动内容与儿童原有的语言、认知和社会经验是否相适应，是否符合儿童的年龄特点，是否有利于儿童的语言表达，等等。

3. 对语言教育活动组织形式的评价

在评价教育活动的组织形式时，主要分析在活动展开过程中，教师是否考虑了根据不同内容组合或变换不同的活动形式，是否适当地开展了集体、小组或个别活动；是否考虑到因材施教的问题；在分组组织时，是否考虑到根据当时儿童的兴趣特点和认知发展水平或者某一具体活动内容采用实物演示、现场表演或谈话等方式创设活动情境，以引起儿童的注意；教师有没有保证儿童每天都有充足的时间自主地进行语言交往活动等。对活动内容和形式合适程度的评价可以分为“完全适合”“部分适合”“不适合”三个等级。

4. 对语言教育活动过程的评价

对语言教育活动过程的评价重点在两个方面：一方面是人与人互动，即师幼互动和幼幼互动。语言具有个性化特点，教师与儿童的个别交流和儿童之间的自由交谈是评价的重点之一。教师在教育活动中应是儿童语言学习的支持者、合作者和引导者，应以平等、关怀、尊重的态度与儿童交流；时刻注意反思儿童在活动中的各种表现，寻找原因；对于儿童的个体差异，用适当的方式给予帮助和指导；变换谈话方式，不要一味地提问，要让儿童有主动质疑、发问的机会，倾听儿童提出的问题，并给予恰当的解释和引导；同伴之间应该有更多讨论和商量的时间和机会。另一方面是人与物的互动，即教师和儿童如何在活动中使用玩具、教具。教师是否选择了适合活动内容和儿童实际发展水平的操作材料；玩具、教具是否有利于语言活动的展开；儿童是否愿意主动操作；玩具、教具是否被充分利用，是否出现了材料提供不足或过剩而对儿童的学习兴趣和学习效果产生影响等。这些都是评价时的重要内容。

另外，对活动过程进行评价时，我们还需要了解活动的每一个环节是否都是围绕活动目标展开；前一个环节与后一个环节衔接是否流畅，有没有生硬的过渡和不恰当的停顿；活动各个环节是不是动静交替、张弛有度，让儿童的注意力稳定而不疲劳、情绪兴奋而不亢奋。

5. 对语言教育活动环境的评价

《纲要》“语言领域”第二部分“教育要求”第一条中明确提出：“创造一个自由、宽松的语言交往环境，支持、鼓励、吸引与教师、同伴交流，体验语言交流的乐趣。”第八条又提出：“提供普通话的语言环境，帮助儿童熟悉、听懂并学说普通话。”可见，《纲要》是十分重视语言环境对儿童发展的作用的；《幼儿园教师专业标准》第三部分“专业水平”中第一条“环境的创设和利用”中指出：“创设有助于促动幼儿成长、学习、游戏的教育环境。”也表现出对教育环境的重视。

因此，在评价语言教育活动环境时，我们主要从以下几个方面进行。

一是物质环境评价。语言教育的物质环境应该包括环境的创设、活动材料的选择和利用。具体表现为：环境的创设能否体现语言教育的整合性，激发儿童语言表达、语言感受、语言创造的兴趣；活动材料的选择和利用是否为内容、目标服务，是否适合儿童的实际，并有利于儿童的主动探索和儿童间的交往；学具是否适合儿童的操作并有利于儿童的创新和多种组合；教具和学具是否能最大限度地被利用；等等。

二是心理环境评价。语言教育中的心理环境评价主要包括：语言教育活动中，教师是否充分尊重儿童，了解、鼓励每一位儿童，为他们创设想说、敢说、喜欢说、有机会说并能够得到积极应答的宽松的心理环境；教师和儿童的互动是否正确发挥了教师的主导作用；是否创造条件使儿童成为活动的主体；教师和儿童在活动中的交往是否和谐融洽，是否有积极主动的互动、交往；儿童的注意力、兴趣、情绪、意志、性格等非智力因素是否得到了充分激发。

三是交流环境评价。语言教育中的交流环境评价包括：教师是否为儿童创造一个自由、宽松的语言交流环境；儿童是否与教师、同伴或他人交谈，体验到语言交流的乐趣；语言教育内容是否与语言教育方式整合，是否构成良好的语言交流环境。

（三）对评价工具的评价

评价中需要使用一定的评价工具。所谓评价工具是指用来收集事实材料和用来做出价值判断的一套手段及其所采用的材料。语言评价既要反映事实的数量，又要反映事实的性质，因而所用工具有的应该便于量化，有的又需要有一定的对事实的描述。评价中常常采用多种多样的工具互相配合。这些评价工具的产生与完善需要经过较长时间的实践和研究逐渐完成，这里仅仅对语言教育活动的评价工具的设计要点提出一些设想和建议。

（1）对普通话的发音和词汇的评价工具可以结合在一起设计一个游戏形式的测量工具。选择一批包含汉语拼音方案中的声母和韵母的常用词，配上简单的图，让儿童看图说话，教师做记录，特别要重视把发错的音、说错的词按照原始情况记录下来。可以在要求儿童用普通话交谈一段时间以后逐个测量。对普遍发错的语音和说错的词可以用游戏或儿歌的方式进行练习。以后，就可以在各种情况下注意观察并及时做记录。这种评价工具可以参考现有汉语拼音的图书或卡片来编制。

（2）对儿童倾听能力和表述能力评价工具的评价。主要是在儿童运用语言的过程中进行观察，并做记录。评价的依据是阶段目标中倾听和表述两个部分的各条目。编制评价工具着重在于教师怎样能观察到并记下儿童的有关行为表现。儿童的语言是渗透在日常所有活动中的，而且在自然状态下所表现的语言能力往往高于集体活动。教师的困难在于，面对几十个儿童在各种情况下说的话，怎样收集到能说明教育目标达成与否的事实材料。教师可以根据本年龄班语言教育的阶段目标，分析学年或学期计划中所制订的各种活动，可能观察到的儿童语言表现，来编制一份观察提纲和一份简易的记录表格。有些目标的达成可能要专门设计活动来引发儿童的有关行为。这些活动也可以与上述学习活动结合，只是观察和记录侧重于所要评价的儿童语言行为，而不需要做全面评价。有的目标可以通过编制小组游戏或个人游戏来观察儿童的表现。

（3）建议教师在可能的条件下编制儿童语言发展的评价工具，因为在我国目前还没有较为成熟的语言评价工具可以推荐。由于汉语本身的特殊性，借鉴其他语种的评价工具局限性很大。再从我国方言和民族语纷繁复杂的情况看，只编制一套全国通用的语言发展评价工具是难以切合实际需要的。然而，同类方言地区或同一民族语地区应逐渐地建立一套比较规范的语言发展评价工具。建议教师编制评价工具，一方面为提高语言教育质量发挥评价的作用，另一方面为各个地区编制评价工具积累经验和素材。

（4）当学前儿童语言教育评价以引起儿童身上出现的变化或儿童在活动中的表现为着眼点时，可以从两个角度来评价：一是从儿童学习效果的角度，对目标达成情况进行分析和评价，称为静态评价；二是从儿童在活动中的表现，即对儿童的参与活动情况进行分析和评价，称为动态评价。

① 对儿童发展目标达成的评价。

在对儿童发展目标达成情况进行分析时，一般涉及以下三个方面。

一是分析情感与态度目标的达成情况，即了解儿童是否形成了耐心地倾听他人说话的态度，是否乐意在集体中讲述自己经历的事情或图片上的内容，是否掌握并遵守语言交往中的一般规则。

二是分析技能与能力目标达成的情况（即了解儿童构词成句的能力）和在具体语境中运用语言的能力（即是否能根据活动中的语言情境来运用有关的词汇、句子和不同的表述方式，是否能用连贯的语句说清楚自己所要表达的意思，等等）。

三是分析认知目标的达成情况，即了解儿童是否获得了目标所规定的语言知识，是否掌握了有关的语音、词汇、句型，是否懂得了在什么样的语言环境下运用这些词汇和句型。

② 对儿童参与活动情况的评价。

对儿童参与活动积极性的评价关键是要观察儿童在活动中的表现。可以从儿童参与活动的兴趣和注意力情况进行分析，了解儿童对活动的内容和形式是否有浓厚的兴趣和强烈的学习动机，是否愿意主动举手回答老师的提问；儿童在活动中的注意力是否集中、集中的程度和持久情况如何；儿童的情绪是否高涨，活动气氛是否活跃。对儿童参与活动兴趣的评价可以分为积极参与、一般参与和未参与三个等级。

积极参与是儿童参与教育活动的最佳状态。在这种状态下，儿童有着强烈的学习动机，有着浓厚的学习兴趣。从外在表现看，儿童的注意力集中，对于教师的指导用语和同伴的发言都能专心倾听。当教师提问时，儿童纷纷举手发言，乐意在集体面前表述自己的观点或叙述一件事情。当分组活动时，儿童的情绪高涨，活动气氛活跃。如果某一教育活动组织过程中儿童能主动参与，就说明该活动从目标的制定到内容的选择都是恰当的，非常适合儿童的语言发展，同时也说明儿童的发展状况是良好的。

一般参与是儿童参与活动的中间状态。在这种状态下，儿童虽然进行着学习活动，但是基本上属于被动学习。在教师的不断提醒下，能够集中一定的注意力倾听教师的话语和同伴的发言。当教师提出问题时，并不积极主动地举手发言，但是当教师点到名字时，也能站起来回答教师提出的问题，并能在集体面前表述自己的观点。在一般参与的状态下，教师通过精心组织，基本上可以达到教育活动的目标，也能够完成教育任务。但是，这种状态的出现说明活动目标的制定或活动内容的选择不是很恰当，需要做出相应的调整。

未参与是儿童参与活动的程度中最不理想的状态。在这种状态下，儿童对于正在进行的活动毫无兴趣，当教师发出指令或同伴发言时，他们不能集中注意力倾听，或是东张西望，或是和同伴打闹嬉戏，或是昏昏欲睡。出现这种状态的儿童占绝大多数的话，说明教师设计活动方案时，从目标的制定到内容的选择都不合适，应该重新设计。

（四）学前儿童语言教育评价的案例

这里我们以学前儿童语言教育评价档案袋评价为例，在幼儿园中，档案袋评价法是比较常见的一种评价方式。每个儿童都是按照自己的大纲前进、发展，有着属于自己的发展水平，而教师能做的就是尊重儿童发展的独特性。那么，在儿童语言领域的评价中，可以从哪些方面收集“档案”信息呢？表 8-3 提供了一些参考。

表 8-3　语言领域的学习目标与档案类型

学习目标	儿童的作品 / 呈现
使用符号（如符号、绘画、自创的书写形式）来沟通想法	1．儿童以涂鸦表达想法的作品 2．儿童在作品上写字（名字或文字） 3．儿童在手指画或湿沙上写字或写符号的照片 4．儿童抄写字词、以表征式图画或自创的文字书写作品
沟通（用口述、动作、手势来表达想法）	1．儿童说故事或发表想法的轶事记录（在团体时间说、说给教师听或教师听到他对同学说） 2．儿童对如何考试一项游戏的指示、平息争论或帮助朋友了解事情的记录 3．儿童叙述学校或家庭事件的录音

续表

学习目标	儿童的作品／呈现
用写（或口述）来沟通想法	1．为搭建的积木做标示 2．在戏剧扮演时制作的购物单 3．给朋友或家人的信 4．邀请别人光临班上的邀请卡 5．附有口述故事的图画 6．儿童叙述涂鸦创作或符号的口述记录
了解故事并对故事有响应	1．儿童向朋友说故事时的轶事记录 2．儿童在戏剧游戏或游戏场上演出故事的轶事记录 3．儿童以绘画描述的故事 4．呈现儿童看着故事书中的插图来“念”故事的照片或轶事记录 5．儿童回答有关故事的问题记录 6．儿童复述故事的录音带
对书及阅读展现出兴趣	1．区域游戏时间儿童在图书区活动的照片 2．儿童在语言区活动的照片 3．儿童对书本的反应、对书所提的问题或要求大人念书的轶事记录 4．记载儿童与他人讨论书籍或故事内容的记录 5．儿童口述对某故事的想法的记录

二、学前儿童语言教育评价的方法

对学前儿童语言进行评价需要有一定的方法。评价的方法实际上是收集信息的方法。评价时可以综合运用几种方法，收集多方面的信息，作为评价的量和质的客观资料，为科学的学前儿童语言教育评价提供依据。

（一）学前儿童语言教育活动评价的方法

1．自由叙述评价法

自由叙述评价法是将对教育活动的意见、反响、判断等自由地说出来或写下来，通过口头语言或文字叙述的形式对教育活动加以评价的方法。这种方法既适合于自我评价，也适合于对他人的评价。

这一方法的最大特点是不做定量分析，不需要专门的测量工具和复杂的评价程序，有利于综合反映活动过程中的情况，既可以对静态的因素（如活动目标、内容、方法、材料、环境布置等）进行分析，又可以对动态的因素（如儿童在活动中的行为表现）加以分析。将对教育活动的意见、判断、感想等自由地写下来或说出来，通过文字叙述或口头语言的形式对教育活动加以评价的方法，适合自我评价和对他人的评价。

自由叙述评价法的常见形式有听课记录、教案自评、教后小结。其最大特点是：不做定量分析，不需要专门的可测量工具和复杂的评价程序。其优点是：有利于综合反映活动过程中的情况，可对静态（目标、内容、方法、材料、环境布置等）、动态（如儿童在活动中的行为表现）因素加以描述和分析。

2．观察评价法

观察评价法是指教师根据研修目的和内容确定观察内容，它可以是对儿童语言学习的听、说、读、写技能加以观察，对语音、词汇、语法、语用等情况进行记录，也可以是依据谈话活动、文学欣赏活动、早期阅读等语言活动形式进行有侧重的观察。

最近几年来，我国学前儿童语言教育领域提倡“学前儿童发展水平观察评价”，这是一种既有科学性又切实可行的评价儿童发展的方法。通过观察，可以获得大量的评价信息，可以及时了解教育活动的运行状况，还可以通过观察得来的反馈信息随时调整活动的内容、方法和组织形式。这一方法主要通过对儿童行为表现的观察了解来对整个教育活动的效果进行分析，这是一种行之有效的评价方法。

它的具体运用可以通过多种途径来进行，最常见的是在自然情况下进行观察，有时也可以通过提问来观察儿童的语言表述情况。在自由活动时，教师可以通过与儿童的个别交往和巡视来观察儿童的语言发展情况。对日常生活中不易观察到的情况，教师可以根据评价指标设计专门的语言教育活动，创设相应的条件，促使儿童自然地表现其语言发展状况。观察评价法主要是通过对儿童行为表现的观察了解，对整个教育活动的效果进行分析，包括解析活动目标的达成情况，活动内容和方法与儿童的适合程度，教育活动运行状况，了解儿童通过活动之后在语言方面产生的变化。

观察的形式有以下几种：自然情境下的观察，密集性、连续性观察，创设语言情境下的观察，对提问、回答问题的观察，巡视指导中的观察。

3. 综合等级评定法

为了在评价中获得对语言教育活动的总体印象，我们还可以选用综合等级评定法。这种方法既对活动的各种因素进行分析和评价，又对活动的各种状态进行分析和评价，从而能够得到综合的评价信息。

综合等级评定法从纵向和横向两个维度确定评价指标。纵向包括构成语言教育活动的各种因素，主要有目标、内容、形式、儿童参与活动程度、材料利用情况和师生关系等。横向包括教育活动各个因素在运行过程中的状态及等级。根据这两个维度制成以下综合评定表，教师在活动评价中使用时，只要在相应的位置上打“√”即可，操作很方便。由于综合等级评定法采用两个维度、多种指标，因此，只要使用此方法就可以获取多重评价信息，如表 8-4 所示。

表 8-4 综合评定表

	目标	完全达成	基本达成	未达成
目标达成分析	目标 1			
	目标 2			
	目标 3			
适合程度分析	内容	完全适合	部分适合	不适合
	形式			
活动因素分析	参与程度	积极主动	一般参与	未参与
	材料利用	充分利用	一般利用	未利用
	师生关系	积极主动	一般配合	消极被动

4. 实地考察评价法

实地考察评价法是指评价者直接进入教育现场进行实地观察学前儿童语言教育活动或儿童的日常活动，收集相关的教师组织的语言教育活动信息或者教师创设的语言交往环境信息，然后观察、记录孩子的反应，对照预设的目标评判达成度。

5. 间接信息评价法

间接信息评价法是指利用录像、录音、照片或者文本式的活动实况笔录、教育手记等呈现的有关正规、非正规的语言教育信息材料进行分析评价。

6. 自我评价法

自我评价法是指教师对自己组织的语言教育活动进行的评价与反思。

7. 他人评价法

他人评价法是指评价对象以外的其他主体进行的评价。评价主体可以是幼儿园内部的其他教师、管理者或园外的同行、大专院校的教师等。

（二）学前儿童语言发展评价的方法

1. 观察评价法

观察是有目的、有计划地对语言教育活动进行情况的收集信息，并解释信息的过程，是获取学前儿童语言发展和语言教育资料的主要方法。观察评价法主要有语音测查、词汇测验、语言理解能力测查、语言表达能力测查等。在幼儿园语言教育活动评价中，观察评价法是运用较为广泛的一种评价方法。其特点是简便易行、分析材料丰富。

观察评价法立足于对个体（教师或儿童）的观察，并通过定性和定量的方式对个体和总体的情况进行科学分析，了解幼儿园语言教育活动的设计和组织以及儿童语言教育效果。它可以分为自然观察评价法和情境控制观察评价法。

1）自然观察评价法

自然观察评价法是指评价者在教师和儿童自然生活状态下，有目的、有计划地对教师的语言教育活动和儿童的语言发展状况进行直接观察，通过观察记录的整理和分析来评价教师语言教育活动和儿童语言发展的方法。其优点是真实、自然、典型，缺点是耗时较多。

在运用自然观察评价法时应注意以下事项。

第一，做好观察的物质、知识和环境方面的准备。

第二，选择恰当的观察时机，应选择儿童身体和情绪都处在良好状态的时候。

第三，营造自然气氛，保证观察结果的客观真实。

第四，做好观察记录，观察记录应准确记录观察时间，观察地点，观察对象的实足年龄、入园时间、父母职业与文化水平等自然状况，重点记录观察对象的具体语言发展情况（语音、词汇、倾听和理解、表达与交流、讲述等方面的能力），还要把观察对象的参与活动情况和个性特点加以说明，如有条件，可保留音像资料。

第五，做好观察结果的处理分析。

2）情境控制观察评价法

情境控制观察评价法是指评价者按照预定的目标控制儿童语言教育活动的条件，将教师或儿童置于现实场景类似的情境中，观察教师和儿童在特定情境下的教育活动设计和组织情况以及儿童的语言发展情况，然后对观察所得信息进行分析、综合，做出相应的评价。

运用情境控制观察评价法应注意以下事项。

第一，围绕观察目的创设情境，所创设的情境应能引发教师和儿童表现出评价者想要观察的情况。

第二，所创设的观察情境应尽量与日常观察相结合，这样，可以保证评价不会片面和表面，避免偶然性因素的影响。

2. 作品分析法

教师和学前儿童合作收集学年中不同时期具有代表性的阅读、描述等作品，把这些作品与教师的文字说明放在一起，可以帮助教师看出学前儿童的发展趋势，确认孩子的进步情形。

3. 谈话法

谈话法是指通过与儿童面对面的交谈收集评价信息的方法。它可以分为直接问答谈话、选择答案谈话、自由回答谈话、自然谈话等多种方法。教师在运用谈话法时可以采用录音记录的方式保存资料，也可以用图加文字的方式将谈话的内容记录下来。根据这些资料再对照一定的标准对孩子进行语言发展的分析评价。

运用谈话法应注意以下事项。

第一，谈话目标明确。

第二，谈话内容和方式要浅显易懂。

第三，提问尽量简单。

第四，谈话应在自然状态下进行。

第五，评价者的语言要亲切自然、态度和蔼，要有耐心。

4. 档案评估法

档案评估法是一种综合性的评价方法，它融合过程与结果为一体，兼容了多种具体的评价方法。教师将一些观察记录的资料，如讨论的对话、制作的成品灯收集整理后进行评价。儿童发展档案呈现了某一阶段儿童学习的历史。

5. 问卷调查法

问卷调查法是评价者根据评价目的向调查对象发放问卷，以广泛搜集儿童语言发展信息的一种方法。这种方法也适合对儿童语言发展情况进行评价，其主要目的是向家长了解儿童在家庭环境中的语言发展情况。其优点是：效率高，可以在短时间内搜集大量信息。其缺点是：调查信息的真实性和准确性受家长观念的影响。

在使用问卷调查法时，应注意以下事项。

第一，向家长做好宣传，建立信任，消除误会和顾虑。

第二，问卷设计要科学合理，指导语要简明易懂，问题数量适中，表述清晰，便于家长理解。

第三，问卷设计的问题应全面、具体。

第四，问题形式恰当，回答方式应简便易行，以选择题为宜，便于回答和统计。

总之，儿童语言教育活动的评价方法多种多样，各有其优点和缺点，这就要求评价者在评价时，应综合运用多种方法，收集多方面的信息，作为评价的量和质的客观资料，为科学的教育评价提供依据，真正达到为提高儿童语言教育质量服务的目的。

三、学前儿童语言教育评价结果的处理

学前儿童语言教育评价结果，一方面可以给教师教学活动提供参考和借鉴价值，教师可以针对评价的结果，保留自己的优势，改进不足，从而提高自己的教育教学水平。例如，在语言教学评价活动中，教师是否做到了以幼儿为主体地位？是否在活动中建构了和谐平等的师幼关系？是否采用了多种途径进行语言教学活动？等等。另一方面，可以提供儿童语言发展状况的评价供家长参考，激励家长在教育儿童时，做到有的放矢，从而更好地发展儿童的语言。此外，通过对学前儿童语言教育评价，还能够为上级教育行政主管部门做出相关决策提供参考、借鉴。

8.1　学前儿童语言教育评价

【本章练习】

[判断题]

1．学前儿童语言教育评价的内容主要包括两个方面：学前儿童语言发展的评价和学前儿童语言教育活动的评价。（　　）

2．渗透在日常活动（包括生活活动）中的非正规语言教育活动不属于学前儿童语言教育评价的范围。（　　）

【真题再现】

[判断题]

（2018 年下）

1．学前儿童语言发展水平的评价目标中包含着认知、情感与态度、技能与习惯三个方面。（　　）

（2020 年下）

2．学前儿童语言教育他人评价法相对于自我评价法而言，比较花费人的精力和人力，因此不太适宜频繁进行。（　　）

【模拟测试】

[多选题]

1．下列属于学前儿童语言教育发展评价的主要方法有（　　）。

A．观察评价法　　B．作品分析法　　C．谈话法　　D．档案袋评估法

2．学前儿童语言教育评价要遵循的原则有（　　）。

A．正确的价值观　　B．客观公正评价

C．参照性评价　　D．连续全面性原则

第八章参考答案

【拓展阅读】

论幼儿语言教育活动中教师的提问策略

语言教育活动有其自身鲜明的特征。它不仅是语言领域的知识经验、情感价值单向传授的过程，而且是通过师幼交流和对话让幼儿主动进行社会的、认知的知识建构和与他人进行意义协商的动态过程。

因此，语言活动中的师幼互动显得尤为重要。而教师的提问如穿针引线般不仅引导着活动向更深层次发展，而且在潜移默化中影响着幼儿倾听习惯的养成、思维的发散、思路的清晰、用词的准确、表达的流畅以及情感的真切。为了使幼儿在语言教育活动中得到发展，教师的提问应在提问前以目标为中心，把握幼儿年龄特点及经验生长关键点。

资料来源：张一羽．论幼儿语言教育活动中教师的提问策略[J]．教育观察，2020，9（40）：61-62.

参考文献

[1] 张明红．学前儿童语言教育[M]．上海：华东师范大学出版社，2006．

[2] 何芙蓉，胡陵．学前儿童语言教育[M]．成都：西南交通大学出版社，2013．

[3] 田金长，马晓琴，赵燕．学前儿童语言教育[M]．上海：华东师范大学出版社，2018．

[4] 胡仙鸽．幼儿园语言教育活动设计与指导[M]．北京：北京师范大学出版集团，2016．

[5] 李玉峰，李志行，侯红霞．幼儿园语言教育与活动指导[M]．北京：北京师范大学出版集团，2017．

[6] 周兢．学前儿童语言学习与发展核心经验[M]．南京：南京师范大学出版社，2015．

[7] 沈濂．论语言力及其心理调节功能[J]．江南大学学报（人文社会科学版），2006（5）．

[8] 李宇明．儿童语言的发展[M]．武汉：华中师范大学出版社，1995．

[9] 杨占文，朱力芳．内活生命文化小辞典：世界伟人内活基因库[M]．北京：中国发展出版社，2016．

[10] 王振宇．儿童心理发展理论[M]．上海：华东师范大学出版社，2000．

[11] 张明红．学前儿童社会教育与活动指导[M]．2 版．上海：华东师范大学出版社，2014．

[12] 王文乔，秦建勋．当代幼儿园课程与教育专题研究[M]．北京：中国书籍出版社，2018．

[13] 周兢．全语言教育与中国儿童语言教育的本土化[J]．儿童教育，2002（Z1）．

[14] 王爱军．幼儿园一日活动组织策略[M]．上海：上海科学普及出版社，2016．

[15] 韩映虹．学前儿童语言教育与活动指导[M]．长沙：湖南大学出版社，2015．

[16] 王文乔，胡静峰．幼儿园教育活动设计与指导[M]．长春：东北师范大学出版社，2017．

[17] 李香娥，李宪勇．学前儿童语言教育[M]．沈阳：辽宁大学出版社，2013．

[18] 张加蓉，卢伟．学前儿童语言教育活动指导[M]．上海：复旦大学出版社，2006．

[19] 中华人民共和国教育部．3～6 岁儿童学习与发展指南[M]．北京：首都师范大学出版社，2012．

[20] 李紫阳．幼儿园餐前讲述活动的价值探析[J]．山东教育，2018（32）．

[21] 李军靠．教师课堂独白语运用问题探析[J]．教育探索，2006（4）．

[22] 张晴，刘巧云，贺晓琴，等．语言障碍儿童讲述能力训练范式的设计[J]．中国听

力语言康复科学杂志，2016，14（6）.

[23] 文灵芝．在科学探索活动中发展儿童说明性讲述能力[J]．当代教育理论与实践，2014，6（12）.

[24] 刘音．学前儿童语言教育活动设计与实践[M]．长春：东北师范大学出版社，2016.

[25] 卢伟．学前儿童语言教育活动指导[M]．3 版．上海：复旦大学出版社，2013.

[26] 夏媛媛．幼儿园语言教育活动中的有效提问策略[J]．佳木斯职业学院学报，2015（9）.

[27] 周兢．幼儿语言教育与活动指导[M]．北京：高等教育出版社，2016.

[28] 姜晓燕，郭咏梅．学前儿童语言教育[M]．北京：高等教育出版社，2018.

[29] 诺德曼，雷默．儿童文学的乐趣[M]．陈中美，译．上海：少年儿童出版社，2008.

[30] 松居直．我的图画书论[M]．郭雯霞，徐小洁，译．乌鲁木齐：新疆青少年出版社，2017.

[31] 刘焱．我国儿童教育领域中的游戏理论与实践[J]．北京师范大学学报（社会科学版），1997（2）.

[32] 霍力岩．论促进儿童的主动的发展[J]．学前教育研究，2001（1）.

[33] 翟理红．学前儿童游戏教程[M]．上海：复旦大学出版社，2006.

[34] 莫源秋．幼儿园研究新探[M]．南宁：广西人民出版社，2007.

[35] 唐广勇，李勤敏，刘红花．幼儿园语言教育活动设计与指导[M]．长沙：湖南大学出版社，2013.

[36] 虞永平，等．幼儿园课程评价[M]．南京：江苏教育出版社，2006.

[37] 鄢超云．学前教育评价[M]．北京：高等教育出版社，2010.

[38] 欧阳新梅．学前儿童语言教育[M]．南京：东南大学出版社，2014.

[39] 桑标．当代儿童发展心理学[M]．上海：上海教育出版社，2003.

[40] 刘范．心理发展的近期研究[M]．北京：北京师范大学出版社，1990.

[41] 克瑞克维斯基．多元智能理论与学前儿童能力评价[M]．李季湄，方钧君，译．北京：北京师范大学出版社，2002.

[42] 白爱宝．儿童发展评价手册[M]．北京：教育科学出版社，1999.

[43] 陈帼眉．学前儿童发展与教育评价手册[M]．北京：北京师范大学出版社，1994.

[44] 陈玉琨．教育评价学[M]．北京：人民教育出版社，1999.

[45] 刘晶波．师幼互动行为研究：我在幼儿园里看到了什么[M]．南京：南京师范大学出版社，1999.

[46] 李季湄，冯晓霞．《3-6 岁儿童学习与发展指南》解读[M]．北京：人民教育出版社，2013.

[47] 孔露，卢清．幼儿园谈话活动问题分析及其有效开展策略研究[J]．教育教学研究，2014（12）：119-122.

[48] 陈国维．儿童教育政策法规[M]．北京：教育科学出版社，2016.

[49] 颜晓燕．学前儿童语言教育与活动指导[M]．北京：教育科学出版社，2012.

[50]《教育哲学》编写组．教育哲学[M]．北京：高等教育出版社，2020.

[51] 吴志勤，王文乔．幼儿园教育活动设计与组织[M]．重庆：西南师范大学出版社，2019.

[52] 唐燕．幼儿园教育活动设计与实施[M]．上海：华东师范大学出版社，2013.

[53] 唐燕．幼儿园教育活动实训手册[M]．上海：华东师范大学出版社，2014.

[54] 侯莉敏．幼儿园课程与教学理论[M]．北京：高等教育出版社，2016.

[55] 甄丽娜．幼儿园教育活动设计与指导[M]．北京：北京师范大学出版社，2016.

[56] 赵寄石，楼必生．学前儿童语言教育[M]．北京：人民教育出版社，2003.

[57] 刘宝根．学前儿童语言教育与活动指导[M]．上海：华东师范大学出版社，2014.

[58] 成军，张淑琼．幼儿园教育活动设计与实施[M]．北京：高等教育出版社，2016.